KB202009

건강한 교회 세움 시리즈 ③

성 도 가
알 아 야 할
7가지

세움북스 는 기독교 가치관으로 교회와 성도를 건강하게 세우는 바른 책을 만들어 갑니다.

건강한 교회 세움 시리즈 ③

성도가 알아야 할 7가지

초판 1쇄 인쇄 2018년 2월 5일
초판 1쇄 발행 2018년 2월 10일

지은이 | 성희찬, 손재익, 안재경, 안정진 이성호, 임경근, 조재필, 황대우, 황원하
펴낸이 | 강인구

펴낸곳 | 세움북스
등 록 | 제2014-000144호
주 소 | 서울시 마포구 양화로 78, 502호(서교동, 서교빌딩)
전 화 | 02-3144-3500
팩 스 | 02-6008-5712
이메일 | cdgn@daum.net

교 정 | 이윤경
디자인 | 참디자인(02-3216-1085)

ISBN 979-11-87025-26-9 (03230)

건강한 교회 세움 시리즈 ③

성도가

알 아 야 할

7 가지

성희찬·손재익·안재경·안정진·이성호
임경근·조재필·황대우·황원하

세움북스

머리말

ᕷ

이 책은『담임목사가 되기 전에 알아야 할 7가지』,『교회의 직분자가 알아야 할 7가지』에 이어서 나온 것으로서 교회의 성도가 알아야 할 7가지 중요한 주제를 다루고 있습니다. 즉 성경, 하나님, 구원, 성령, 교회, 종말, 제자도입니다.

오늘 우리 시대 교회의 가장 큰 문제는 뉴스에 나오는 일부 교회와 지도자의 윤리적 탈선보다 우리 모두가 성도로서 하나님을 갈망하지 않고 하나님과 성경의 교훈에 무지하며 심지어 건강하지 못한 교훈을 가진 것에 있다고 할 수 있습니다. 위 7가지 주제는 사실 성경에 나오는 중요한 교리라고 할 수 있습니다.

'교리'라는 말은 혹 거부감을 줄 수 있는데 사실은 신약성경에 나오는 '교훈'이라는 용어를 가리키는 것입니다. 성경을 요약한 것이 바로 '바른 교훈'(디도서 1:9, 2:1)이며 '우리 구주 하나님의 교훈'(디도서 2:10)입니다. 성도가 가지고 있는 교훈이 '바르지'(바른=건전한, 디도서 1:9) 못하면 그의 생활은 병들고 나아가 그의 믿음이 '온전할'(디도서 1:13, 건전한) 수가 없습니다.

종교개혁은 바로 교훈과 생활에서 '바름'을 추구하고, 나아가 이 바른 교훈과 바른 생활에서 모든 성도가 하나가 되는 '같음'을 갈망함으로써 예수 그리스도의 교회를 세워갔습니다. 그들이 작성한 신앙고백서, 교리문답, 교회정치 등이 이 점을 잘 보여주고 있습니다.

본서는 이러한 종교개혁의 정신을 따라 바름과 같음을 위하여 만든 책입니다. 적어도 이 7가지 주제에서 우리 모두가 성도로서 바름과 같음을 가지기를 간절히 바랍니다. 글을 써주신 개혁정론 위원들에게 감사드리며, 기꺼이 본서의 출간을 맡아주신 세움북스 강인구 대표께 감사를 드립니다.

저자를 대표하여

성희찬 목사

차례

PART

1

—

성경론

01

언약의 책, 성경을 어떻게 대할 것인가?

성희찬

❧

성경을 어떤 자세로 대해야 할까? 또 성경은 이에 대해 무엇을 말하고 있을까?

구약성경 신명기를 보면 모세가 3,500년 전 젊은 세대에게 이에 대해 말한 적이 있다. 신명기는 '율법을 반복한다'는 뜻을 가지고 있는데, 모세는 단순히 반복하는 것 이상으로 상황에 맞게 적용을 하고 있다. 신명기 6장에서 모세는 율법이 어떤 책이라는 것을 말하면서 무엇보다 율법을 주신 하나님을 잊지 말라고 간절히 호소하였다.

유일신 하나님에 대한 경외심으로 성경을 대하라

모세의 호소는 다음과 같이 시작되고 있다.

"이스라엘아 들으라 우리 하나님 여호와는 오직 유일한 여호와이시니"
(신 6:4).

이 말씀의 핵심은 유일하신 여호와 하나님의 말씀을 들으라는 것이다. 여호와 하나님이 유일하시다는 것은 여호와 하나님 외에 다른 신이 없다는 뜻이다. 마가복음 12장 32절에서 서기관이 예수님께 다음과 같이 말한 대로다.

> "하나님은 한 분이시요 그 외에 다른 이가 없다 하신 말씀이 참이니이다."

모세는 우리 왜 하나님 여호와가 오직 유일하신 하나님이라는 것을 강조하고 있을까? 장차 이스라엘의 젊은 세대는 하나님이 약속하신 가나안에 들어가서 거기서 많은 민족들과, 그들을 통해 그들의 신들을 접촉하게 될 것이다. 이 신들은 온갖 특성을 가지고 있는데 그들이 사는 곳 가까이에서 얼마든지 보고 만날 수 있는 특성을 가진 신들이다. 어떤 민족은 풍요와 다산(多産)의 신을 숭배하고, 또 다른 민족은 사냥의 신을 숭배하는 식이었다. 이러한 신들이 어떻게 해서 이런 각각의 특성을 가지게 되었는지 그 이유를 추정하는 것은 그렇게 어렵지 않다. 사람들이 스스로 고안한 신들이기 때문이다. 이 신들은 숭배하는 자들이 원하는 바에 따라서 생겨난 것이라고 할 수 있다. 바로 이런 배경에서 이스라엘의 젊은 세대는 신명기 6장에서 하나님께서 과거 시내산에서 계시하신 것을 다시 반복하여 들으면서 여호와가 오직 유일하신 하나님이심을 배우고 있는 것이다.

광야에서 강대한 민족들과 힘센 왕들을 만났지만, 자기 민족을 하나님의 손에서 건져 낸 신이 있었는가? '만국의 모든 신들은 우상들이지만'(시 96:5) 여호와는 우리가 마음을 다하고 뜻을 다하고 힘을 다하여 사랑해야 할 분이라는 것이다.

모세는 "이스라엘아 들으라"는 말에서 진정한 순종을 요구하고 있다. 이는 하나님께서 친히 나와 우리에게 말씀하시도록 하는 자세이다. 그런데 만약 말씀의 권위에 복종한다고 하면서도 정작 우리가 앉아서 성경을 읽을 때에 하나님이 아니라 어떤 것이나 자신에 주목한다면 이는 하나님을 우상으로 전락시키는 것이라 할 수 있다.

우리는 하나님께서 친히 말씀하시도록 해야 한다. 하나님의 진리는 이에 대한 우리의 동의 여부에 매여 있지 않다. 아니 이와 상관없이 성경은 하나님의 계시 자체로서 우리에게 다가온다. 그래서 우리는 하나님을 향한 경외심을 가지고 성경을 대해야 한다. 마태복음 19장 4-5절에서 예수님은 창세기 2장 24절을 인용하면서 하나님이 직접 말씀하신다는 것을 강조하셨다.

> "예수께서 대답하여 이르시되 사람을 지으신 이가 본래 그들을 남자와 여자로 지으시고 말씀하시기를 그러므로 사람이 그 부모를 떠나서 아내에게 합하여 그 둘이 한 몸이 될지니라 하신 것을 읽지 못하였느냐."

다른 신약성경에서도 자주 구약성경에 대해 하나님께서 직접 주신 말씀으로 소개하고 있다(특히 딤후 3:16-17; 벧후 1:21 참고). 그래서 칼빈(John Calvin)은 하나님을 대하는 자세와 같은 동일한 자세를 가지고 성경을 대해야 한다고 하였다.

신뢰를 가지고 성경을 대하라

성경을 대하는 우리의 첫 번째 자세는 경외심이다. 성경을 통해 하나님께서 친히 말씀하시기 때문이다. 성경을 대하는 두 번째 자세는 신뢰라고 할 수 있다. 왜냐하면 성경은 '여호와'의 말씀이기 때문이다.

'여호와'라는 이름은 출애굽기 3장에 가서야 주어지는데, 하나님은 모세에게 이 이름으로 자신을 알리셨다.

"나는 스스로 있는 자이니라"(출 3:14).

특히 여호와라는 이름은 자신이 하신 약속에 대해 신실하신 하나님을 증거하는 이름이다. 그분은 자신이 말한 것을 실행하시는 하나님이다. 그래서 유일하신 참된 하나님이시다.

출애굽기 3장에 가서야 이 이름이 나온다고 할지라도 창세기를 기록한 모세는 성령에 이끌려(딤후 3:16) 여호와가 모든 것을 창조하신 분이며, 특히 사람을 지으시고 언약을 맺은 것에 대해 처음부터 기록하였다. 즉, 하나님은 유일하신 참된 하나님이요 전능하신 하나님이실 뿐 아니라, 사람과 교제하며 언약을 맺은 하나님이시다(호 6:7 참고).

하나님은 그때처럼 타락 이후 지금도 사람과 교제하기를 원하시는 분으로 우리에게 항상 오시는 분이다. 하나님은 사람과 사랑과 신뢰의 관계를 가지기를 바라신다. 여기서 하나님과 사람 사이의 언약은 계약 이상의 뜻을 가지고 있다. 하나님의 언약은 혼인 언약과 비교할 수 있는데, 이를 통해 하나님은 자신과 우리의 관계가 어떠한 특성을 가지고 있는지를 보여 주신다. 즉, 하나님이 자신의 언약으로 보여 주시는 것은 바로 자신을 상대방에게 온전히 내어주는 내적인 사랑이다.

아브라함의 역사가 이를 확증하고 있다. 창세기 17장 7절에 나오는 하나님의 약속은 어떤 것인가? 무엇보다 하나님은 자신을 약속하시고 있다.

즉, 언약을 세워서 아브라함과 그의 후손의 하나님이 되실 것을 약속하신 것이다. 그리고 하나님께서 이어서 아브라함에게 무엇을 요구하시는가? "너는 내 앞에서 행하여 완전하라"(창 17:1)고 말씀하셨다.

모세는 하나님이 아브라함에게 하신 말씀을 그의 후손인 이스라엘의 젊은 세대에게 신명기 6장에서도 말하고 있다. 즉, 그분께 너희의 마음을 드리고 모든 사랑과 모든 삶을 드리라는 것이다.

신명기 6장 6절에서 모세는 한 가지 명령을 더하고 있는데, 즉 이 말씀을 마음에 새기라고 하였다. 사실 이스라엘의 젊은 세대는 출애굽 사건과 시내산에서 하나님이 나타나신 사건을 직접 경험하지 못하였다. 그래서 이들은 모세를 통해 듣는 이 말씀이 어떤 말씀이며, 이 말씀을 어떻게 대해야 하는지를 배워야 했다. 무엇보다 모든 율법은 우리를 사랑하시는, 우리에게 마음을 가지신 분으로부터 주어진 것임을 알아야 했다. 이와 관련하여 세례를 생각할 필요가 있다. 세례는 곧 하나님이 자신의 말씀에 친히 인을 치신 것이라고 할 수 있다. 달리 말하면 자신의 책인 성경의 저자로서 직접 친필로 서명을 하신 것이다. 따라서 성경은 우리의 삶에서 순전히 인격적으로 전달되는 말씀이라고 할 수 있다.

창세기 1장에서부터 하나님께서 우리에게 인격적으로 말씀하시는 것을 알 수 있다. 창조의 역사를 읽을 때에 이 하나님이 바로 우리 하나님이시며 우리 아버지이심을 알게 된다. 그분이 말씀하시는 것이 그 어떤 것이라 할지라도 우리가 신뢰할 말씀인 것이다.

마음에 새기며 성경을 대하라

신명기 6장 6절에 나오는 '새기라'는 말은 연장이나 무기를 날카롭게 하는 것과 관련하여 사용되는 용어이다. 철일 경우에는 제때에, 나무일 경우에는 그보다 빨리 연마해야 했다. 이 두 경우에 쓸 만한 무기를 만들려면 주기적으로 대고 쳐 주어야만 한다. 젊은 세대들에게 하나님의 말씀이 낯선 것이 되지 않게 하려면 바로 이와 같은 작업이 필요하다.

그렇다면 이를 어떻게 적용할 것인가? 하나님의 말씀이 끊임없이 계속해서 우리 생활에 오도록 해야 한다. 우리가 말을 통해 이미 모든 것에 대해 다 이야기하고, 우리가 무엇을 다 말한 후나, 혹은 우리가 일을 다 마친 후에 성경을 읽는 것은 때가 늦었다고 할 수 있다. 예를 들면, 성경 읽기는 하루 한 번으로 국한될 수 없고, 또는 저녁 시간에 국한되어서는 안 된다. 이럴 경우 하나님의 말씀이 너무 늦게 우리에게 찾아온다. 물론 아침에 시간에 쫓길 수 있다. 그럼에도 '이스라엘아 들으라'로 하루를 시작할 수 있어야 한다. 우리에게 마음을 가지신 그분이 주시는 지혜의 말씀으로 말이다. 모세는 이어서 이렇게 말하였다.

> "네 자녀에게 부지런히 가르치며 집에 앉았을 때에든지 길을 갈 때에든지 누워 있을 때에든지 일어날 때에든지 이 말씀을 강론할 것이며"(신 6:7).

이는 무슨 뜻인가? 말씀으로 생각하고 말씀으로 생활하도록 하라는 것이다. 그래서 성경을 경외심과 신뢰로 대하는 자는 그 말씀을 마음에 새김으로써 자녀들에게 본이 되고자 한다.

> "너는 또 그것을 네 손목에 매어 기호를 삼으며 네 미간에 붙여 표로 삼고 또 네 집 문설주와 바깥문에 기록할지니라"(신 6:8-9).

이 말씀을 따라 후대에 일부 유대인들은 문자적으로 적용하여 신명기 6장의 말씀을 양피지에 써서 작은 가죽상자에 넣고 묶어서 몸에 지니고 다녔다. 또 문설주에 기록하기도 하였다. 모세가 원하는 것이 정말 이것이었을까? 그렇지 않다. 오히려 모세가 의도한 것은 성경을 대할 때 이와 같은 외적인 모습을 정말로 문자적으로 가지라는 뜻이라기보다 성경을 우리 생활에서 이같이 중요한 위치에 두라는 것일 것이다. 이는 성경이 사랑의 언어임을 알아갈 때 더욱 분명히 드러난다. 성경에서 그분은 그리스도 안에서 우리의 아버지가 되어 자녀인 우리에게 말씀하시는 하나님이시다. 성경은 창세기 1장에서부터 그리스도 안에서 하나님의 사랑에 대한 책이다.

함께 지체된 형제들과 형제 사랑으로 성경을 대하라

바로 이러한 사랑으로 주님은 우리와 함께 나누기를 원하신다. 그리고 이제 함께 주님의 언약의 백성이 된 우리가 서로 이 사랑을 나누어야 한다. 언약과 개인주의는 서로 양립할 수 없다. 나 혼자만 성경을 읽는 것이 아니다. 성경이 구약과 신약으로 되어 있지만 성경이 한 권이라는 것을 아는 자는 구약과 신약에 있는 형제자매들과 함께 연합하여 성경을 읽는다. 이는 우리 각자의 지혜에 대해 우리를 지켜준다. 우리보다 앞선 수많은 성도와 함께, 또 우리 곁에 두신 많은 성도와 함께 성경을 읽어야 한다.

02

오늘날 하나님은 신자에게
어떻게 말씀하시는가?

조재필

❧

오늘날 하나님은 성경을 통해 신자에게 말씀하신다

하나님은 신자에게 말씀하는 분이다. 하나님은 신자가 하나님의 말씀에 귀를 기울이고, 그 말씀대로 살아가기를 원하신다.

"내가 네 갈 길을 가르쳐 보이고 너를 주목하여 훈계하리로다"(시 32:8).

"너는 마음을 다하여 여호와를 신뢰하고 네 명철을 의지하지 말라. 너는
범사에 그를 인정하라. 그리하면 네 길을 지도하시리라"(잠 3:5-6).

하나님은 과거에도 말씀하셨고 오늘날에도 말씀하신다. 과거에 하나님은 선지자들을 통하여 여러 부분과 여러 모양으로 우리 조상들에게 말씀하셨고 이 모든 날 마지막에는 아들을 통하여 우리에게 말씀하셨다(히 1:1-

2). 어떤 경우에는 "주를 섬겨 금식할 때에 성령이 이르시되 내가 불러 시키는 일을 위하여 바나바와 사울을 따로 세우라"(행 13:2)고 하신 경우처럼 성령님이 직접 말씀하시기도 하였다.

하나님은 오늘날도 과거와 같은 방식으로 말씀하시는가, 아니면 다른 방식으로 말씀하시는가? 오늘날도 특별한 은사를 가진 사람들을 통해서 말씀하시는가, 아니면 예수님이 친히 자신을 나타내시거나 성령님의 직접적인 음성을 들을 수 있는가? 이것이 이 장에서 다루고자 하는 질문이다.

이 질문에 대해서 웨스트민스터 신앙고백서가 잘 정리된 답을 준다. 웨스트민스터 신앙고백서 제1장 1항에는 "그러나 하나님께서 그의 백성에게 그의 뜻을 계시하신 이전의 방법은 지금은 정지되었다"라고 되어 있다. 이것이 개혁주의 신앙의 답변이다. 즉, 오늘날에는 구약 시대와 초대 교회에서와 같이 하나님의 계시를 전달하는 선지자와 사도들과 그들의 예언이 더 이상 필요하지 않다. 성령님 역시 동일한 방식으로 일하지 않으신다.

그러면 하나님은 오늘날 신자들에게 어떤 방식으로 말씀하시는가? 웨스트민스터 신앙고백서는 "진리를 더 잘 보존하시고 전파하시……기 위하여 그 동일한 진리를 전부 기록에 맡기시기를 기뻐하셨다"고 선언한다. 즉, 오늘날 하나님은 66권으로 기록된 성경으로만 말씀하신다(신앙고백서 제1장 2항). 그래서 심지어 "이 성경에는 어느 때를 막론하고 성령의 새 계시나 사람들의 전통을 가지고 아무것도 더 추가될 수 없다"고 못 박는다. 왜냐하면 "하나님 자신의 영광과 인류의 구원과 생활에 필요한 모든 것들에 관한 하나님의 뜻은 모두 성경에 명백히 적혀 있기 때문"이다(신앙고백서 제1장 6항).

이렇게 본 논제에 대해서 공교회의 신앙고백을 근거로 간단히 답할 수 있다. 우리는 하나님께서 오직 기록된 성경으로만 말씀하심을 믿는다.

성경에서 원리를 추론하여 신자의 모든 생활에 적용해야 한다

그러나 실제적인 문제가 있다. 성경이 신자 개인의 모든 사정들에 대해서 구체적인 답을 주지는 않는다. 신자는 성경으로부터 자신에게 필요한 모든 말씀을 들을 수는 없다. 이것이 성경을 통해서 하나님께서 말씀하신다는 것을 믿는 신자들의 고민이다.

이것을 신앙고백서도 명시한다. 웨스트민스터 대요리문답 제5문은 "성경은 주로 무엇을 가르치는가?"라고 묻고, "성경은 주로 사람이 하나님에 대하여 무엇을 믿어야 하며, 하나님께서 사람에게 요구하는 의무가 무엇인지를 가르친다"고 답한다. 성경은 두 가지 내용을 주로 말씀한다. 하나는 하나님의 속성과 하나님의 행동에 대해서 말씀하고 다른 하나는 하나님이 신자에게 요구하시는 것, 즉 믿어야 할 것과 행해야 할 것을 말씀한다.

그러나 우리가 하나님께 듣고 싶은 것은 이 밖에도 많이 있다. 우리는 매일 어려운 문제에 부딪히고 선택의 기로에 선다. 그럴 때 옳은 길과 좋은 길을 가고자 하는 선한 열망이 신자에게 있다. 그래서 하나님의 말씀을 듣고자 하지만 성경은 그러한 내용들을 모두 말하고 있지 않다. 그래서 이 장의 논제를 이렇게 새로운 질문으로 바꿀 수 있다. "오늘날 신자는 성경이 명백하게 말하고 있지는 않은 문제에 대해서 어떻게 하나님의 말씀을 들을 수 있는가?"

사람이 하나님에 대하여 무엇을 믿어야 하며, 하나님께서 사람에게 요구하는 의무가 무엇인지에 대해서는 성경 이외의 다른 것에 기웃거려서는 안 된다. 이 주제에 대해서 하나님은 다른 방식으로 말씀하시지 않는다. 그러나 이 밖의 문제에 대해서는 유용한 지침이 필요하다.

웨스트민스터 신앙고백서는 이 지침에 대해서도 이미 답하고 있다.

> "하나님 자신의 영광과 인류의 구원과 생활에 필요한 모든 것들에 관한 하나님의 뜻은 모두 성경에 명백히 적혀 있거나, 건전하고 필연적인 귀결로서 성경에서 추론할 수 있다.…… 따라서…… 항상 지켜야 될 말씀의 일반 법칙에 따라 본래의 이성과 그리스도인의 식별에 의해 처리되어야 할 사정이 있다는 것을 인정한다"(신앙고백서 1장 6항).

이 말은 신자들이 건전한 이성을 사용하여 성경으로부터 일정한 원리들을 발견하고 그 원리들을 자신의 모든 생활에 구체적으로 적용해야 한다는 말이다. 성경은 신자의 생활에 관한 모든 것을 말하고 있지 않지만 모든 것에 적용할 수 있는 원리를 제공하고 있다. 이렇게 보면, 사실상 성경을 벗어난 문제는 없다. 신자의 모든 생활은 성경의 지배를 받는다. 넓은 의미에서 신자들은 자신의 모든 삶에서 하나님의 말씀을 들을 수 있다.

성경을 추론하여 신자의 생활에 적용하는 방법

성경의 원리를 추론하여 자신의 삶에 적용하는 과정을 통해 오늘날 신자에게 하나님께서 말씀하시는 방법을 살펴보자. 이를 위해서 필자가 경험한 몇 가지 사례가 도움이 될 것이다.

case 1. 성경을 먼저 알아야 한다

십 여년 전 부목사로 모(某) 교회를 섬길 때, 갑자기 교회를 떠나버린 한 교인과 상담한 적이 있다. 그 교인을 권면하기 위해 찾아갔는데, 자신이 교회를 떠나게 된 이유를 말하면서 하나님께 여덟 가지 계시를 직접 받았다는 것이었다. 근래 은사주의 집회를 드나들었는데 거기서 그런 경험을 한 것이었다. 그 계시 가운데 두 가지를 공개해 주었는데 나머지는 '천기누설'이라 말할 수 없다고 했다. 첫째는 함께 출석하던 교회가 모월 모일에 '망할 것'이라는 것이고, 둘째는 자신과 가깝게 지내던 어떤 중직자가 갑자기 죽을 것이라고 하면서 소돔처럼 심판이 임박한 교회를 속히 떠날 수밖에 없었다고 하였다.

그때 약간의 수사법을 사용하여 그 교인을 권면했다. "저도 역시 하나님께 계시를 받았습니다. 그런데 그 계시는 집사님이 받은 계시와 완전히 반대네요. 제가 받은 계시는 '내가 이 반석 위에 내 교회를 세우리니 음부의 권세가 이기지 못하리라'입니다. 두 계시가 상충되니 둘 중 하나는 틀린 것이 분명합니다. 시간이 지나면 드러나게 될 것인데 그때 바른 신앙으로 돌이키시기 바랍니다." 물론 교회는 약속의 말씀대로 지금까지 건재하다.

성경도, 하나님의 능력도 알지 못하는 고로 오해하는 일들이 많다(마 22:29). 우리는 성경을 알지 못하면서 성경이 너무 막연하고 내 삶에 적용하기에는 불친절하다고 쉽게 불평하는 경향이 있다. 그러나 신비로운 음성보다 기록된 성경의 명시적인 가르침과 그 원리를 분명하게 인지하는 것이 무엇보다 시급하다.

몇 년 후 그 교인이 사역지를 이동한 나를 찾아왔다. 그 교인으로부터 고맙다는 인사를 받았다. 그 교인은 지금 목회자의 길을 가고 있다.

case 2. 설교를 새겨들어야 한다

얼마 전 교인 한 분과 가벼운 대화를 나누다가, 현재 경영하는 가게를 정리하기로 했다는 말을 들었다. 그런데 그런 결정을 지난 주일에 내가 전한 설교를 듣고 결정했다는 것이다. 오랫 동안 고민하던 문제인데 그리스도인의 직업 선택에 대하여 언급한 설교를 통해 확신이 생겼다고 했다. 사실 목사로서 꽤나 부담이 되었다. 설교를 듣고 그런 중대한 결정을 했다고 하니, '내가 전한 설교를 제대로 알아들었나? 확대 해석하지는 않았나?' 이런 생각들이 밀려왔다. 함께 기도하면서 성령님의 인도를 받자고 말했다.

이번 케이스에서 발견하는 하나님께서 말씀하시는 방법은 설교를 중심으로 이루어진 기도와 경건한 대화이다. 목사로서의 인간적인 한계에도 불구하고, 성령님은 오늘날 목사의 설교를 통해 신자에게 말씀하시는 것이 분명하다. 그리고 성령님은 설교 말씀을 붙들고 기도하고 대화하는 신자를 인도해 주신다.

개인적인 경험 차원이지만, 기록된 성경보다 선포된 설교가 좀 더 구체적으로 신자에게 말씀하시는 것 같다. 오래전부터 신실한 성도들이 예배와 설교 가운데 자신에게 구체적으로 말씀하시는 하나님의 음성을 들어왔다. 사도와 선지자들이 그친 오늘날, 성령님은 성경을 바르게 해석하고 적용한 목사의 설교를 통해 신자들을 세밀하게 인도하고 계신다. 설교를 새겨듣는 신자에게 성령님은 가장 신비로운 방식으로 말씀하신다.

case 3. 자신의 욕망으로 성경(설교)을 왜곡해서는 안 된다

어떤 교회에 청년부 담당 교역자로 부임을 했을 때, 내가 맡은 부서는 아니었지만 우연한 기회에 한 청년이 하나님께 실망하여 영적인 침체 가운데 있는 것을 알게 되었다. 그 청년이 하나님께 실망한 이유는 하나님이 약속을 지키지 않으셨기 때문이라고 했다. 몇 해 전 두 번이나 교사가 될 것이라고 어떤 집회와 공예배 설교를 통해서 말씀하셨는데, 두 번이나 임용시험에 낙방하고 말았다는 것이다. 더구나 자신이 무시했던 다른 청년은 시험에 합격해서 자존심마저 상했다고 했다. 하나님을 부인할 수 없지만 하나님께 실망하여 하나님을 원망하면서 신앙생활의 끈을 겨우 붙잡고 있었다.

간혹 우리는 우리가 듣고 싶은 것만 듣고, 보고 싶은 것만 보는 경향이 있다. 이미 자신의 욕망을 따라 뜻을 정한 다음 듣고 보는 방식은 경계해야 할 태도이다. 하나님의 뜻을 구한다고 말하기 때문에 신령한 것처럼 보이지만 그것은 하나님의 주 되심을 대단히 침해하는 태도이다. 이것은 자신의 욕망에 하나님더러 협조하라고 강요하는 것이나 다름없다. 우리는 예수님의 모범을 기억해야 한다.

"나의 양식은 나를 보내신 이의 뜻을 행하며 그의 일을 온전히 이루는 이것이니라"(요 4:34).

하나님의 음성과 자신의 욕망의 소리를 분별하는 것이 쉽지만은 않다. 이러한 분별은 평생에 걸친 성화의 과정이다. 그러나 다음 케이스가 신자들에게 지침이 될 것이다.

case 4. 신자의 생활에 지침을 제공하는 십계명에 익숙해야 한다

필자의 아들은 홈스쿨을 한다. 17살이던 작년, 진로에 대해서 고민하기 시작했다. 그러던 중 취미로 하던 일본어 공부를 통해 일본 대학 진학에 대한 관심이 깊어졌다. 그러나 난관에 부딪혔다. 일본 대학 진학을 위해서는 반드시 일본어 능력 시험이 요구되는 데 현재까지는 시험이 주일에만 실시되고 있었다. 아들에게 이것은 하나님이 인도하시는 바가 아니라고 말하고 마음을 접게 했다. 제 4계명이 이것을 명백히 가르치고 있기 때문이다.

그날 밤 마음이 불편하여 이미 불을 끄고 잠자리에 든 아들 방에 찾아갔다. 실망감에 젖어 있지 않을까 염려가 되어 아직 잠들지 않은 아들에게 실망스럽지 않으냐고 물었는데 그때 아들의 대답에 눈물이 날 뻔 하였다. 아들은 "나는 항상(아이 말로는 '평생') 이렇게 살아왔기 때문에 대수롭지 않다. 사실 아빠와 엄마가 어떻게 결정하는지 지켜보고 있었다. 이제까지 교인들을 가르친 대로 자식에게도 적용할 수 있는지 지켜보았다"고 대답하였다. 안도와 감사의 밤이었다.

'신자의 생활에 필요한 모든 것을 성경에서 추론할 수 있다'는 신앙고백서의 가르침은 상당 부분 도덕법의 요약인 십계명에 적용된다. 그리고 신자들의 생활 가운데 하나님의 말씀을 기대하는 부분은 대부분 선택의 문제이다. 십계명은 악한 것과 선한 것 사이에서 신자가 바른 선택을 하도록 인도하는 하나님의 말씀임을 확신한다.

십계명을 하나님의 말씀으로 알 때 신자들의 삶은 더 이상 '좋은 것'과 '나쁜 것' 사이의 선택이 아니다. '좋은 것'과 '더 좋은 것' 사이의 선택으로 바뀐다. 우리가 이렇게 확신할 수 있는 이유는 성경이 하나님을 알려주기 때문이다. 성경은 하나님이 우리에게 좋은 것을 주시는 분이라는 사실을 알려준다(마 7:11). 십계명을 통해 말씀하시는 하나님은 신자가 모든 생활과 선택에 있어 담대하게 해 주신다.

03

성경의 오류는 어느 정도인가?

황대우

〜⁂〜

'성경은 하나님의 말씀이다.' 이것은 성경의 신적 기원과 권위를 대변하는 문구를 한마디로 요약한 말이다. 이 규정에 토를 달고 시시비비를 가리자고 덤비는 학자는 자유주의 신학자가 아니라면 아무도 없을 것이다. 성경을 하나님의 말씀으로 인정한다면, 성경을 성령의 감동으로 기록된 말씀으로 인정하는 것도 그렇게 어려운 일이 아니다. 물론 어떻게 영감(靈感)된 것인지 영감의 방법에 대한 견해가 다양한 것은 부인할 수 없다.

성경의 권위에 대한 도전

하나님의 말씀으로서의 성경, 즉 성경의 견고한 신적 권위는 20세기에 이르러 더 이상 유지되기 어려운 현실이 되었는데, 이것은 18세기부터 시작하여 19세기 말에 최고 전성기를 누린 자유주의 신학이 합리적 이성으로 무장하여 위력적인 도발을 지속적으로 감행한 결과였다. 자유주의 신학자들은 성경을 한낱 '고대의 종교서적'에 불과한 것, 즉 성경이란 초기

기독교 신자들이 자신들의 종교를 세우고 유지하기 위해 기록한 '고대 기독교 신화'에 불과한 것으로 간주했다.

이러한 자유주의 성경관의 도전에 직면한 미국 보수주의자들은 '성경의 축자적 무오류성'(the verbal inerrancy of the Bible)을 주장함으로써 성경의 신적 권위를 지키고 싶어 했다. 물론 그들은 어떤 단어가 성경의 무오류성을 표현하는 데 더 적합한가의 문제, 즉 'inerrancy'인가, 아니면 'infallibility'인가의 문제로 고민하지 않을 수 없었는데, 이 고민 역시 성경의 영감에 대한 미묘한 이해 차이를 드러낸다.

보수주의자들 가운데 일부는 성경의 신적 권위를 축자적 영감에서 찾고자 했지만, 다른 일부는 성경의 권위를 성경의 특징인 신실한 신적 언약에서 찾고자 했다. 물론 이 두 방향이 서로 대립되거나 갈등 요소를 가지고 있다고 볼 수는 없다. 오히려 상호 보완적인 측면이 더 강하다. 그럼에도 불구하고 성경의 권위를 영감에서 찾는 것은 성경의 기록 형식과 연관된 반면에, 언약에서 찾는 것은 성경의 기록 내용과 연관된다는 차이를 부인하기는 어렵다.

교회 역사 속 성경의 권위

초대 교회는 무엇이 정경(正經)인가를 고민하지 않고도 기독교 신앙을 유지하는 데 어려움이 없었다. 그러나 정경적 이단아 마르키오네스(Marciones. 말시온; 마르키온)의 등장으로 기독교 정경이 선별되어야 했음에도 불구하고 '하나님의 말씀으로서의 성경'에 대한 확고한 신념은 결코 흔들리지 않았다. 하지만 중세를 거치면서 성경의 권위는 교회가(정확히 말하자면 교회회의인 공회가) 정경으로 선별했다는 역사적 사실 때문에 교회의 권위 아래 놓이게 되었다. 그래서 성경의 권위 위에 정경을 선별한 교회의 권위가 세워지고 교회의 권위 위에 말씀 해석의 최종 권위자인 교황의 권위가 세워졌는데 이것이 중세의 권위 체계다.

그러나 16세기 종교개혁자들이 이러한 중세적 권위 구조를 뒤집어 놓았다. 교황과 교회와 성경 가운데 가장 낮은 권위의 성경을 최고의 권좌에 올려놓고 성경 밑에 교회를, 교회 밑에 교황의 위치를 설정했다. 이렇게 판을 뒤집을 수 있었던 근거는 성경의 신적 기원과 권위다. 즉, 성경만이 하나님의 말씀이라는 사실이다. 교회도 죄인들의 공동체요, 교황도 죄인 가운데 한 명인 반면에, 성경은 이러한 죄인의 구원을 위해 하나님께서 친히 제공하신 하나님 자신의 말씀이다. 이것을 대변하는 구호가 바로 '오직 성경'(Sola Scriptura)이다.

종교개혁 이후 오늘까지 성경의 신적 권위는 바로 성경이 하나님의 말씀이라는 사실에 근거한다. 하지만 종교개혁 시대부터 '오직 성경'이라는 기독교 최고의 권위는 다양하게 해석되기 시작했다. 중세에는 성경에 대한 다양한 이해를 종식시키는 최고의 권위, 즉 교황의 권위가 인정되었기 때문에 성경에 대한 다른 목소리는 모두 이단으로 정죄되었다. 그러나 종교개혁을 통해 성경이 기독교 최고의 권위를 가지면서부터 성경 해석의 다양성은 종종 기독교 신앙을 혼란에 빠뜨리고 위기에 직면하도록 만들기 시작했다.

기록 형식과 관련된 성경의 영감 교리는 19세기 말부터 20세기 중반까지 신학의 최고 화두였다. 바르트(Karl Barth)의 그리스도 중심 교리도 사실상 성경에 대한 이해와 밀접하게 연관된 개념이다. 그러나 성경의 영감에 대한 관심은 2차 세계대전을 전후하여 한편으로는 기독론, 신론, 삼위일체론 등과 같은 주제에 대한 기독교 내적인 새로운 관심 때문에, 다른 한편으로는 세상과의 소통을 중시하는 정치, 사회, 문화 등과 같은 기독교 외적인 새로운 관심 때문에 급격하게 줄어들기 시작했다.

이와 같은 관심의 변화는 기록 내용과 관련된 성경의 언약 교리에 대한 관심, 즉 성경 전체의 통일성을 추구하는 경향을 증대시켰다. 결국 현대 그리스도인들은 성경이 하나님의 말씀이라는 것을 인정하면서도 자신의 입맛에 따라 취사선택하기를 주저하지 않는다. 이것은 성경 자체의 절대적 권위에 대한 관심보다는 성경이 지금 내게 왜 필요한가라는 성경 내용의 적용에 대한 관심이 훨씬 더 크다는 사실을 입증한다.

성경관의 중요성

성경을 자신에게 적용하는 일에는 그 자신의 성경관이 주도적인 역할을 하는 것이 사실이다. 가령, 성경을 성령의 감동으로 기록된 책이라고 믿는 사람들은 성경이 하나님의 말씀이라는 절대적 권위를 인정하기 때문에 성경에 오류가 없다고 전제한다. 물론 이들 가운데 성경의 축자적 영감설을 전제하는 그리스도인들은 본문의 내용보다는 사용된 문자 하나하나에 결정적인 의미와 권위를 부여할 가능성이 큰 반면에, 유기적 영감설을 전제하는 그리스도인들은 개별 문자보다는 본문의 핵심적인 내용에 결정적인 의미와 권위를 부여할 가능성이 크다. 비록 이런 차이는 있지만 그들의 공통점은 성경에 오류가 전혀 없다는 입장인데, 최소한 성경 원본에는 단 하나의 오류도 있을 수 없다는 입장이다.

이와 반대로, 성경의 영감설을 부인하는 사람들에게 성경은 단순히 기독교의 경전에 불과한 것으로 많은 신화와 오류들을 내포한다. 그와 같은 오류 가운데는 성경이 기록될 당시의 문화적·사회적 현상을 그대로 반영한 결과인 것도 있고, 당시의 비역사적이고 비과학적인 관점을 반영한 결과인 것도 있다. 따라서 신화적인 요소는 당연히 제거해야 하고 비역사적이고 비과학적인 요소도 제거할 뿐만 아니라, 당대의 문화적이고 사회적인 요소인 시대적인 요소도 제거할 때 비로소 성경의 참된 의미, 즉 진정한 기독교 교리를 파악할 수 있다고 본 것이다.

분명 오늘날 그리스도인들도 성경이 하나님의 말씀이라는 진술을 부정하지 않는다. 그러나 성경이 성령에 의해 축자적으로 영감되었기 때문에 일점일획의 오류도 없는 책이라고 받아들이는 그리스도인들은 극히 드물다. 이런 성경의 축자적 영감설은 20세기 초반에 대두하기 시작한 미국의 근본주의(Fundamentalism) 성경관을 대변한다. 그러나 사실상 성경 원본의 무오류성에 대한 주장은 실제적인 효력을 상실한지 오래다. 왜냐하면 성경 원본이 세상 어디에도 존재하지 않기 때문이다. 오늘 우리가 가진 성경은 수많은 사본들을 종합하고 분석한 결과물이다. 따라서 수많은 사본에 근거한 성경은 오류가 없을 수 없다.

성경 원본의 무오류성을 주장하는 근본주의자들도 성경 사본의 오류에 대해서는 인정한다. 이 글에서 성경 오류의 사안을 총체적으로 상세하게 다룰 수는 없기에 여기서는 크게 두 가지 문제만 개괄적으로 다루려고 한다. 하나는 성경 사본 상의 오류가 얼마나 많고 심각한 것인가 하는 문제이고, 다른 하나는 사본 상의 오류 이외에도 성경의 비과학적인 요소와 사회 문화적 요소들을 어떻게 이해하는 것이 정당한가 하는 문제다.

첫 번째 문제는 성경의 신뢰도와 연관이 깊다. 사본 상의 오류가 많고 심각할수록 성경에 대한 신뢰도는 낮을 수밖에 없다. 그러나 사본학자들에 따르면 지금의 성경은 원본과 거의 같다. 사본 상의 오류는 그렇게 많지도 않을 뿐만 아니라, 심각한 내용적 오류는 더더욱 없다는 것이다. 비유하자면 성경 사본 상의 오류는 아스팔트 차도에 살짝 금이 간 정도라는 것이다. 아스팔트도로에 군데군데 실금이 나 있다고 해서 차량 통행이 불가능하지 않고 인도에 작은 구멍이 몇 개 나 있다고 걸어 다닐 수 없는 것이 아니듯이 우리가 가진 성경은 사본 상의 오류에도 불구하고 하나님의 구원 계시로서의 절대적 권위를 결코 상실하지 않는다.

사본 상의 오류는 하나님의 말씀인 성경의 권위를 떨어뜨리는 부정적인 역할을 하기보다는 오히려 성경 본문의 문자 하나하나에 집착하기 쉬운 인간의 연약한 성향에 경고장을 보내는 긍정적인 역할을 한다. 오늘 성경 원본이 남아 있다면 아마도 성경의 내용을 알려고 노력하기보다는 오히려 성경 원본 자체를 경배하는 우상숭배에 빠질 가능성이 훨씬 더 농후하다. 다양한 사본을 비교하고 분석한 결과물인 오늘 우리의 성경은 비록 사본 상의 오류가 있지만 그것이 결코 많지도 심각하지도 않기 때문에 하나님의 말씀과 유일한 구원 계시로서의 절대적 가치와 권위를 유지한다. 그러므로 성경은 충분히 신뢰할 만한 하나님의 말씀이다.

두 번째 문제는 첫 번째 문제보다 복잡하고 어렵다. 여기서 분명한 사실은 성경이 과학 교과서가 아니라, 구원의 길을 제시하는 신적 계시의 책이라는 것이다. 그렇다면 성경에 기록된 내용이 반드시 과학적이어야 할 필요는 없다. 오히려 성경은 작성 당시의 보편적인 수준을 크게 벗어나지 않는 문체와 내용으로 기술되었다. 예컨대 '동쪽에서 떠오르는 태양'과 같은 문구는 결코 과학적인 진술이 아님에도 불구하고 우리가 지금도 사용하는 보편적인 표현이다. 성경의 기록 역시 그와 같은 보편적 언어 사용의 한계를 벗어나지 않는다. 따라서 엄밀한 과학적 기준으로 성경의 모든 기록을 재단하려는 것 자체가 심각한 오류다.

성경 속에는 마치 교리적으로 상반되는 것처럼 보이는 진술들도 없지 않다. 이런 진술들은 문맥상 의미를 먼저 파악해야 하고 또한 성경 전체의 가르침과 조화롭게 해석할 필요가 있다. 행위를 전적으로 배제한 오직 믿음으로만 의롭게 된다는 로마서와 갈라디아서의 가르침과 행함이 없는 믿음은 죽은 것이요 행함으로 의롭다 하심을 받는다는 야고보서의 가르침은 표면적으로는 상반되는 것 같지만 문맥상의 의미로는 결코 상충되지 않을 뿐만 아니라, 둘 다 성경 전체의 가르침에 충실하게 부합한다.

성경관과 성경 해석

성경은 성령으로 영감된 하나님의 말씀이지만 또한 사람들이 기록한 인간의 기록물이기도 하다. 따라서 성경은 기록한 사람에 따라 문체와 진술 방법 및 용어 사용이 다양하게 나타난다. 이런 다양성은 기록상의 '다름'이나 '차이'이지 '틀림'이나 '오류'가 아니다. 성경의 다양성이 결코 성경의 통일성을 위협하지 않는다. 오히려 음악의 하모니, 즉 다른 소리의 조화가 가장 아름다운 음악인 것처럼 성경에 나타나는 '다름'과 '차이'는 성경 전체의 통일성을 획일적인 일관성이 아닌 조화로운 일관성으로 만드는 아주 중요한 요소다.

가장 어려운 문제는 이것이다. 즉, 성경이 기록될 당시의 사회와 문화의 일반적 풍습을 반영한 요소들은 오늘 우리에게 어떻게 해석되고 적용되어야 하는 것인가? 과연 이런 요소들도 성경의 오류라고 해야 하는가? 성경의 기록이 당대의 보편적 표현의 한계를 벗어나지 못한 것처럼 사회 문화적 제약을 탈피하지 못했다고 볼 수 있다. 그러므로 당대의 사회문화적 요소에 제약을 받는 성경 기록은 결코 오류가 아니며, 성경 전체의 구원 교리와 윤리적 규정들을 벗어나지 않는 범위에서 시대의 변화에 따라 재

해석하고 적용할 수 있다. 그러나 이런 요소가 그렇게 많지도 않을 뿐만 아니라, 교리적으로 심각한 것은 더더욱 아니다.

예컨대, 남자와 여자는 성별과 기능이 다르게 창조되었으므로 상호 구별하되 서로를 존중해야 한다는 것이 성경의 원리적 가르침이다. 따라서 그리스도인은 남녀를 차별하지 말아야 하지만 동성 간의 육체적 사랑이나 결혼에 대해서는 엄격하게 금해야 한다. 성별뿐만 아니라 인종이나 신분이나 계급에 대한 가르침도 원리적으로는 대동소이하다. 즉, 구별하되 차별하지는 말아야 하고 상호 존중해야 한다. 성경은 사람 사이에는 상호 존중의 원리를 가르치는데, 이유는 사람이라면 누구나 예외 없이 동일한 하나님의 형상으로 창조되었기 때문이다. 성경은 서로 다른 사람들이 상호 존중의 원리로 조화를 이루며 살도록 가르친다. 사람과 동물의 관계는 조금 다르다. 사람과 동물은 반드시 구별할 뿐만 아니라, 차별도 해야 한다. 그러나 동물을 학대하라고 가르치지는 않는다.

04

성경에 대한 해석이
왜 이렇게 서로 다른가?

안재경

꧄

성경은 역사상 최고의 베스트셀러이다. 지금까지 살아남은 책들 중에 성경이 최고일 것이다. 기독교 문화가 자리 잡은 나라들뿐만 아니라 믿지 않는 이들도 성경을 한 번쯤은 보고자 하는 충동을 느낄 것이니 말이다. 작정하고 성경을 읽지 않는다고 하더라도 성경의 일부분을 읊어대는 이들이 많다. 어떤 종교의 경전들보다도 성경이 가장 잘 알려져 있다. 그런데 성경을 읽은 이들이 성경을 제각각 해석하는 것은 왜 그럴까?

일단은 하나님을 향한 믿음이 있느냐 없느냐의 차이일 것이다. 하나님을 믿는 사람이라면 누구든지 성경을 똑같이 해석할 수 있어야 하는 것이 아닌가? 성그러나경을 읽을 때에 이미 자신의 생각을 가지고 성경을 읽기에 다 다르다. "성경만 읽는 사람은 성경도 모른다"는 말이 있다. 맞는 말이다. 사실, 성경을 해석하는 사람의 문제와 더불어 성경 자체의 문제가 있다. 성경이 문제가 많은 책이라는 의미가 아니라 성경이 기록된 방식을 알아야 한다는 뜻이다. 이것을 알지 못하기 때문에 성경 해석이 제각각일 수밖에 없다. 성경을 바르게 해석하기 위해 필요한 것이 무엇일까? 우선은 성경에서 찾지 말아야 할 것을 생각해 보고, 그다음으로는 성경을 제대로 읽기 위해 꼭 필요한 것을 제시하려고 한다.

성경에서 찾지 말아야 할 것

성경에서 무시간적인 진리를 찾으려고 해서는 안 된다

성경은 무시간적인 진리가 기록된 책이 아니다. 무슨 말인가? 우리는 진리를 찾기 위해 성경을 보는 것이 아닌가? 맞다. 그러나 우리는 성경을 무시간적인 진리가 담긴 책으로 생각해서는 안 된다. 성경은 무시간적인 종교 경전이 아니다. 우리는 구약과 신약의 엄연한 차이를 잘 알아야 한다. 많은 이단들은 구약성경조차도 문자 그대로 지키려고 하는 것 때문에 생겨난다. 지금도 안식일을 지켜야 한다고 주장하는 안식교가 대표적이다. 우리는 성경이 무시간적으로 하늘에서 뚝 떨어진 것이 아니라 모든 시대에 하나님께서 일하셨다는 것을 확인할 수 있다. 우리는 성경이 역사를 다루고 있고, 하나님께서 역사 속에서 일하셨다는 것을 알아야 한다. 하나님은 무시간적인 진리를 선포하는 분이 아니라 역사 속에서 일하시는 분이시다. 구약과 신약의 하나님이 다르게 보이는 이유가 바로 이것이다. 구약의 하나님과 신약의 하나님이 다른 하나님이 아니라 동일한 하나님이시기에 성경은 통일성이 있다. 성경을 무시간적으로 보는 것, 그래서 통일성을 확보하려는 것은 하나님께서 역사 속에서 일하시는 그 생생함을 제거할 수밖에 없다.

성경에서 모범을 찾는 일에 골몰해서는 안 된다

성경은 도덕적인 교훈을 주기 위해 기록된 책이 아니다. 성경에는 수많은 인물들이 등장한다. 우리는 그런 인물들의 행위를 바라보면서 본받을 만한 것이 무엇인지 찾는다. 아니면 본받지 말아야 할 것이 무엇인지를 찾으려고 애쓴다. 이것이 전형적인 도덕적 접근이다. 성경 인물들이 구체적으로 행한 것이 있기에 그것에 대해 성경이 판단하는 것이 있고, 그 판단에 대해 우리는 자신을 돌아보는 말씀으로 삼을 수 있다. 성경은 우리의 교훈을 위해서 기록했기 때문이다. 그러나 성경은 그런 인물들의 도덕성을 본받으라고 기록된 책이 아니다. 유대인들은 성경을 통해 영생을 찾았는데, 성경은 오직 그리스도를 가리키고 있었다(요 5:39 참고). 우리는 성경 인물들을 본받아야 하는 것이 아니라 그들이 그리스도를 사모했다는 것을 본받아야 한다. 그래야만 우리는 성경을 통해 유익을 얻을 뿐만 아니라 구원을 누릴 수 있다. 더 나아가 우리는 오직 그리스도께서 우리의 모범이라는 것을 생각해야 한다. 그리스도께서 하신 일이 반복될 수 없지만 그리스도께서 하신 일이 우리의 구원이 되었고, 그 결과 우리는 그리스도를 따를 수 있는 자리에 서게 되었다는 말이다. 성경을 통해 그리스도를 발견하지 못하면 성경은 도덕 교훈의 모음집밖에 되지 않는다. 이렇게 해서 성경을 아무리 열심히 읽더라도 참 구원에 이를 수 없고 하나의 종교인이 될 수밖에 없다.

성경을 세상사에 대한 증거 구절로 생각해서는 안 된다

성경은 모든 사건에 대한 증 거구절로 활용되는 말씀이 아니다. 무슨 말인가? 신자라면 누구든지 성경을 읽을 때에 그 하나님께서 성경을 통해서 우리에게 무엇을 말씀하시는가를 찾아내야 하는 것이 아닌가? 하나님의 음성과 뜻을 들으려고 해야 하지 않는가? 당연히 그렇다. 그러나 이런 의도가 너무 강해서 모든 성경 말씀을 현실의 문제에 대한 '증거 구절'로 생각하는 경향이 강하다. 성경을 읽는 이유는 자신의 현실에 대해서 답을 얻기 위해서이다. 자신의 현실에 답이 되는 성경 구절을 찾으려고 애쓴다. 그런 말씀을 찾으면 누가 뭐라고 하든지 그 성경구절을 앵무새처럼 외쳐댄다. 이런 태도는 소위 말하는 큐티(성경 묵상)가 조장하기도 한다. 성경에서 내가 당면한 문제에 대한 해결책을 주는 말씀을 찾는 것 말이다. 세상의 모든 문제에 대응한 말씀이 하나씩 다 있다는 것은 잘못된 생각이다. 성경이 분명히 우리의 구원과 삶에 대해 정확무오한 하나님의 말씀이지만 우리의 구체적인 상황에 어떻게 하라고 지시하기 위해서 기록된 말씀이 아니라는 뜻이다. 누구하고 결혼해야 할지를 성경 구절로 가르쳐 달라고 하는 것이 그런 태도이다. 성경을 그렇게 대하는 것이야말로 미래를 점치는 무당들의 태도와 다를 바 없는 것이다.

성경을 제대로 읽기 위한 길

신앙고백의 중요성

성경은 머리가 좋다고 잘 이해할 수 있는 책이 아니다. 성경은 자기 혼자 머리를 싸매고 열심히 공부한다고 해서 알 수 있는 책도 아니다. 나는 오직 성경만을 가지고 읽으면 된다고 생각하는 '성경주의'야말로 문제라고 생각한다. 학교에서도 교과서가 있고, 그 교과서를 해설해 주는 참고서가 있다. 성경이라는 교과서를 제대로 해설해 주는 참고서가 있는데, 그것이 바로 신앙고백서와 교리문답이다. 성경을 해설해 주는 주석서며 성경 해설서들이 수많이 많지만 우선적으로 중요한 것이 바로 신앙고백서와 교리문답이다. 우리는 고백을 통해 성경을 읽어야 한다. 종교개혁자들이 신앙고백서며, 교리문답을 만든 이유가 여기에 있다. 성경을 제대로 읽기 위한 도구를 만들어 준 것이다. 그들은 성경을 제대로 읽기 위해서 다양한 고백서들을 만들었다. 우리는 그 고백을 통해 성경을 제대로 읽을 수 있다. 신앙고백서와 교리문답을 성경처럼 떠받들 이유가 없다. 우리는 고백서들이 성경을 제대로 요약하고 있는 한 그것의 도움을 받아 성경으로 늘 나아가야 할 것이다. 우리는 종교개혁자 루터의 고백처럼 교리문답의 학생으로 남아야 있어야 할 것이다. 사람은 종교적이기에 어떤 사람도 중립적인 태도로 성경을 대할 수 없다는 것을 아는 것이 중요하다. 입장이 중요한 것이다. 고백이 중요한 것이다.

교회의 중요성

중세 로마 교회는 종교개혁자들이 각 나라의 언어로 성경을 번역하고 그들이 성경을 해석하기 시작하는 것을 매섭게 몰아쳤다. 라틴어라는 천상의 언어가 있고, 교회만이 성경을 해석할 수 있는데 어떻게 성경을 번역하고, 누구나 성경을 해석할 수 있느냐는 것이다. 성경 해석이 달라지면 어떻게 구원을 얻을 수 있겠냐는 것이다. 사실, 권위 있는 기관이 성경 해석을 해 주면 그것만큼 편한 것이 없을 것이다. 이단이 될 이유도 없고, 성경을 읽으면서 골머리를 앓을 이유도 없다. 그러면 누가 성경을 해석해 줄 것인가? 중세 로마 교회의 주장으로 돌아가지 않더라도 우리는 교회의 중요성을 주목해야 한다. 성경은 개인에게 주신 말씀이 아니라 하나님의 백성에게 주신 말씀이요 교회에 주신 말씀이기 때문이다. 성경은 교회 안에서 읽어야 한다. 공동체적 성경 읽기가 제대로 된 성경읽기이다. 신앙고백이 다르고, 교파가 다르면 성경 읽기가 달라지는 이유가 여기에 있다. 좋은 교회에 속해서 공적으로 선포되는 말씀에 귀를 기울이는 신자가 성경을 잘 해석할 수 있다. 좋은 교회가 좋은 해석자이다. 어떤 신자도 교회를 떠나서 스스로 성경을 해석할 수 없다. 우리는 교회에 속해서 성경을 해석한다.

순종의 중요성

성경은 지성으로 파악할 수 있는 말씀이 아니다. 사실, 성경을 파악해 보겠다고 하는 태도가 문제이다. 성경은 우리에게 요구하는 것이 많다. 그래서 큐티 책에 보면 '이 말씀에서 회개해야 할 것이 무엇입니까? 이 말씀에서 요구하는 것이 무엇입니까?'를 묻는다. 틀린 것이 아니다. 한마디로 말해서 성경은 우리에게 순종을 요구한다. 성경은 순종하겠다고 하는 마음이 아니고서는 우리 앞에 그 속살을 제대로 드러내지 않는다. 성경은 무엇이라고 말씀하시든지 순종하겠다고 하는 태도를 가지는 자에게 비로소 그 속살을 드러낸다. 하나님께서 자기 백성에게 성경을 주신 것은 순종하라고 주셨기 때문이다. 순종하겠다고 결심하는 좋은 신자가 성경을 제대로 해석할 수 있다. 성경은 파악해야 할 말씀이 아니라 순종해야 하는 말씀이다(벧전 1:2). 자신이 누구보다 성경을 잘 알고 있다고 하는 사람이 정작 성경을 모르는 경우가 많은 것이 바로 이런 이유 때문이다. 종교개혁자들은 누구보다 성경을 열심히 연구했지만 그들은 순종하려는 주의 자녀들이었기에 성경을 제대로 발견하고 우리에게 전달해 주었다. 순종하는 마음 없이 지식으로 아는 성경 말씀이 오히려 우리를 정죄하는 말씀이 될 것이다. 성경은 순종하려는 이들에게만 열리는 책이다. 과연 순종하려고 하는가?

성경은 누구나 읽을 수 있다. 성경은 문자를 안다면 누구나 읽을 수 있는 책이다. 그런데 성경에 대한 해석이 왜 이렇게 다른 것인가? 성경은 공적인 말씀이다. 공개적인 말씀일 뿐만 아니라 보편적인 말씀이다. 성경이야말로 가장 공적인 문서이다. 비밀스러운 것을 찾아다닐 필요가 없다. 그런데 왜 이렇게 성경에 대한 해석이 다른가? 다를 수밖에 없다. 성경 번역이 통일된다고 해서, 어느 누가 해석지침을 내려준다고 해서 통일될 수 있는 것이 아니다. 성경은 성령의 감동으로 기록된 책이기에 동일한 성령의 인도를 받아야만 그 말씀의 진정한 의미를 알 수 있다. 우리는 교회 안에서 신앙고백을 통해서 순종하겠다고 하는 마음을 가지고 성경을 대해야 할 것이다. 그렇게 하지 않을 때에 안다고 하는 그 말씀이 우리를 정죄하는 말씀이 될 것이다(롬 14:22 참고). 예수님 당시 유대인들이 자기들에게 율법이 있다고 자랑했지만 그 율법이 자기들을 정죄하고 있다는 것을 알지 못했듯이 말이다.

성경을 스스로 읽는 아이

: 성경을 어린 자녀들에게 어떻게 가르쳐야 할까?

안정진

～∞～

"엄마 나 시간 없어! 성경은 무슨, 나 숙제하기도 바빠." 초등학생들은 바쁘다. 방과후에도 학교가 운영하는 '방과후 교실'에 참여하거나, 학교 주변에 밀집된 사설 학원에서 수학, 영어, 미술, 피아노, 태권도 등과 같은 과외수업을 받느라 항시 분주하다. 그래서 다수의 아이들이 늦은 오후가 되어서야 집으로 돌아온다. 고학년(5-6학년)이 밤늦은 시간까지 학원에서 시간을 보내며 지친 몸으로 집으로 오는 일은 더 이상 특별한 일이 아니다. 배우는 것은 좋은 일이지만 지나치면 아니함만 못할 때도 있다. 지친 몸과 마음으로 집에 돌아온 아이들은 숙제를 하면서 시간을 보내고, 자기 나름의 스트레스를 풀기 위해 스마트폰이나 게임에 몰두하거나 TV 예능프로그램과 인기 아이돌의 노래를 즐긴다. 때로는 맞벌이하는 부모님을 따라 마트 등을 배회하다가 늦은 시간이 되어 잠든다. 사실상, 아이들에게 성경을 읽도록 시간을 확보하는 일이나 성경을 가르치는 것은 아주 어려운 과제가 되어 버렸다.

성경을 읽는 아이! 생각만 해도 감사와 은혜가 넘친다. 자기 스스로 성경을 읽는 아이로 만들기 위해서 어떻게 해야 할까? 무엇보다 부모의 생각이 바뀌어야 한다. 이것은 일종의 회심과 같다. 회심은 익숙한 길에서 낯선 길로 돌아서는 것이다. 어쩌면 성경을 자녀에게 읽히는 일은 낯선 길로 인도하는 일과 같다. 부모가 이 일에 심오한 소명감을 가지지 않는다면 결코 자녀는 그 낯선 길로 따르지 않을 것이다. 그러나 비록 부모가 이 일에 책임과 소명을 느낀다 하더라도 어떻게 그 길로 인도해야 하는지에 대한 실제 문제에 직면하게 되면 길을 찾지 못하거나 길을 잃어버릴 때가 많다. 그 낯선 길이 익숙한 길이 될 수 있도록 본 장에서는 10세 이하의 자녀들을 겨냥해서 과거에 해 왔던 배움의 도구를 몇 가지 소개하고자 한다. 더 나아가 가정에서 실천할 수 있는 간단하면서도 유용한 성경 교육과정의 예를 두어 가지 제시할 것이다.

지상 최고의 일

부모의 인생에서 가장 중요한 일은 내 자녀를 말씀으로 양육하는 일이라는 것을 잊지 말아야 한다. 우리는 자녀 교육을 다른 전문가들에게 맡기는 데 익숙하다. 이런 현상은 일반 교육뿐 아니라 신앙교육에서도 두드러진다. 기독교인 부모들은 자녀의 신앙교육을 주로 자신이 출석하는 지역 교회의 목회자에게 맡긴다. 그 결과로 자신에게 주어진 심오한 권위와 소명을 스스로 져버리게 된다. 하나님은 자녀 교육의 직접적이고 일차적인 책임이 부모에게 있다고 말씀하신다(신 6:1-5; 엡 6:4 참고). 다시 말해, 자녀 교육은 부모에게 주어진 가장 중요한 일이며, 최고의 과제이다. 19세기를 살았던 신학자 다브니(D. L. Dabney)의 말을 경청해 보자.

하나님을 위한 자녀 교육은 우리가 지상에서 할 수 있는 모든 일 중에 가장 중요한 일이다. 이것은 단 하나의 일이며, 그것을 위해 이 땅이 존재한다. 모든 정치, 전쟁, 문학, 돈벌이도 이것에 종속되어야 한다. 모든 부모는 매일, 매시간 자신의 소명과 선택과 나란히 이것을 두어야 한다. 이 목적을 위해 하나님이 부모를 생존하게 하심을 분명히 느껴야 한다. 자녀 교육은 부모의 지상 최고의 과제다.[1]

이 말에 동의할 수 있는가? '생각의 변화'가 절실히 필요하다. 왜냐하면 부모 중 대부분은 이러한 사실에 무지하거나 알면서도 외면하거나 동의하지 않기 때문이다. 부모가 가진 심오한 권위와 책임을 마음에 깊이 새겨야지 비로소 부지런히 주의 말씀에서 나오는 교훈과 훈계로 양육할 수 있게 된다(신 6:7; 엡 6:4 참고).

배움이 일어나는 모든 곳에 성경을 사용하라

영국의 교육가인 샬롯 메이슨(Charlotte Mason)은 "성경 교육이 여타 독서가의 몫으로 격하되고 나서 아이들의 지능과 성격 면에서 전국적인 (학교 교육의) 하락이 있었다"고 말한다. 그녀는 우리보다 약 100년 이상 먼저 살았던 사람이지만 매우 중요한 통찰을 준다. 하나님의 말씀에 위대한 능력이 있으며, 세상의 어떤 다른 책들도 창조주이신 그분이 쓰신 성경책에 비견할 수 없다는 것이다. 우리는 성경을 예배 시간에만 읽는 책으로 대해서는 안 된다. 아이들에게 배움이 일어나는 모든 곳에서 성경을 사용해야 한다.

---

1 R. L. Dabney, *On Secular Education, ed. Douglas Wilson*(Moscow, Canon Press, 1996), 3.

과학이나 수학을 배울 때도 말이다. 이상하게 들릴지 모르지만, 우리는 성경만을 보면 안 된다. 성경을 '통해서' 세상을 보도록 해야 한다. 종교개혁자들이 '오직 성경'(sola Scriptura)을 외친 것은 오직 성경만을 보아야 한다는 의미가 아니었다. 비유하자면, 성경은 태양과 같다. 우리가 태양을 어떤 장치 없이 맨 눈으로 주시하고 있으면 아마 눈이 멀거나 거기에 준하는 장애를 가지게 될 것이다(궁금한 사람은 한 번 해 보시라). 우리는 태양 자체가 아니라 태양이 비추는 빛을 통해서 하나님이 지으신 세상을 관찰하고 연구하고 발전시킨다. 마찬가지로 우리는 성경의 빛을 통해 세상의 본질을 드러낸다. 또한 태양계의 행성들이 태양을 중심으로 운행하듯이 우리 역시 성경을 중심으로 존재하고 생각하고 살아야 한다. 요약하면, 성경은 우리의 중심에 있어야 할 책이면서 동시에 성경이 비추는 빛으로 온 세상의 본질을 드러내야 한다. 말씀의 빛으로 세상을 비출 때 아이는 이 세상에 대한 올바른 관점을 가질 수 있게 된다. 세상은 우연히 존재하게 된 것이 아니라 하나님이 창조하신 것이고 하나님께서 인간의 의지와 함께 다스리는 무대이며, 어떤 영웅들은 하나님의 편에 서고 어떤 고집스러운 악인들은 하나님을 미워하고 반대한다는 것을 알게 될 것이다.

스스로 읽도록 가르치라

개인적인 차이가 있겠지만 아이들은 대략 10세 쯤(초등 3-4학년)에 복잡하고 추상적인 연결고리를 만들 수 있는 지식의 단계로 들어간다. 그래서 10세 이전의 단계는 비유하자면 기차에 레일을 놓는 단계라고 할 수 있다. 기차가 '씽씽' 달리기 위해서는 기차 레일을 먼저 깔아야 한다. 제아무리 빠르게 달리는 고속열차라고 해도 '레일'이 없으면 무용지물이다.

하비와 로리 블루던(Harvey and Laurie Bluedorn)은 아이의 사고와 재능을 넓히고 강화시키기 위해 10세 이전에 다음과 같은 레일을 깔아 주어야 한다고 주장한다.

- 하나님을 경외하고, 부모님 공경하기
- 언어적인 재능 발전시키기
- 배움의 즐거움 맛보기
- 풍성한 추억 만들기
- 창조성 격려하기
- 훌륭한 일과 섬기는 태도 익히기

모든 학습의 성패는 이러한 레일들을 어린 시절 얼마나 성공적으로 건설하느냐에 달려 있다. 그리고 나서 그 레일 위로 아이가 '스스로' 달리도록 격려해야 한다. 도로시 세이어즈(Dorothy L. Sayers)는 교육의 목적은 "스스로 배우는 법을 가르치는 것이며, 이것을 달성하지 못하는 교육은 헛된 노력이다"고 했다. 이것은 성경 교육에도 그대로 적용된다. 우리는 자녀들이 '스스로' 성경을 읽도록 격려해야 한다. 부모의 강요(?)에 의해 마지못해 성경을 읽는다면 얼마나 곤욕스럽겠는가? 우리의 자녀가 '스스로 성경을 읽을 뿐 아니라 자신이 배우는 모든 교과목 뿐 아니라 삶에 성경을 등불로 삼는 것'을 목표로 두어야 한다(시 119:105 참고).

어떻게 하면 그 목표를 달성할 수 있을까? 과거에 살았던 신실한 부모들의 경험과 가르침은 오늘날에도 여전히 유효하고 쓸모가 있다. 아래에서 그들이 사용했던 몇 가지 일반적인 도구를 소개하고자 한다. 그것들은 특별한 것이 아니라 이미 우리가 알고 있던 것이 대부분이다. 알던 것이라도 실천은 다른 문제이다. 백번 듣는 것보다 한 번 보는 것이 나은 것처럼, 알던 것을 실천해 보면 더 큰 도움이 된다. 사실 우리는 요리문답의 진술처럼, 본성이 하나님과 이웃을 미워하는 성향을 가지고 있기 때문에 성경을 읽고 배우는 일에 대해서도 매우 소극적일 뿐 아니라 대체로 게으르다. 그래서 항시 훈련이 필요하다. 10세 이하의 자녀는 대체로 이러한 훈련을 받기에 아주 적당한 나이이다. 다음에 소개하는 4가지 도구를 성경을 읽는데 지속적으로 사용하기를 바란다. 이 도구는 성경을 배우는 것에 제한되지 않고 배우는 모든 곳에 적용되고 확장 될 것이다.

유익한 도구들을 활용하라

이야기하기

'이야기하기'(narration)는 아주 강력한 학습의 도구이다. 이것은 아이가 정보를 섭취하여 그것을 다시 자기 말로 옮기는 방법으로 유아기(4−5세) 때부터 꾸준히 연습하는 것이 좋다(나는 십 대의 청소년에게도 이 방법을 사용한다). 왜냐하면 이야기하기는 아이의 정신력을 향상시킬 수 있는 탁월한 방법이기 때문이다. 이것을 성경에 적용해 보자. 먼저, 부모가 성경을 소리 내어 10−13분 정도 읽어주라. 그다음으로 부모는 아이에게 질문을 할 수 있다. 이때 아이는 부모에게 들은 내용을 다시 이야기하게 된다. 우리는 자신이 모르는 것을 말할 수 없다. 아이가 말로 할 수 있다는 것은 그 내용을 알고 있다는 것을 말해 준다. 아이는 이야기를 들으면서 자신의 상상력을 계발시킬 뿐 아니라, 이야기를 재진술함으로써 아는 것을 견고히 하게 된다.

여기서 몇 가지 주의할 점이 있다. 우선, 당신의 옆자리에 정자세로 앉도록 요구하지 말라. 많은 아이들은 자기 손으로 무엇인가를 열중하고 있을 때에 더 말을 잘 듣는다. 어떤 남자아이들은 무엇이든 손에 쥐고 있지 않으면 오래 앉아 있을 수 없다. 둘째로, 아이가 말할 때 부모가 수정하거나 지적하는 식으로 끼어들지 말아야 한다(자녀가 2명 이상일 경우, 다른 아이가 틀린 내용을 지적하는 것은 괜찮다). 요컨대, 자녀들이 들은 것을 아주 편안한 방식으로 다시 말하도록 해 보라. 당신은 아이들이 놀라운 기억력을 가지고 있음에 놀라게 될 것이다. 어떤 아이는 들었던 것을 빠짐없이 아주 상세하게 묘사하는 능력을 보여 줄 것이다.

이런 방식으로 우리는 자녀가 하나님의 말씀에 경청하는 태도를 기르도록 훈련시킬 수 있다. 더 나아가 논리적으로 생각하고 말하는 힘을 키울 수 있게 된다. 10세가 되면 자신의 '이야기하기'를 노트에 다시 적게 할 수 있다. 내 경험으로는 뛰어난 아이일수록 말하기보다 쓰는 일에 더 큰 재능을 보였다. 마지막으로, 너무 많이 하지 말라. 의욕이 지나쳐서 한 번에 너무 많이 읽어 주면 역효과가 난다. 아침에 조금, 오후에 조금, 밤에 조금씩 읽어 주라. 매번 10분씩 읽고 이야기를 나눈다면 풍성한 성경 공부가 될 것이다.

큰 소리 내어 읽기

부모가 소리 내어 읽을 것인가 혹은 자녀들이 스스로 읽도록 할 것인가에 대해서는 두 가지 답이 모두 가능하다. 만약 아이들이 성경을 읽을 만큼의 독서 능력이 부족하다면 부모가 읽어 주면 된다. 헨리에타 프랭클링은 이렇게 말한다. "우리는 아이들에게 소리 내어 책을 읽어 주는 습관을 가벼이 여겨서는 안 된다. 그 아이들이 어느 정도 자란 소년과 소녀들이라도 말이다." 서양이든 동양이든 옛사람들은 눈으로만 책을 읽지 않았다. 옛 선비들도 소리를 내어 책을 읽는 것을 당연하게 생각했다. 그들은 크게 소리 내어 읽으면 책에 기록된 내용이 살아서 깨어난다고 생각했다. 요즘은 정보의 홍수 속에서 책을 소리 내어 읽는 사람을 찾아보기가 힘들지만, 소리 내서 읽는 유익은 생각보다 크다. 성경을 읽을 때는 처음부터 끝까지 소리 내어 읽을 필요는 없다. 눈으로 읽다가 어떤 부분에서는 소리 내어 읽으면 된다. 두 가지 방법 모두를 병행하면 지루함이나 공상을 극복할 수 있다. 예를 들어, 부모와 자녀가 한 구절씩 혹은 두 구절씩 번갈아 가며 읽어 보라. 자녀가 더 많이 읽고 싶어할 때는 내버려 두어도 된다.

손으로 읽기(필사하기)

베껴 쓰기(필사)는 읽기의 또 다른 중요한 방식이다. 다산 정약용은 그의 두 아들에게 베껴 쓰는 공부를 대단히 강조했다. 그래서 이 방식을 흔히 정약용의 독서법이라고 부르기도 한다. 아이가 성경을 통째로 베껴 쓸 수도 있지만, 아이의 쓰기 능력을 감안해서 중요한 몇 구절을 골라 베껴 쓸 수 있도록 도와주어도 된다. 눈으로만 읽으면 다 사라져 버리지만 필사를 하면 그것이 자신의 것이 되고, 쌓이면 영성이 된다. 필사는 여러 가지로 유익하다. 요즘 초등학생들은 연필 잡는 법을 잘 모른다. 바른 자세로 연필을 잡거나 글을 쓰는 습관은 10세 이전에 굳어진다. 자녀들이 올바른 글쓰기 습관을 가질 수 있도록 도와주라.

이렇게 성경을 눈과 입으로 읽은 것을 손으로 필사할 때 성경의 내용이 아이에게 더 입체적으로 다가올 것은 분명하다. 글로 쓰는 과정은 마음에 새겨지는 과정이기도 하다. 참고로 저학년 때는 한글 성경만 베껴 쓰다가, 고학년이 되면 국한문이 혼용된 성경을 사용해 보도록 추천하고 싶다. 그러나 아이에게 어떤 벌의 형태로 성경을 필사하게 하지 말라. 그렇게 하면 성경은 꿀과 송이꿀보다도 달콤한 것이 아니라, 다시는 경험하고 싶지 않은 어떤 것이 될 수도 있다.

암송하기

무식하게 보이지만 통째로 외우는 것만큼 확실한 것은 없다. 우리의 경험상 외우기 실력은 점점 자라게 된다. 인간의 뇌는 외울수록 용량이 커지기 때문이다. 자녀의 나이가 어릴수록 더 잘 외우는 경향이 있다. 그래서 암기는 10세 이전의 저학년일수록 더 두각을 드러낸다. 대체로 10세 때에 가장 왕성한 암기 능력을 가진다. 성경을 여러 번 읽고, 쓰고, 통째로 외워버리면 그 속에서 지혜가 샘물처럼 흘러나오게 된다. 하나님께서 이스라엘 백성들에게 가르치는 교육 원리도 크게 다르지 않다.

"집에 앉아 있을 때에든지 길을 갈 때에든지 누워 있을 때에든지 일어 날 때에든지 이 말씀을 강론할 것이며"(신 6:7).

계속 반복적으로 마음에 새겨져 지워지지 않도록 하라는 것이다. 다윗은 시편 1편에서 복 있는 사람은 여호와의 율법을 주야로 묵상하는 사람이라고 했다. 낮과 밤으로 묵상한다는 말은 반복적으로 익힌다는 것이다. 이렇게 외우다 보면, 하나님의 말씀이 자녀의 마음을 움직이고 자녀의 삶에 하늘의 슬기가 채워지게 될 것이다.

수준에 맞게 가르치라

그렇다면 어떤 성경을 먼저 읽히는 것이 좋을까? 홈-스쿨러들을 위해 샬롯 메이슨(Charlotte Mason)이 추천한 나이별 성경학습 순서와 기독교 학교인 미국의 로고스 스쿨의 성경교육과정 중 일부를 소개하고자 한다. 그러나 이것은 어디까지나 하나의 예시일 뿐이고 각 가정에 맞고 자녀의 수

준에 맞게 적용하여 가르치면 될 것이다.

〈샬롯 메이슨의 성경학습 순서〉

나이별	성 경
6–8세	구약과 신약 중 복음서와 사도행전을 중심으로 읽어 준다.
8–9세	간단한 구약 구절들과 복음서 두 가지를 읽어준다.
9–12세	구약 전체와 서신서와 요한계시록을 읽게 한다.
12–15세	구약 전체를 스스로 읽게 한다.
15–18세	복음적인 주석서를 읽게 한다.

※ 샬롯 메이슨은 성경의 내용을 쉽게 정리한 것이나 요약한 것을 아이에게 읽히는 것에 대하여 부정적이었다. 그러나 글을 모르는 아이나 성경을 이해하기 힘든 어린 자녀들을 위해 다양한 어린이 성경을 활용하는 것을 추천한다.

〈미국 로고스 스쿨의 성경학습 순서〉

로고스 스쿨의 성경커리큘럼은 각 학년별(1–12학년까지)로 구성되어 있다. 아래에는 유치원–3학년까지의 커리큘럼 중에서 요긴한 것만 정리했다.

학년	유치원	1학년
목표	1. 하나님과 성경에 대한 질문에 정확하게 답한다. 2. 성경의 두 부분, 구약과 신약을 정확하게 안다. 3. 성경에 등장하는 인물과 그들의 가장 큰 특징을 정확하게 안다.	1. 하나님의 기본적인 성품(거룩함, 의로움, 전능, 전지, 무소부재, 사랑, 창조주, 구원자, 영원함)을 말할 수 있다. 2. 성경의 각 책의 이름과 배열 순서를 정확히 알고 말한다.

	4. 배웠던 성경의 주요 사건에 대해 설명한다. 5. 매주 성구를 한 절씩 암기하고 교사/부모 앞에서 암송할 수 있다.	3. 마가복음, 사도행전, 요나서를 읽는다. 4. 매주 성구를 한 절씩 암기하고 교사/부모 앞에서 암송할 수 있다. 5. 복음의 요약문인 고전 15:3-5을 암송한다. 6. 십계명을 암송한다.
교수 방법	1. 성경 읽기, 즉각 답하는 연습, 스토리텔링, 그림 자료, 암송, 노래, 연극, 손 인형극 2. 성구 암송 3. 프로젝트, 미술작업, 타교과 통합 4. 기도와 찬송(교사 주도)	1. 성경읽기, 교리문답, 스토리텔링, 그림자료, 연극, 손 인형극 2. 교리문답 3. 미술, 역사, 과학들의 교과목과 통합 4. 기도와 찬송(교사 주도)
주당 시간	하루 30분	하루 30분

학년	2학년	3학년
목표	1. 누가복음, 에스더, 요한서신서를 읽는다. 2. 위 책의 기본 사건과 교훈에 대하여 문답 형식으로 말할 수 있다. 3. 예수님의 생애 및 사역의 주요 사건과 업적을 문답 형식으로 말하고 기억하기 4. 매주 성구를 암송하고 교사/부모 앞에서 암송한다(성구는 읽은 본문 중에서 택한다). 5. 읽은 성경 속에 나타난 복음, 천국과 지옥에 대한 묘사, 창조의 순서, 하나님의 성품에 대하여 말할 수 있다.	1. 느헤미야, 요한복음, 야고보서, 빌립보서, 룻기를 읽는다. 2. 위 책의 기본 사건, 교훈, 주제를 기억해서 말할 수 있다. 3. 매주 성구를 암송하고 교사/부모 앞에서 말할 수 있다(성구는 읽은 본문 중에서 택한다). 4. 매일 찬송과 기도 시간에 꾸준히 참석하고 불렀던 찬양 속에서 하나님의 성품을 안다. 5. 성경 66권 이름을 말할 수 읽고 배열 순서를 기억하여 말할 수 있다.

교수 방법	1. 성경 읽기, 문답, 스토리텔링, 음악, 연극, 손 인형 등 2. 성구 암송 3. 프로젝트, 미술작업, 다른 교과와 통합 4. 기도와 찬송(교사주도) 5. 초빙 강사, 양로원 방문	1. 성경 읽기(학생 주도), 문답, 노래, 스토리텔링, 연극 2. 성구 암송 3. 다른 과목과의 통합 4. 기도와 찬양(교사 주도) 5. 초빙 강사
주당 시간	하루 30분	하루 30분

※ 이렇게 6학년 과정이 마칠 때 즈음에는 성경 전체를 통독할 수 있도록 교육과정이 구성되어 있다.

결론

지금까지 소개한 것은 새로운 것이 아니다. 과거에 해 오던 것이었으나 우리 시대에 와서 갑자기 사라져 버린 것들이다. C. S. 루이스는 "길을 잃어 버렸을 때 가장 좋은 방법은 집으로 돌아가는 것이다"고 했다. 이 유용한 도구들을 통해 길을 잃은 가정들이 다시 방황하지 않고 목적지를 향하여 힘차게 나아가길 바란다. 우리의 최종 목적은 성경을 읽고 필사하고 암송하고 이해하는 것이 아니라, 성경의 말씀대로 순종하며 살아가는 것이다.

"누구든지 나의 이 말을 듣고 행하는 자는 그 집을 반석 위에 지은 지혜로운 사람 같으리니……나의 이 말을 듣고 행하지 아니하는 자는 그 집을 모래 위에 지은 어리석은 사람 같으리니"(마 7:24,26).

최종적으로, 부모는 아이가 말씀대로 '살아가도록' 격려해야 한다. 성경을 공부하는 태도는 좋은 것이긴 하지만 그것을 자신의 삶에 적용하지 않는다면 진리를 왜곡하게 된다.

"믿음은 그의 행함과 함께 일하고 행함으로 믿음이 온전하게 된다"(약 1:22).

때문에 우리는 하나님의 모든 말씀에 대하여 아이가 개인적인 적용점을 찾도록 지도해야 한다. 무엇보다 부모가 말씀대로 살아가는 본이 되도록 해야 한다. 부모의 외식(外飾)은 자녀에게 가장 위험한 독소이기 때문이다.

PART

2

—

신론

01

삼위일체 하나님

황대우

❧

삼위일체 교리의 중요성

성육신 교리와 더불어 삼위일체 교리는 기독교의 가장 중요한 교리이며 동시에 신비다. 그리고 이 두 교리는 기독교 역사상 초기부터 지금까지 끊임없는 논란의 중심에 있다. 기독교를 하나의 신(神), 즉 유일신의 종교로 규정하는 입장에서 성부 하나님, 성자 하나님, 성령 하나님이라는 삼위 하나님의 개념은 문제가 아닐 수 없다. "삼위이신 한 분 하나님"이라는 개념, 즉 "삼위일체"는 기독교 신론을 이해하는 핵심일 뿐만 아니라, 기독교의 구원론을 이해하는 핵심이기도 하다. 따라서 삼위일체에 대한 바른 이해 없이는 기독교의 구원도 바르게 이해할 수 없다. 삼위일체는 시공간적 숫자 개념으로는 이해 불가능한 하나님 자신의 신비다.

삼위일체로 인해 구별되는 기독교 신관

삼위일체 교리 때문에 기독교는 엄밀한 의미에서 일신교도 다신교도 아니다. 이것은 기독교를 유일신 종교로 분류하고 설명하는 것만으로는 충분하지 않다는 뜻이다. 일반적인 일신론과 기독교의 일신론은 완전히 다르다. 즉, 누군가 막연히 한 분의 신이 있다는 것을 믿는다고 해서 자동적으로 삼위일체 하나님을 믿는 기독교 신앙인이 되는 것은 아니라는 뜻이다. 그 이유는 기독교의 하나님이 삼위일체 하나님, 즉 한 분 하나님이시지만 삼위 하나님이시기 때문이다.

그러므로 '삼위일체 하나님'을 믿는 기독교는 일신론적인 유대교나 이슬람교와 다를 수밖에 없다. 기독교는 한 분 하나님이 세 분이시고 세 분 하나님이 한 분이시라고 가르친다. 세 분은 각각 독립적으로 구별되지만 상호 연합하는 한 분 하나님이시다. 삼위일체 하나님은 삼중적 존재도 아니고 신적 단일 본질이 삼위로 나누어진 세 하나님도 아니시다. 따라서 삼위일체 교리는 결코 일신론이나 삼신론으로 해소될 수 없다. 이런 점에서 삼위일체를 부인하는 모든 기독교 단체는 이단일 수밖에 없다.

삼위일체 교리의 논란

삼위일체 교리의 논란은 크게 두 가지 신학적 경향으로 구분되는데, 하나는, 삼위일체를 구원의 서정(*ordo salutis*)으로 접근하는 '내재적 삼위일체론'이고 다른 하나는 구원의 역사(*historia salutis*)로 접근하는 '경륜적 삼위일체론'이다. 내재적 삼위일체론의 무게 중심은 한 분 하나님의 위격적 구원 사역인 반면에, 경륜적 삼위일체론의 무게 중심은 삼위 하나님의 일체적 구원 사역이다. 최근의 신학 경향은 어느 한쪽으로 기울어지지 않고 그 둘 사이의 통일성을 찾고 균형을 유지하는 것이다. 대표적으로 가톨릭 신학자 칼 라너(Karl Rahner)를 들 수 있는데, 그는 경륜적 삼위일체론이 내재적 삼위일체론이고 내재적 삼위일체론이 경륜적 삼위일체론이라고 강조했다.

내재적 삼위일체론은 삼신론이나 아리우스주의(Arius)의 종속설 이단에 빠지기 쉬운 반면에, 경륜적 삼위일체론은 단일신론, 즉 군주신론(Monarchianism)으로 기울어지는 경향이 있고 사벨리우스(Sabellius)의 양태론 이단에 빠지기 쉽다. 이러한 이단적 삼위일체론을 피하기 위해 웨인 그루뎀(Wayne Grudem)은 '존재론적 동등성과 경륜적 종속'(ontological equality but economic subordination)이라는 두 개념을 모두 강조해야 한다고 주장하는데, 그가 아무리 삼위 하나님의 존재론적 동등성을 강조한다 해도 구원을 위한 삼위 하나님의 역할 차이를 '경륜적 종속'으로 정의하는 것은 종속설의 범주를 벗어나기 어렵다. 구원 사역에 관한 삼위 하나님의 차이는 경륜적이지만, 결코 종속적이지 않기 때문이다.

삼위일체 교리를 역사적으로 건전하게 서술된 것보다 더 설득력 있게 논리적으로 설명하기 위해 새로운 용어를 동원하는 일은 불건전한 경향으로 기울어지기 쉬운 위험천만한 시도다. 누군가 자신의 방식대로 삼위일체를 새롭게 설명하는 것은 또 다른 하나의 학설, 즉 그 자신만의 독립적인 학설이 될 가능성이 크다. 이것은 삼위일체 교리를 더욱 선명하게 이해하도록 돕기 보다는 혼란만 가중시킬 뿐이다.

삼위일체의 핵심

삼위일체 교리가 우리에게 가르치는 핵심은 하나와 셋의 숫자 관계가 아니라, 우리를 위한 한 분 하나님의 구원 경륜과 세 분 하나님의 구원 서정이 모두 우리의 구원을 위한 삼위일체 하나님의 구원 사역이라는 사실이다. 즉, 구원이 배제된 삼위일체 교리는 탁상공론에 불과하고 삼위일체가 배제된 구원론은 비기독교적일 수밖에 없다. 삼위 하나님의 내적 관계는 인간의 이성으로 이해할 수 없다. 다만 구원 사역을 위해 삼위 하나님은 일체 하나님으로, 일체 하나님은 삼위 하나님으로 계시될 때 비로소 삼위일체 하나님으로 알 수 있다.

삼위일체 하나님을 아는 방법

삼위일체 하나님을 아는 것은 오직 그분의 자기계시에 의해서만 가능하다. 삼위일체 하나님은 자신이 어떤 존재인지 먼저 나타내 보이시지 않는다면 아무도 그분을 알 수 없다는 뜻이다. 그런데 다행스럽게도 하나님은 자신이 어떤 분인지 알려주셨는데, 그것이 바로 성경이다. 성경은 하나님의 자기계시의 책이다. 그래서 성경을 하나님의 말씀이라 부른다. 하나님의 말씀인 성경을 통해서만이 기독교의 하나님이신 삼위일체 하나님을 제대로 알 수 있다.

성경이 가르치는 삼위일체

성경은 창조자요, 섭리자요, 구원자이신 한 분 하나님을 성부와 성자와 성령이시라고 가르친다. 삼위일체 하나님을 구약은 희미하게 가르치지만 신약은 매우 분명하게 가르친다. 삼위일체 하나님을 구분하는 핵심은 성자 예수님이시다. 예수님이 이 땅에 오셔서 자신을 하나님의 아들로 알리셨기 때문이다. 자신을 본 자가 아버지를 보았다고 말씀하셨다. 그리고 다른 보혜사 성령을 부활 승천하신 후에 보내시리라 약속하셨는데, 약속대로 오순절 성령께서 오셨다. 삼위일체 하나님은 이 세상에 하나님 나라를 세우는 구원 사역을 무엇보다 기뻐하신다. 이 삼위일체 하나님을 사도 요한은 사랑이라 부른다.

사랑이신 하나님은 인격적인 분이시다. 그러므로 하나님을 안다는 것과 믿는다는 것은 인격적인 하나님을 만나고 그 하나님을 인격적인 관계 속에서 신뢰한다는 뜻이다. 즉, 믿음과 지식은 동전의 양면 같은 인격적인 만남과 신뢰다. 삼위일체 하나님은 자신의 자녀를 최고의 사랑으로 대하시는 하늘 아버지이시다. 인격적인 삼위일체 하나님이 우리의 창조와 섭리와 구원의 주님이심을 깨닫지 못하면 우리 자신이 죄인이라는 사실도 결코 알 수 없다.

삼위일체 하나님은 죄인을 용서하시고 구원하시는 사랑의 하나님이시지만 동시에 진리와 선이시므로 모든 거짓과 악을 반드시 심판하시는 공의의 하나님이시다. 하나님의 구원 사역은 그분의 사랑과 공의로 시작되고 완성된다. 성부 하나님과 성자 하나님과 성령 하나님은 한 분 하나님으로 자신의 구원 사역을 홀로 이루실 수 있지만, 피조물과 함께 피조물을 통해 이루길 원하신다. 창조주 하나님은 피조물의 구원자 하나님이시다.

삼위일체 하나님은 한 분이 세 분으로 구원의 내재적 원심력이시면서 동시에 세 분이 한 분으로 구원의 경륜적 구심력이시다.

02

예정, 모든 것을 정해 놓았다고?

안재경

꧁꧂

사람은 어느 정도로 자기결정권이 있을까? 우리 인간은 자신이 생각하는 것만큼 그렇게 자유로운 존재가 아니다. 예를 들어서 우리는 어떤 물건을 살 때에 자신이 원하는 것을 자유롭게 정하여 산다고 생각할 것이다. 그러나 우리가 무엇을 살 것인지 이미 결정되어 있는지도 모른다. 현대 과학기술은 우리가 무엇을 살 것인지 이미 알고 있어서 그것을 사도록 하고 있고, 더 나아가 우리가 특정 제품을 사도록 부추기고 있기 때문이다. 가면 갈수록 현대 과학기술은 우리의 기호조차 지배하려고 할 것이고, 우리의 선택권은 제한될 수밖에 없을 것이다. 우리 인간의 자유는 누군가가 미리 정해 준 것을 소비할 자유밖에 없는 방향으로 가고 있다.

성경이 말하는 주제 중에 하나가 바로 결정에 대한 것이다. 신학적인 용어로 '작정'이라고 부른다. 하나님께서 모든 것을 정해 놓으셨다는 것이다. 하나님이 정해 놓으셨으니 좋다고 해야 할 것인가? 아니다. 사람은 자유를 원하기에 이 작정이 말이 안 된다고 생각한다. 먼저 용어 정리를 하자면 만물에 대한 작정이 있고, 그 작정 안에 사람의 선택과 버림, 즉 예정에 대한 것이 있다. 예정은 하나님께서 구원받을 사람을 미리 정해 놓으셨다는 것이다. 구원받을 사람으로 정해 놓았다면 아무리 믿기 싫어도 믿을 수밖에 없을 것이다. 나머지 버림받기로 작정된 사람들은 믿고 싶어도 믿을 수 없을 것이다. 이런 말도 안 되는 일이 어디에 있는가? 이 예정이 운명론, 결정론과 뭐가 다른가? 하나님께서 모든 것을 정해 놓으셨다면 사람은 꼭두각시에 불과한 것이 아닌가? 하나님의 예정에 대해 그렇게 욕할 이유가 없다고 생각하는 이들도 있을 것이다. 사실, 신도 어쩔 수 없이 정해진 운명에 굴복할 수밖에 없다면 말이다.

창세전에 예정하심

예정에 대해 첫째로 궁금한 것은 언제 예정했느냐는 것이다. '예정의 시간'에 대한 것이다. 성경은 하나님께서 '창세전에' 예정하셨다고 말한다(엡 1:4 참고). 사람이 무언가를 하기 전에 하나님께서 영원 전에 정하셨다는 뜻이다. 시간 속에 존재하는 우리가 영원을 어떻게 파악할 수 있을까? 개혁파 내에서 예정의 순서를 가지고 논쟁했다. 하나님의 작정 안에서 선택과 타락의 순서를 매기려고 했다. 소위 말하는 '타락 전 선택설'과 '타락 후 선택설'이 그것이다. 하나님은 타락한 사람을 선택하신 것일까, 아니면 타락할 인간을 선택하신 것일까? 하나님이 창세전에 예정하셨다면 타락할 인간을 예정하신 것이 아닌가? 그런데 왜 타락 후 선택이 나온 것일까? 하나님은 '그리스도 안에서' 예정하셨다고 하기에 이미 타락한 인간을 예정하셨다고 해야 하기 때문이다. 그리스도는 타락한 인간을 위해 오신 구원자시기 때문이다. 타락 전에 어떤 사람을 구원하기로 선택하셨다면 타락해야 하는 인간을 선택한 것이 되지만, 인간의 타락 후에 선택하셨다면 영원

전에 이미 타락한 인간을 선택한 것이 된다. 이렇듯 우리가 우리 인간의 시간관념으로 하나님의 영원을 보려고 하기에 답할 수 없는 문제들이 발생하는 것이다.

문제는 어떤 사람이 창세전에 구원받기로 정해졌다면 사람의 자유의지라는 것은 허울에 불과한 것이 아닌가 하는 것이다. 어떤 사람이 구원받기로 정해졌다면 구원받지 못할 사람도 정해진 것일까? 웨스트민스터 신앙고백서는 "영생(永生)으로, 영사(永死)로 정하신 이들의 수효가 고정되고 한정되었기 때문에 증감될 수 없다"고 말한다. 이것이 소위 말하는 '이중예정론'이다. 구원받기로 정해진 사람은 자동적으로 구원을 받는가? 구원받지 못할 사람으로 정해 놓았다면 아무리 믿고 싶어도 믿지 못하는가? 이런 불공평한 일이 어디에 있는가? 그런데 사람은 자신이 구원받기로 정해졌는지, 멸망받기로 정해졌는지 알 수 없다. 사람이 시간 여행을 할 수 없기 때문이다. 타임머신을 타고 하나님이 예정하신 순간으로 가서 확인할 수 있는 것이 아니다. 우리는 예정을 모른다. 사람은 예정을 모른 채 모든 것을 하면서 예정을 이룬다. '예정없는 예정'이라고 할까?

예정은 아직 끝나지 않았다. 무슨 말인가? 예정은 창세전에 이미 끝난 작업이 아닌가? 어떤 변경도, 변화도 없는 것이 아닌? 예정이 끝나지 않았다면 구원받을 이들이 늘어나고 줄어들 수 있다는 말인가? 아니다. 하나님께서는 우리와 함께 예정을 이루어 가신다. 사도 바울이 데살로니가 교인들을 향해 한 말이 바로 그것이다.

> "너희의 믿음의 역사와 사랑의 수고와 우리 주 예수 그리스도에 대한 소망의 인내를 우리 하나님 아버지 앞에서 끊임없이 기억함이니 하나님의 사랑하심을 받은 형제들아 너희를 택하심을 아노라"(살전 1:3-4).

하나님의 선택은 믿음, 사랑, 소망이 실질적으로 역사하는 것을 통해 이루어져 간다. 우리는 예정을 확인하기 위해 거슬러 올라갈 수도 없고 종말의 때까지 막연히 기다리기만 해서도 안 된다. 우리는 현실에서 믿음의 증거를 통해 예정을 이루어 간다. 그런 의미에서 예정은 계속되고 있고, 계속해서 새롭게 일어나고 있다. 예정을 과거 사건으로만 보아서도 안 되고, 막연한 미래희망으로 미루어 두어서도 안 된다는 뜻이다. 예정은 현재진행형이다.

그리스도 안에서 예정하심

예정에 대해 두 번째로 궁금한 것이 '예정의 조건'이다. 하나님께서는 무엇을 보시고 어떤 이들을 구원하기로 예정하신 것일까? 하나님께서는 멀리 내다보실 수 있기에 미리 아시고 그렇게 정하신 것일까? 성경에 "하나님이 미리 아신 자들을 또한 그 아들의 형상을 본받게 하기 위하여 미리 정하셨으니"(롬 8:29)라고 하니 말이다. 하나님께서는 미래를 내다보실 수 있는 분이니 어떤 사람이 믿을만한 마음이 있는 것을 보시고 그 사람을 구원하기로 정하셨다고 생각하면 어떨까? 이것이 소위 말하는 '예지예정'이다. 그렇다면 그 사람의 구원은 누구에게 달렸는가? 그 사람 자신에게 달렸다. 하나님이 구원하시는 것이 아니라 그 사람의 능력으로 구원받는 것이다. 하나님은 들러리를 서시는 것이고 말이다. 이 예지예정은 하나님의 주권과 예정 자체를 믿지 않는 것이다. 우리가 선을 행할 가능성을 내다보고 예정했다는 말만큼 하나님의 주권을 모독하는 말이 없을 것이다.

하나님은 무엇을 내다보고 예정하셨을까? 성경은 예정이 하나님의 기쁘신 뜻이라고 말한다(엡 1:5 참고). 하나님이 기뻐하셔서 어떤 이들을 구원하기로 예정하셨다는 것으로 예정은 우리 속에 있는 어떤 요소에 근거하지 않는다는 말이다. 우리는 이삭의 아들들인 에서와 야곱을 통해 이 선택의 신비를 잘 알 수 있다. 둘은 쌍둥이로 에서가 형이었다. 하나님은 둘이 태어나기 전에 큰 자가 작은 자를 섬길 것이라고 하셨다. 이삭은 에서가 장자이고, 남자다운 것이 좋아서 그에게 축복하려고 하였지만 하나님께서는 그것을 막으시고 예정하신 대로 둘째인 야곱이 복을 받도록 하셨다. 야곱과 이삭의 아내 리브가가 거짓말을 동원하지만 말이다. 하나님께서는 두 사람이 그 어떤 선과 악을 행하기 전에 선택하셨다. 하나님은 구약 시대 마지막까지 친히 말씀하셨다.

"에서는 야곱의 형이 아니냐? 그러나 내가 야곱을 사랑하였고 에서는 미워하였으며"(말 1:2-3).

하나님의 선택이 사랑과 미움을 정한다. 우리는 끊임없이 예정의 근거를 찾고자 한다. 그러나 근거가 없다. 이유가 없다. 오직 하나님이 기뻐하셔서 정하셨다. 하나님의 주권에 속한 것이다. 우리는 불평한다. 구원하기로 정하신 것이 있다면 모든 사람을 그렇게 하셔야 한다고 생각하니까 말이다. 아니면, 모든 사람을 버리든지 하라는 것이다. 물귀신 작전이다. 내가 먹을 수 없으면 침을 뱉어 버린다. 모두가 먹지 못하도록 말이다. 하나님께서 어떤 사람을 구원하기로 정하신 것은 하나님의 기쁘신 뜻일 뿐만 하나님의 무한하신 자비를 잘 보여 준다. 하나님께서 타락한 이들 중에 한 사람만 구원하기로 정하셨더라도 상관이 없다. 선택받은 그 사람이 바로 나 자신이라니 얼마나 크신 긍휼인가? 하나님은 한 사람을 위해서도 자신의 독생자를 내어 주신다. 그래서 근거는 오직 하나밖에 없다. 하나님은

'그리스도를 보시고, 그리스도를 통해' 예정하셨다. 예정은 오직 독생자 예수 그리스도 안에서 이루어진 일이다. 예정은 사색의 산물이 아니라 독생자를 내어 주신 하나님의 사랑에 감격하는 자들이 찬양할 때 비로소 등장한다.

선한 일을 위해 예정하심

세 번째로 궁금한 것이 '예정의 목적'이다. 도대체 무엇 때문에 예정한 것이냐 하는 것이다. 하나님께서 믿는 것을 그냥 자연스럽게 지켜보시면 되지, 왜 미리 정하셨냐는 것이다. 무슨 목적이 있느냐 하는 것이다. 하나님은 아무런 목적 없이 행하시는 분일까? 하나님의 기쁘신 뜻대로 예정했다고 했으니 하나님께서 기분 내키는 대로 예정하신 것일까? 예정이 우리의 공로를 내다보신 것이 아니라면 도대체 무엇을 목적으로 하여 예정하신 것일까? 성경은 예정의 목적을 분명하게 밝히고 있다. 하나님께서 어떤 이들을 거룩하고 흠이 없게 하시려고 예정하셨다고 말한다(엡 1:4 참고). 그리스도 안에서 예정하신 이유는 '하늘에 있는 것이나 땅에 있는 것이 다 그리스도 안에서 통일되게 하려 하심'(엡 1:10)이라고 한다. 예정하신 이들을 기업으로 삼아 '하나님의 영광을 찬송하게 하기 위함'(엡 1:12)이라고 한다. 예정한 어떤 자, 만물, 하나님 자신을 위한 목적을 말한다.

예정은 현재에서 계속되기에 선행의 관점에서 말하는 것이 좋겠다. 하나님께서 예정하신 것은 우리로 하여금 선행을 하도록 하기 위함이다(엡 2:10 참고). 우리가 구원받는 것은 어떤 행위에서 난 것이 아니다. 어떤 선행과 공로로도 우리는 구원받을 수 없다. 구원은 오직 하나님의 은혜이다. 믿음도 하나님의 은혜이다. 그러나 구원받은 자는 선행을 할 수밖에 없다.

하나님께서 그렇게 정해 놓으셨기 때문이다. 하나님께서 구원하기로 선택하신 자는 선행을 할 수밖에 없다. 신자는 선행을 하도록 생겨먹은 자들이다. 하나님께서는 우리의 자유를 강제하거나 억압하지 않으신다. 오히려 우리의 자유를 적극적으로 사용하셔서 우리가 선행을 하도록 이끄신다. 예정은 우리가 선을 행할 자유를 전적으로 보장한다. 예정을 이루어가는 사람이야말로 노예의지를 자유의지로 바꾼다.

사람은 자신이 구원받기로 정해졌는지 알고 싶어 한다. 우리가 예정을 알 수 있는가? 예정은 믿은 다음에 비로소 알게 된다. 믿지 않는 자들에게는 예정이 아무런 의미가 없다. 예정은 믿고 난 다음에 자신의 믿음의 근원을 돌아보면서 하나님을 찬양할 때 나오는 것이다. 믿을 때는 자신이 믿었다고 생각했는데 돌아보니 하나님께서 자기를 선택하셔서 믿음으로 이끄셨다고 고백할 수밖에 없다. 그것이 바로 예정이다. 우리는 믿지 않는 이들이 예정되었는지 아닌지 물을 필요가 없다. 그냥 복음을 전하면 된다. 예정되지 않았다면 믿지 않을 것이라고 생각할 필요도 없다. 반대로, 예정되었으면 믿을 것이니 내가 전도할 필요가 없다고 생각해서도 안 된다. 하나님께서는 예정을 이루는 방식마저 정해 놓으셨다. 바로 우리의 전도를 통해서이다. 복음이 선포되는 자리에 있을 때에 하나님께서는 믿음을 주신다. 그래서 예정이 성취된다. 예정을 추측하지 말고 우리에게 보여 주신 것만큼 순종하며 충성을 다하면 예정이 이루어진다. 여기에 바로 성령의 역사가 개입한다.

하나님의 예정, 즉 정해져 있다는 것이야말로 신자에게 가장 큰 위로와 확신을 준다. 일상생활에서도 해야 할 일을 미리 정해 놓는 것만큼 혼란을 줄여 주는 것이 없지 않은가? 정해 놓는 것이 바람직하다. 우리가 정해 놓는 것과 달리 하나님께서 정해 놓으신 것은 반드시 이루어진다. 하나님께서는 예정을 궁극적으로 이루실 방법까지 작정하셨으니 말이다. 놀랍게도 예정은 하나님의 아들을 통해 이루어졌다. 아들을 선택하신 하나님께서 아들을 본받게 하기 위해 우리를 정하셨다. 하나님께서는 정하신 이들을 성령의 능력으로 부르시고 거룩하게 하신다. 예정은 삼위 하나님께서 구원을 시작하셨고, 구원을 이루는 방편을 정하셨고, 정하신 구원을 분명하게 성취하실 것임을 알려준다. 만물 전체가 예정에 협력하는데 우리의 연약함과 죄악조차도 협력한다. 우리의 연약함과 어리석음, 세상과 마귀의 방해 공작이 심대하기 때문에 하나님의 예정은 더더욱 소망스럽다. 하나님께서 미리 정해 놓으신 것이 우리의 자유를 해치지 않을 뿐만 아니라 우리가 자유롭게 모든 것을 할 수 있도록 만든다. 우리는 하나님과 이웃을 사랑하는 가운데 모든 것을 자유롭게 하면 된다.

03
바람직한 창조 신앙

손재익

꩜

그리스도인은 매주 사도신경을 통해 "천지의 창조주"를 고백한다. 하나님께서 하신 일들이 많지만, 그 가운데 창조를 중요한 고백으로 삼는다. 작정, 예정, 섭리, 그리스도 파송 등의 일을 하셨지만, 그 가운데 창조를 가장 대표적인 사역으로 여긴다. 하나님께서 이 세상을 창조하셨다는 사실은 성경의 분명한 가르침이다(창 1:1; 시 33:6, 121:2, 146:6; 사 40:26,28, 42:5, 44:24, 45:7,18; 행 4:24; 엡 3:9; 히 11:3 참고). 창조를 믿지 않는 그리스도인은 없다.

창조를 믿느냐를 넘어 어떻게 믿느냐 하는 것이 중요하다. 그리스도인만 창조를 믿는 것이 아니라 창조를 믿는 종교는 기독교 외에도 아주 많기 때문이다. 기독교 이단들도 모두가 창조를 믿는다. 로마 가톨릭, 유대교, 이슬람교도 창조를 믿는다. 신천지, 안상홍 증인회 등도 창조를 믿는다. 심지어 '증산도'도 창조를 믿는다. 그러므로 우리가 창조를 '어떻게' 믿느냐 하는 것도 중요하다. 그리스도인은 창조와 관련하여 어떻게 믿어야 할까?

삼위의 사역

창조는 삼위일체 하나님의 공동 사역이다. 사도신경은 창조를 성부 하나님의 사역으로 돌린다(HC 제24문답). 그러나 엄밀히 말해서 창조의 주체는 성부 하나님만 아니라 성자, 성령까지 포함한 삼위일체 하나님이시다 (창 1:2; 욥 33:4; 시 104:30; 요 1:3; 고전 8:6; 골 1:16; 히 1:2; 계 3:14; WCF 4:1 참고). 사도신경은 성부 하나님을 대표로 내세웠을 뿐이다.[2]

아무것도 없는데서

삼위 하나님은 아무 것도 없는데서(of nothing) 이 세상을 창조하셨다. 어떤 소재를 가지고 창조하지 않으셨다. 창조하실 때 아무것도 없었고 오직 삼위 하나님만 계셨다. 삼위 하나님 외에 이 세상에 존재하던 것은 아무것도 없었다. 하나님께서 창조를 시작하심으로 삼위 하나님 외에 다른 무엇이 존재하기 시작했다. 이 사실을 가리켜 '무(無)로부터의 창조'(creatio ex nihilo)라고 하는데, 이 표현은 고대로부터 이어져 내려오는 것이다.

무로부터의 창조를 부인하면 하나님처럼 영원히 존재하는 어떤 것이 있었다는 말이 된다. 그리고 하나님의 독립성과 주권, 무엇보다도 오직 하나님만이 경배를 받으시기에 합당하다는 생각에 대한 도전이 된다. 하나님 외에도 하나님처럼 자존한 어떤 존재가 있다는 것이 되어 버려서 하나

---

2 교회 역사 속에서도 창조의 사역이 삼위일체 하나님 세 위격 모두와 관련 있음을 가르쳐 왔다. 동방에서는 아타나시우스(Athanasius, 293-373)와 세 명의 갑바도기아 신학자들—바실(the Great Basil, 329-379), 나지안주스의 그레고리(Gregory of Nazianzus, 329-390), 닛사의 그레고리(Gregory of Nyssa, 330-394)—이 그렇게 가르쳤고, 서방에서는 아우구스티누스(Augustinus, 354-430)가 그렇게 가르쳤다. 특히 아우구스티누스는 "온 피조 세계는 삼위일체의 흔적(vestigium trinitatis)이다"라는 말을 남겼다.

님의 하나님 되심이 파괴된다. 그렇기에 무로부터의 창조를 믿는 것은 하나님에 대한 바른 믿음과 관련된다.

말씀으로

하나님은 말씀으로 이 세상을 창조하셨다. 창세기 1장 3절부터 6,9,11,14,20,24,26,29절을 보면 "하나님이 이르시되"라고 되어 있다. 시편 33편 6절에는 "여호와의 말씀으로 하늘이 지음이 되었으며 그 만상을 그의 입 기운으로 이루었도다"라고, 시편 33편 9절은 "그가 말씀하시매 이루어졌으며 명령하시매 견고히 섰도다"라고 말씀한다. 이처럼 하나님은 '말씀'을 매개로 창조를 하셨다. 마지막 날 사람을 창조하실 때를 제외하곤 하나님은 말씀으로 이 세상을 창조하셨다.

이 사실은 우리로 하여금 창조를 믿는 것은 하나님의 말씀의 전능성을 믿는 것임을 가르쳐 준다. 다시 말해, 그저 말씀만으로도 이 세상과 세상에 있는 것들을 다 만드실 수 있는 하나님의 전능성을(시 33:6,9 참고) 믿어야 함을 말한다.[3]

선한 창조

하나님은 이 세상을 선하게 창조하셨다. 하나님은 악을 창조하신 일이 없다. 선하신 하나님에게서는 선만이 나올 뿐이다. 악은 그분과 상관없다. 창세기 1장 4,10,12,18,21,25,31절에서 모세는 모든 창조물들이 하나님 보

---

3 이승구, 『기독교 세계관이란 무엇인가?』(서울: SFC, 2004), 109.

시기에 좋았다고 말하는데, '좋다'에 해당하는 히브리어 '토브'는 '선하다'는 뜻이다. 그래서 디모데전서 4장 4절은 "하나님께서 지으신 모든 것이 선하매 감사함으로 받으면 버릴 것이 없나니"라고 말씀한다.

하나님의 창조는 선한 창조다. 하나님께서는 악을 창조하신 적이 없다. 그렇기에 영은 선하고 육과 물질은 악하다는 이원론(영지주의, 플라톤주의)은 비성경적이다. 하나님이 지으신 모든 것은 원래는 선한 것이었다.

눈에 보이지 않는 것도 창조하셨다

하나님은 눈에 보이는 것만 아니라 눈에 보이지 않는 것도 창조하셨다. 사도신경은 이 사실을 직접 언급하지는 않지만, 니케아신경을 비롯한 이후의 신조들은 이 사실을 직접 언급한다. 눈에 보이지 않는 것에는 천사도 포함된다(BC 제12조; WLC 제16문답). 사두개인들은 천사도 없고 영도 없다고 하는데(행 23:8 참고), 우리는 그러한 자들의 거짓말을 조심해야 한다.

자유로운 창조

하나님의 창조는 하나님께 있어서 자유로운 행위다. 하나님께서 누군가의 외압에 의해 창조하신 것이 아니라 하나님의 자유로운 뜻을 따라 창조하셨다. 하나님은 이 세상을 창조하지 않으셔도 되었다. 창조를 하지 않으셨어도 하나님이시다. 오직 하나님의 자유로운 뜻에 따라 창조하셨을 뿐이다.

현대의 자유주의 신학자들 중에는 "하나님은 반드시 창조하셔야만 한다"고 하는 이들도 있는데, 이 말은 틀린 말이다. 창조는 우연이 아니지만,

그렇다고 필연적인 것도 아니다. 창조할 수밖에 없어서 창조한 것이 아니다. 하나님은 창조하실 수도 있고, 하지 않으실 수도 있는 분이다. 그렇다고 해도 하나님은 하나님이시다.

칼 바르트는 "하나님은 반드시 창조하셔야만 한다"는 주장이 잘못되었음을 염두에 두고 "하나님은 이 세상을 창조하실 수도 있고, 안 하실 수도 있다. 그러나 나는 이 세상을 창조하지도 않는 하나님을 참을 수 없다"라고 했는데, 이 말 역시도 맞는 것 같지만 틀렸다. 앞부분은 맞지만 뒷부분은 틀렸다. 창조가 하나님을 하나님 되게 하는 것은 아니다. 하나님은 창조라는 사역에 매인 분이 아니다. 삼위 하나님은 각각 자기의 사역에 매여 있지 않으시다. 다만, 본질과 삼위의 관계에만 매여 있는 분이시다. 그러므로 하나님의 창조 사역은 전적으로 하나님의 자유로운 행위였다(계 4:11 참고).

6일 창조와 창조 시기 논쟁

하나님은 이 세상을 6일 동안 창조하셨다. 전능하신 하나님, 말씀만으로도 이 세상을 창조할 수 있는 능력이 있으신 하나님은 6일 동안에 천지만물을 지으셨다.

이와 관련하여 최근 한국 교회 안에 기독 지성인들이 쟁점화하는 창조 시기 논쟁을 염두에 둘 필요가 있다. 그들은 전통적인 창조를 믿는 자들을 비난하고, 창조과학회의 활동을 비판한다. 그러면서 과학지상주의를 슬그머니 내놓는다. 현대 과학이 밝힌 대로 창조시기가 수백억 년에 이른다고 본다. 심지어 어떤 이는 하나님께서 창조하셨지만, 진화의 방법을 사용하셨다고 말하기도 한다. 나아가 창조 시기를 짧게 보는 사람과 창조에 관해 성경 계시의 문자적 의미를 강조하는 자들을 일방적으로 매도하고, 무식한 사람으로 평가한다. 그들의 주장도 일면 맞는 부분도 있다. 예컨대, 일부 창조과학자들이 말하는 창조 시기가 지금으로부터 6,000년이라는 주장은 설득력이 없다. 이러한 주장은 제임스 어셔(Bishop James Usher, 1581-1656)⁴ 감독이 성경의 족보를 통해 '신구약의 연대표'(Annales Veteris et Novi Testamentae, 1650-1654)를 저술하면서 성경의 족보를 단순히 계산하여서 "기원전 4004년 10월 23일에 하나님께서 이 세상을 창조하셨다"라고 한 주장에 근거하는데,⁵ 이는 잘못된 전제와 주해에 근거한 것으로 오늘날 이렇게 믿는 이들은 극소수에 불과하다.

그런데도 최근의 기독 지성인들은 마치 한국 교회 전체가 그렇게 알고 있다는 식의 정보를 퍼 나르는데, 이는 바람직하지 않다. 이러한 주장은 일부 극단적인 이들의 주장일 뿐 한국 교회 전체의 오해가 아니다. 또한 어셔는 과학을 몰라서 그렇게 해석한 것이 아니라 성경 해석에 있어서 미숙

---

4 제임스 어셔(James Usher)는 1581년 아일랜드 더블린(Dublin)에서 태어났다. 소년 시절에 그는 교회 일에 전적으로 헌신하기로 결심했고, 주님께서는 그의 결심을 기쁘게 받으셨다. 그는 18세에 그 당시 세계의 유수한 대학 중의 하나였던 더블린 대학에 입학했다. 20세에 그는 더블린에서 영국국교회(Anglican Church)의 부제와 사제(a deacon and priest)로 임명되었다. 그는 26세의 약관에 극히 도달하기 어려운 영예인 더블린 대학의 신학과 학과장이 되었다. 그는 1607년부터 1621년까지 교수로 봉직했고, 두 번이나 더블린의 트리니티 대학(Trinity College)의 부총장을 역임했다. 그는 일찍이 학생 때부터 역사 과목에 뛰어났고, 20세부터 20년 동안 그의 손에 닿는 모든 역사책들을 읽었다. 그는 교회 역사에도 뛰어났고, 사도 시대 이후의 아일랜드 교회와 영국 교회를 다룬 방대하고 권위 있는 여러 권의 책들을 저술했다. 그는 1625년에 아일랜드의 영국국교회의 최고 고위직인 아르마 대주교(Archbishop of Armagh)에 임명되었다. 셈족 언어(Semitic languages)의 전문가였던 그는, 구약성경의 옛 히브리어 본문의 신뢰성을 논증했고, 아시아에서의 그리스도교와 성경과 관련된 많은 주제들을 가지고 광범위한 저술활동을 했다.

5 제임스 어셔는 베드로후서 3장 8절의 "주께는 하루가 천 년 같고"라는 말씀을 기초로 이 세상의 총 연수가 6,000으로 보고 A.D. 1996년에 주님이 오신다고 해석하였다. J. Usher, *Annales Veteris et Novi Testamenti*(1650-1654)의 것을 Roland K. Harrison, *Introduction to the Old Testament* (Grand Rapids: Eerdmans, 1969), 류호준, 박철현 옮김, 『구약서론(상)』(서울: 크리스챤다이제스트, 1993), 188에서 재인용; Eugene H. Merrill, *An Historical Survey of the Old Testament* (Phillipsburg: P&R, 1966), 96; Grudem, 『조직신학(상)』, 399.

하여서 그러했을 뿐이며, 그가 창조 시기에 대해서 그러했을 뿐 웨스트민스터 신앙고백서의 기초가 된 '아일랜드 신앙고백서'를 작성할 정도로 성경을 잘 아는 사람이었다. 그렇기에 창조 시기를 짧게 보는 사람들을 무조건적으로 과학에 무지하고 성경에도 무지한 사람으로 몰아가는 것은 바람직하지 않다.

창조 시기에 대해서는 다양한 입장이 있다. 젊은 지구론(young earth creationism)과 오랜 지구론 (old earth creationism)이 있으며, 두 주장도 구체적인 내용에 있어서는 다양한 입장이 있다.[6] 간략히 설명하면 젊은 지구론은 지구의 창조 시기를 1억 년 내외로 보는 입장으로 지구의 나이가 젊다는 이론이며, 오랜 지구론은 지구의 창조시기가 수십억 혹은 수백억 년에 이른다는 주장으로 현대 과학의 발달에 따라 생겨난 주장이다. 젊은 지구론의 논리 중 중요하게 기억할 것은 하나님께서 아담을 창조하실 때 1세의 아기로 창조하신 것이 아니라 창조된 지 얼마 되지 않아 결혼할 정도의 장성한 상태로 창조하신 것처럼, 지구 역시 이미 처음 창조하실 때부터 오래된 지구처럼 창조하셨기 때문에 오늘날 과학으로 지구의 나이가 오래된 것처럼 보여도 사실상은 오래되지 않았다는 것이다.

사실 성경은 두 주장에 대해 아무런 언급을 하지 않는다. 다만 성경은 첫째 날부터 여섯째 날까지 이 세상을 창조하신 하나님의 사역을 언급하고 있을 뿐이다. 그렇기에 성경적 신앙인은 다른 것에 대한 관심보다는 하나님께서 6일 동안 말씀으로 이 세상을 창조하셨다는 사실을 기억해야 한다. 웨스트민스터 신앙고백서 제4장 1절, 웨스트민스터 대요리문답 제15

---

6 창조에 대한 다양한 입장을 이해하기 위해서는 J. P. Moreland and John Mark Reynolds ed., *Three Views on Creation and Evolution*(Grand Rapids: IVP, 1999), 박희주 옮김, 『창조와 진화에 대한 세 가지 견해』(서울: IVP, 2001)를 보라.

문답, 웨스트민스터 소요리문답 제9문답은 6일 창조를 직접 언급하고 있다. 이 고백이 과학이 발달되기 전에 작성된 것이라 할지라도 성경의 가르침을 복창(復唱)하고 있다는 사실을 기억해야 한다.

앞에서 언급한 것처럼, 현대 기독 지성인들 가운데 일부는 6일 창조를 믿는 자들을 가리켜 현대 과학도 모르는 무식한 사람으로 매도하는 경향이 있는데, 이에 대해 오도되지 말아야 한다. 현대 신학자와 목사들도 창조 시기와 관련하여 다양한 입장이 있다는 사실을 잘 알고 있고, 그 논리를 모르는 바 아니다. 하나님을 6일 동안에는 이 세상을 창조하실 수 없는 무능한 분으로 이해하는 것은 "전능하신 하나님 아버지께서 천지를 창조하신 분"이라는 사실을 부인하는 것으로 아무리 과학적(?)이라고 해도 받아들일 수 없다.

성경의 진리를 과학으로 해결하려는 과학지상주의를 경계해야 한다. 이에 대해서는 창조과학회나 그들을 비판하는 현대 기독 지성인들 모두 마찬가지다. 우리는 흔히 "그거 과학적으로 증명된 거냐?"라는 말을 자주 쓴다. 이 말 속에는 "과학은 무조건 믿을 만하다"는 '과학지상주의'가 깔려 있다. 많은 사람들이 '과학적'이라는 용어는 좋고, 합리적이고, 현대적인 것으로 생각하면서, 과학적이지 않은 것은 구식이고 이성적인 사람들이 믿을 게 못되는 것으로 생각한다.[7] 과학에 대한 이러한 신뢰는 1960년대 이후 급속도로 발전하는 현대 과학기술과 관련이 있다. 이러한 과학지상주의는 자연주의 철학에 근거한 것이며, 과학은 모든 것을 설명해 줄 수 있다는 오해와 과학만이 객관적인 학문이라는 착각[8]에서 비롯된 것이다. 그

7 Lee Strobel, *The Case for a Creator* (Grand Rapids: Zondervan, 2004), 홍종락 옮김, 『창조설계의 비밀』(서울: 두란노, 2005), 25.

8 Phillip E. Johnson, *Defeating Darwinism by Opening Minds* (Downers Grove: IVP, 1997), 과기원 창조론 연구회 옮김, 『다윈주의 허물기』(서울: IVP, 2000), 26.

러나 과학은 모든 것을 설명해 주지 않는다. 형이상학적인 문제는 과학으로 설명이 불가능하다. 특히, 기적은 과학으로 설명되는 순간 기적이 아니다. 그러므로 기적은 과학으로 설명할 필요가 없다. 창조는 한편으로 기적이요 신비이기에 이는 과학으로 해결할 수 있는 문제가 아니다.

그러면서도 한 가지 기억할 것은 창조 시기 문제는 그 자체로 하나님의 존재와 우리의 구원을 이해하는 데 전혀 중요하지 않은 문제이므로 의미 없는 소모적 논쟁으로 기독교 신앙을 대외적으로 폄하시킬 것이 아니라, 하나님께서 창조 시기 문제를 성경에 명백히 밝혀 두지 않으셨음을 생각하고, 나중에 하나님 아버지 품에 안겼을 때에 여쭈어 보아도 그다지 문제 될 것이 없다는 사실을 기억해야 한다.

창조, 믿음의 영역

창조는 믿음의 영역이다. 오직 믿음으로만 이해할 수 있다. 지식이 있어야만 이해할 수 있는 것이 아니다.

하나님의 창조는 아무도 본 사람이 없다(욥 34:4-6,12 참고). 최초의 사람인 아담도 하나님의 창조를 못 봤다. 그러므로 눈으로 보아야만 창조를 믿겠다는 것은 불가능하다. 창조는 오직 믿음으로만 이해할 수 있다. 히브리서 11장은 소위 '믿음장'으로 불리는데, 믿음의 조상들을 언급하기 전에 믿음을 창조와 결부시킨다.

"믿음으로 모든 세계가 하나님의 말씀으로 지어진 줄을 우리가 아나니 보이는 것은 나타난 것으로 말미암아 된 것이 아니니라"(히브리서 11:3).

믿음을 배제한 채 창조를 설명하려는 어리석음을 조심해야 할 것이다. 창조만 아니라 성경에 기록된 내용은 배운 사람이나 배우지 못한 사람이나 읽고 이해할 수 있을 정도로 기록되었다. 21세기 대한민국처럼 문맹자가 거의 없고, 대졸자가 절반을 차지하는 시대를 위해서 기록된 것이 아니다. 과학을 모르고, 지질학을 몰라도 이해할 수 있는 인간의 언어로 기록되었다. 성경은 지성주의를 배격하지 않지만, 지성주의를 추종하지 않는다. 믿음으로 이해할 영역을 지식으로 이해시키려는 태도는 바람직하지 않다. 창조 시기 문제는 젊은 지구론과 오랜 지구론으로 대립할 문제가 아니라 오히려 성경 계시에 충실해야 하며, 창조가 역사적 사실임을 증명하는 데 힘을 쏟아야 할 것이다.

그러면서도 창조에 대한 잘못된 견해는 단지 창조 자체에 대한 문제가 아니라 창조의 주체이신 삼위일체 하나님에 대한 잘못된 견해이므로 주의해야 한다. 하나님을 망령되게 부르지 말아야 한다. 하나님의 전능하심을 부인하는 신성 모독을 경계해야 한다.

웨스트민스터 신앙고백서 제4장 제1절

지금까지 우리는 창조에 관해 알아야 할 몇 가지 특성들을 생각해 보았다. 삼위 하나님께서 창조의 주체이시고 아무것도 없는데서 이 세상을 창조하셨으며, 보이는 것만 아니라 보이지 않는 것도 창조하셨고 선하게 창조하셨으며, 말씀으로 6일 동안에 이 세상을 창조하셨다. 이 모든 특성들을 웨스트민스터 신앙고백서 제4장 제1절이 잘 설명하고 있다.

웨스트민스터 신앙고백서

제4장 창조에 관하여

1. 성부, 성자, 성령 하나님께서는[1] 그분의 영원하신 능력(power)과 지혜(wisdom)와 선하심(goodness)의 영광을 나타내시려고(manifestation),[2] 태초에, 아무 것도 없는데서(of nothing) 세상과 그 안에 있는 보이는 것들이나 보이지 않는 모든 것들을, 6일 동안(in the space of six days), 모두 매우 좋게 창조하시기를 기뻐하셨다.[3]

1) 요 1:3; 창 1:2; 욥 26:13; 33:4; 히 1:2
2) 시 33:5-6; 104:24; 렘 10:12; 롬 1:20
3) 행 17:24; 골 1:16; 히 11:3

04

섭리하시는 하나님

손재익

❦

창조 신앙을 넘어 섭리 신앙으로

우리는 하나님께서 천지만물을 창조하셨다는 사실을 믿는다(창 1:1참고). 창조를 믿는 것은 기독교 신앙에 있어서 중요하다. 창조를 마치신 하나님은 일곱째 날에 안식하셨다. 그렇다면 하나님의 사역은 이로써 끝났는가? 그렇지 않다.

6일 동안 세상을 창조하신 하나님께서 제7일에 안식하셨지만 이때의 안식을 오해하면 안 된다. 하나님께서 그날에는 아무 일도 하지 않으셨다고 생각하기 쉽다. 제7일에 하나님은 정말 아무 일도 하지 않으셨고, 그래서 하나님께서 지으신 모든 만물들이 각자 알아서 움직였다고 생각하기 쉽다. 그러나 하나님은 그날에도 여전히 일하셨다. 그날에도 이 세상을 보존하고 유지하고 다스리셨다.

요한복음 5장 17절에 보면 안식일에 사람을 고친 것에 대해 자신을 비난하는 유대인들에게 예수님은 이렇게 말씀하신다.

"내 아버지께서 이제까지 일하시니 나도 일한다."

예수님은 창조 후에 모든 것이 완벽하게 지어졌으므로 아버지 하나님께서는 완전히 쉬고 계신다고 말씀하지 않으신다. 그와는 정반대로 세상을 창조하신 창조주 하나님께서는 그때뿐 아니라 지금도 일하고 계신다고 말씀하신다.

창조를 믿으면 섭리도 믿어야 한다. 창조를 믿으면서 섭리를 믿지 않으면 참된 기독교 신앙이 아니다. 왜 그럴까? 도대체 섭리를 믿는다는 것이 무슨 의미이기에 그럴까?

섭리를 믿지 않는 사람들의 주장

우리는 섭리를 믿지 않는 사람들이 어떻게 주장하는지를 생각해 봄으로써 섭리를 믿는다는 것이 무슨 의미가 있는지를 분명하게 알 수 있다.

섭리를 믿지 않는 사람들도 신의 존재는 믿는다. 하나님을 믿거나 아니면 어떤 신적 존재가 창조 했을 것이라는 것을 믿는다. 그러나 하나님께서 이 세상을 너무나 완벽하게 만드셨기 때문에 더 이상 돌아볼 필요가 없고 또한 돌아보지도 않으신다고 주장한다. 하나님께서 이 세상을 지으신 뒤에는 이 세상의 모든 일이 행운이나 우연에 의해 일어난다고 말한다. 역사 배후에 아무런 존재나 원리도 없고 단지 우연들의 집합에 의해 역사가 일어난다고 말한다. 이러한 주장을 이신론(理神論[deism] 혹은 자연신론)이라고 한다.

우리가 믿는 섭리 신앙[9]

이에 반해 우리는 섭리를 믿는다. 섭리(攝理, providence)란, 하나님께서 자신의 전능한 능력으로 창조하신 것들에 대해 여전히 보존하시고 다스리시는 일이다(HC 제27문답; WCF 제5장 제1절; WLC 제18문답; WSC 제11문답). 하나님께서 자신이 창조하신 것들에 대해 여전히 그 주권을 행사하시는 것이다. 하나님께서 당신의 지혜를 따라 창조하신 세계를 질서 있게 다스리시는 일이다. 창조주 하나님께서 그분의 모든 피조물들을 보존하시고, 세계에서 일어나는 모든 일들에서 활동하시고, 만물을 그들의 지정된 목적으로 인도하시는 일이다.

하나님은 말씀으로 세계를 창조하셨을 뿐 아니라, 계속적으로 "그의 능력의 말씀으로 만물을 붙드시며"(히 1:3), "만물이 그 안에 함께 서 있고"(골 1:17), 하나님이 친히 피조 세계를 '보존'하신다(느 9:6; 벧후 3:7 참고). 세계는 스스로 유지되고 계속되는 것이 아니라, 하나님이 "그의 영과 목숨을 거두시면" 그 순간 모든 생명과 존재는 멸절에 이르게 된다(욥 34:14-15 참고). 그렇기에 섭리를 '창조의 연속' 또는 '계속적 창조'(continuous creation)라고도 부른다.

섭리가 무엇인지에 대해서는 하이델베르크 요리문답 제27문답이 아주 잘 설명하고 있다.

27문: 하나님의 섭리(the providence of God)란 무엇입니까?
답: 섭리란 하나님의 전능하고 언제 어디나 미치는 능력으로,[1)] 하나님께

---

9 손재익, 『사도신경, 12문장에 담긴 기독교 신앙』(서울: 디다스코, 2017), 75-76.

서 마치 자신의 손으로 하듯이, 하늘과 땅과 모든 피조물을 여전히 보존하고 다스리시는 것입니다.[2] 그리하여 잎사귀와 풀, 비와 가뭄,[3] 풍년과 흉년, 먹을 것과 마실 것, 건강과 질병, 부와 가난, 참으로 이 모든 것이[4] 우연이 아니라(not by chance) 아버지와 같은 그의 손길(fatherly hand)로 우리에게 임합니다.[5]

1) 시 94:9-10; 사 29:15-16; 렘 23:23-24; 겔 8:12; 마 17:27; 행 17:25-28 2) 히 1:3
3) 렘 5:24; 행 14:17 4) 잠 22:2; 욥 9:3 5) 잠 16:33; 마 10:29-30

섭리의 세 가지 방식[10]

하나님께서 섭리하시는 방식은 크게 세 가지다. 보존(preservation), 다스림(government), 협력(cooperation)이다.

보존(혹은 유지)이란, 하나님께서 창조하신 피조물들을 창조하신 대로 지속되도록 붙들고 계신 일이다. 하나님께서 자신의 피조물을 자연법칙에 따라 알아서 움직이도록 내버려두시는 것이 아니라 적극적으로 계속적으로 붙들고 계시는 방식이다. 보존을 이해하기 쉽게 설명하면, 이제까지 그런 적은 한 번도 없었지만 만약 하나님께서 단 1초라도 그 능력을 나타내지 않으신다면 이 세상의 모든 질서는 무너져 창조 이전의 상태인 무(無)로 돌아가 버릴 것이다. 만일 한 순간이라도 하나님께서 창조하신 피조물을 붙드시는 일을 하지 않으신다면, 피조계는 결코 단 한 순간이라도 계속해서 존재할 수 없다(마 10:29-31 참고). 예컨대, 첫째 날 빛을 창조하신 하나님이 그 이후에 섭리하지 않으신다면 빛은 바로 사라져 버린다. 사람을 창조

10 손재익, 『사도신경, 12문장에 담긴 기독교 신앙』, 77.

하신 하나님께서 계속해서 사람의 호흡을 유지하지 않으시면 바로 그 순간 죽게 된다(시 104:29-30; 사 42:5 참고).

다스림(혹은 통치)이란 하나님께서 자신의 피조물들에 대하여 주인 혹은 왕이 되셔서 주권과 통치권을 나타내시는 방식이다(시 103:19 참고). 이 세상의 가장 하찮은 일들, 우연으로 보이는 일들, 사람들의 모든 행실들은 모두 다 하나님의 다스림 아래 있다. 하나님은 이스라엘의 왕이시면서(사 33:22 참고), 또한 온 세상의 왕이시다(시 10:16, 29:10, 47:9, 99:1; 슥 14:9; 딤전 6:15 참고). 그분의 다스림에서 벗어날 수 있는 것은 아무 것도 없다.

협력(혹은 동시발생)이란, 하나님께서 인간에게 자유를 부여하시고 인간의 자유로운 선택과 협동하여 자기의 뜻을 이루어나가시는 하나님의 지혜와 능력을 뜻한다. 하나님이 인간을 존중하여 동반자로서 협동하기 때문에, 이것을 '하나님의 동반'(divine accompanying)이라고 표현하기도 한다. 하나님의 섭리는 이 세상에서 일어나는 원인과 결과의 연관 관계를 무시하고 일어나는 것이 아니며, 또한 강요와 억압을 부여하여 피조물들의 작용과 의지에 직접적으로 영향을 미치는 것도 아니다. 하나님은 이 세상의 원인과 결과의 관계를 사용하셔서 섭리하신다.[11]

섭리에 대한 오해

섭리를 오해하거나 오용하는 경우가 종종 있는데 "이 세상의 모든 일에 대해서 하나님께서 직접적으로 책임지셔야 하며, 다른 존재들은 다 그의 조종에 의해서 놀아나는 꼭두각시와 같다"고 생각한다. 그리고 이러한 생

---

11 이승구, 『사도신경』(서울: SFC, 2004), 45-46.

각과 더불어서 이 세상에 죄가 들어오게 된 것도 하나님께서 직접적으로 책임지셔야 한다고 생각한다.

그러나 이것은 섭리에 대한 오해에서 비롯됐다. 하나님의 섭리는 이 세상에서 일어나는 원인과 결과의 연관 관계를 무시하고 일어나는 것이 아니며, 또한 강요와 억압을 부여하여 피조물들의 작용과 의지에 직접적으로 영향을 미치는 것도 아니다.[12] 섭리는 인간의 자유를 부정하는 개념이 아니다. 인간의 자발적 노력과 하나님의 섭리는 서로 모순되는 것이 아니다.

우리는 하나님의 주권적 섭리를 믿지만, 또한 동시에 열심히 일해야 한다. 우리는 주 하나님을 믿는 동시에 현실 생활에 충실해야 한다. 신자는 기도하며 일하고, 일하며 기도해야 한다. 이렇게 하는 것이 하나님의 섭리를 바르게 아는 사람의 태도다.

섭리 신앙은 모든 것을 하나님께 떠넘기는 신앙이 아니라, 모든 것을 하나님께 맡기고 하나님께 영광을 돌리는 신앙이다. 그러므로 우리에게 필요한 것은 하나님께서 모든 일에 있어서 선하게 인도하실 것이라는 믿음으로 나의 모든 삶을 하나님께 맡기며, 나에게 일어난 모든 일에 하나님께 영광을 돌리는 것이 필요하다. 나아가 초연한 자세로 모든 것을 받아들이며, 모든 일에 기도와 간구로 하나님께 아뢰는 믿음으로 살아가야 한다(빌 4:7 참고).[13]

그리스도인은 운명론자와 같이 자기의 잘못으로 발생한 결과를 하나님이나 운수에 떠맡기는 무책임한 행동을 하지 말고 자기가 행한 모든 일에 전적인 책임을 져야 한다. 하나님께서는 일반적으로 필연적 법칙들과 인간들의 자유까지도 사용하여 섭리하신다.

---

12 이승구, 『사도신경』, 45.
13 이승구, 『사도신경』, 30.

결론

그리스도인은 섭리를 믿는다. 하나님께서 세계를 창조만 하시고 그 이후에는 방치하시는 것이 아니라, 그래서 우연에 의해서 이 세상의 일이 일어난다고 믿는 것이 아니라, 세계를 창조하신 그 하나님께서 계속 유지하고 보존하며 통치하신다는 섭리를 믿는다.

05

악(惡)의 문제에 대해 하나님을 변호하다

성희찬

하나님이 정의로운 분이라면 왜 많은 사람이 부당하게 죽을 수 있는가?

거의 30년 전 충청도 어느 부대에서 군목으로 지낼 때였다. 잠을 자려다가 같은 관사 아래층에 사는 군의관 김 대위의 내선전화를 받았다. 술에 취했는지 혀가 꼬인 소리였다. "목사님, 여기 좀 와야겠습니다." 그는 연세대학교 의대를 졸업하고 이곳에 군의관으로 왔는데 함께 자동차운전면허 준비도 할 만큼 가까운 사이였고, 더구나 그는 신자로서 비록 주일에는 군대기지 교회로 오지 않았지만 주말이면 서울에 있는 가족들과 교회로 가곤했었다. 그러니 한밤중에 뜬금없이 받은 전화였지만 그의 청을 거절하는 것은 도리에 어긋나는 것이었다. 전화를 끊고 무슨 일인가 하며 궁금증을 안고 오라는 곳으로 서둘러 갔다. 천주교 신자로 알고 있는 행정장교를 포함하여 여러 장교들이 함께 있었고 탁자 위에는 술병 몇 개가 보였다. 얼굴이 벌겋게 달아오른 김 대위가 나를 기다렸다는 듯이 큰 소리로 외친 말은 다름 아니라 당시 군대에서는 함부로 말할 수 없는 불온한 내용으로 분류되는 소위 5.18 광주사태였다. 그가 뱉은 말은 분명하였다. "목사님, 하나님이 살아 계시고 정의로운 분이라면 왜 광주사태 같은 일이 일어나 수많은 무고한 사람이 죽어야만 했습니까?" 김 대위의 생각에는, 아니 그의 신앙세계에서는 광주사태가 도무지 이해와 납득이 되지 않는 모순이었던 것이다. 술김에 비록 목사인 나에게 소리쳤지만 사실은 그는 하나님을 향해 부르짖고 있었다.

성경의 인물들도 부르짖었다

우리가 살아가는 이 세상에서 모순처럼 보이는 일이 사실 어디 이것뿐이겠는가? 하나님이 전능하시고 사랑이 많으시고 의로운 분이라면 그분이 다스리는 이 세상에 왜 악이 존재하고 고통이 있으며, 재난과 불행과 비극이 존재하는 것일까? 이런 예를 수 없이 계속 들 수 있다. 하나님은 의로우신데 왜 말씀하시지 않고 숨어 계시는가? 왜 자기 얼굴 빛을 거두고 우리에게 어둠을 주시는가? 이런 의문들을 사람들은 누구나 가지고 있다.

성경에 나오는 인물 중에 하박국과 시편의 기자들 역시 이러한 질문을 가졌다.

"하나님이 참으로 이스라엘 중 마음이 정결한 자에게 선을 행하시나 나는 거의 넘어질 뻔하였고 나의 걸음이 미끄러질 뻔하였으니 이는 내가 악인의 형통함을 보고 오만한 자를 질투하였음이로다"(시 73:1-3).

"여호와여 내가 부르짖어도 주께서 듣지 아니하시니 어느 때까지리이까. 내가 강포로 말미암아 외쳐도 주께서 구원하지 아니하시나이다. 어찌하여 내게 죄악을 보게 하시며 패역을 눈으로 보게 하시나이까. 겁탈과 강포가 내 앞에 있고 변론과 분쟁이 일어났나이다. 이러므로 율법이 해이하고 정의가 전혀 시행되지 못하오니 이는 악인이 의인을 에워쌌으므로 정의가 굽게 행하여짐이니이다"(합 1:2-4).

또 여기서 구약성경 욥기에 나오는 욥의 고난을 떠올리지 않을 수 없다. 그는 단지 오로지 하나님만을 신뢰한다는 이유로 고난을 받았다. 이러한 고난을 받는 욥에게 친구들이 와서 하나님을 변호하는 소위 변신론(辯神論)을 전개하게 되고, 나중에는 욥 자신도 이유 없이 당하는 고난에 대해 자신을 정당화시키려고 하였다.

철학과 신학이 해답을 주려고 시도를 하였다

역사를 보면 이러한 질문에 대해 철학과 신학이 나름대로 해답을 주기 위해 많은 노력을 해 왔다. 철학에서는 '악의 문제'라 하며 이 문제를 다루었고, 신학에서는 신정론(神正論, Theodicy)이라 하여 이를 취급하였다.

특히 신정론의 취지는 악이 존재함에도 불구하고, 즉 고통과 재난과 불행 등이 존재하는 이러한 모순에도 불구하고 하나님은 정당하시고 전능하시며 의롭다는 것이다. 하나님의 정당성과 하나님의 전능하심을 변호한다는 뜻에서 변신론(辯神論)이라 불리기도 한다. 이 용어 자체는 철학자 라이프니츠(Leibniz)가 처음 사용하였다고 하지만 그러한 해결을 추구하는 노력이나 방식은 시대마다 항상 있어 왔다.

2장 〈신론〉에서 악의 기원을 다루는 것도 이 신정론이라는 맥락에서이다. 즉, 악의 존재와 고통과 불행이라는 모순에도 불구하고 하나님은 정당하시다는 것이다.

그렇다면 날마다 맞닥뜨리는 악과 고통과 불행의 현실을 직면하여 하나님의 사랑과 정의와 전능하심을 어떻게 변호할 수 있을까?

세상은 이런 모순에 직면하였을 때 하나님에 '대해' 이러쿵저러쿵 말 하는 것으로만 그치고 더구나 이를 가지고 하나님'께' 나아가 직접 말하지 않을 뿐 아니라 또 하나님이 그중에 임재하시도록 간구하지 않는다.

그러나 우리는 성경의 인물이나 믿음의 선진들처럼 악과 고통, 불행의 기원 자체보다는 이러한 것들의 실재를 직면하였을 때 이를 나의 신앙생활에서 어떻게 적용할 것인가에 초점을 맞추어야 한다.

그렇다면 어떻게 할 것인가?

그리스도 안에서 접근하라

고려신학대학원에서 교의학을 가르치는 유해무 교수는 그의 책『개혁교의학』에서 요한복음 3장 16절에서 창세기 1장을 바라보아야 한다고 바르게 지적하였다. 물론 이 말은 창세기 1장이 후대에 기록되었다는 뜻은 아니다.

즉, 하나님이 세상을 사랑하사 독생자를 아낌없이 우리를 위해 내어 주신 예수님의 십자가에서만큼 하나님의 전능과 하나님의 지혜와 하나님의 공의와 하나님의 사랑이 가장 잘 나타나고 계시된 사건이 없는데, 바로 이 시각에서 창세기 1장에서 선언하는 "하나님이 지으신 그 모든 것을 보시니 보시기에 심히 좋았더라"는 말씀(31절)을 보아야 한다는 것이다. 이러한 기독론적 접근은 일찍이 칼 바르트가 그의『교회교의학』에서 주장한

바가 있다.

그리스도의 눈으로 볼 때에야 하나님이 지으신 본래 세상이 심히 좋았다는 것을 알게 된다. 악의 기원이나 악의 문제 등은 그리스도 안에서만 해결된다.

그래서 우리는 사도 바울과 함께 다음과 같이 고백할 수 있다.

"하나님께서 지으신 모든 것이 선하매 감사함으로 받으면 버릴 것이 없나니"(딤전 4:4).

이를 구체적으로 적용하자면 악의 실재와 불행과 고통에 맞닥뜨렸을 때 예수님의 십자가에서 나타난 하나님의 전능과 사랑과 지혜를 깊이 묵상하는 것이다.

하나님 아버지의 선한 섭리와 송영(頌榮)의 관점에서 접근하라

성경은 사실 선하신 하나님께서 악과 어떻게 함께 공존할 수 있는가에 대해 길게 논의하지 않는다.

다만 우리에게 갑자기 임하는 고통의 때, 슬픔의 때, 잃는 때, 죽음의 때, 전쟁의 때, 미움의 때, 비록 이것들이 우리가 피하고 싶은 때라고 할지라도 나아가 이러한 때가 나에게 왜 임하는지 그 이유를 우리의 이성으로 이해할 수 없다고 할지라도, 하나님께서 이 모든 때를 아름답게 지으셨고 그래서 이 모든 시간과 기한과 때 너머에 있는 하나님의 선한 섭리와 영원을 바라보며 하나님을 경외하게 하셨다.

"하나님이 모든 것을 지으시되 때를 따라 아름답게 하셨고 또 사람들에

게는 영원을 사모하는 마음을 주셨느니라 그러나 하나님이 하시는 일의
시종을 사람으로 측량할 수 없게 하셨도다"(전 3:11).

"하나님께서 행하시는 모든 것은 영원히 있을 것이라. 그 위에 더 할 수
도 없고 그것에서 덜 할 수도 없나니 하나님이 이같이 행하심은 사람들
이 그의 앞에서 경외하게 하려 하심인 줄을 내가 알았도다"(전 3:14).

나아가 성경은 거듭거듭 특히 시편은 하나님이 승리자인 것을 선언하
고 있다.
예를 들어, "내 하나님이여 내 하나님이여 어찌 나를 버리셨나이까"(시
22:1)라고 하면서 하나님의 버림과 하나님의 은닉과 하나님의 부재에 대해
울부짖은 시편 기자가 이어서 어떻게 고백하는가?

"이스라엘의 찬송 중에 계시는 주여 주는 거룩하시니이다"(시 22:3).

사도 바울 역시 하나님 아버지의 섭리를 고백하며 과거와 현재와 미래
에 걸쳐 만물을 다스리시는 하나님을 찬송하였다.

"우리가 알거니와 하나님을 사랑하는 자 곧 그의 뜻대로 부르심을 입은
자들에게는 모든 것이 합력하여 선을 이루느니라"(롬 8:28).

"누가 우리를 그리스도의 사랑에서 끊으리요 환난이나 곤고나 박해나 기
근이나 적신이나 위험이나 칼이랴"(롬 8:35).

"내가 확신하노니 사망이나 생명이나 천사들이나 권세자들이나 현재 일이나 장래 일이나 능력이나 높음이나 깊음이나 다른 어떤 피조물이라도 우리를 우리 주 그리스도 예수 안에 있는 하나님의 사랑에서 끊을 수 없으리라"(롬 8:38).

"이는 만물이 주에게서 나오고 주로 말미암고 주에게로 돌아감이라. 그에게 영광이 세세에 있을지어다. 아멘"(롬 11:36).

종말에 있을 최종 승리의 관점에서 접근하라

무엇보다 우리는 요한계시록에서 하늘에서 내려오는 새 예루살렘을 보며 성도와 교회의 최종 승리를 확인할 수 있다.

"또 내가 새 하늘과 새 땅을 보니 처음 하늘과 처음 땅이 없어졌고 바다도 다시 있지 않더라. 또 내가 보매 거룩한 성 새 예루살렘이 하나님께로부터 하늘에서 내려오니 그 준비한 것이 신부가 남편을 위하여 단장한 것 같더라. 내가 들으니 보좌에서 큰 음성이 나서 이르되 보라 하나님의 장막이 사람들과 함께 있으매 하나님이 그들과 함께 계시리니 그들은 하나님의 백성이 되고 하나님은 친히 그들과 함께 계셔서 모든 눈물을 그 눈에서 닦아 주시니 다시는 사망이 없고 애통하는 것이나 곡하는 것이나 아픈 것이 다시 있지 아니하리니 처음 것들이 다 지나갔음이러라"(계 21:1-4).

연단의 관점에서 접근하라

지금까지 본 대로 이러한 접근 외에 한 가지 남은 것이 있다. 신자인 나에게 왜 하나님이 자신의 얼굴빛을 가리시는 것 같은 어둠이 찾아오는 것일까? 하나님께서 왜 자기 백성에게서 자신의 얼굴을 돌리시는 것일까?

하나님은 본래 자기를 알리시는 분이다. 이를 사랑에서 하신다. 이를 자기 아들 예수 그리스도를 주신 것에서 알 수 있다. 그럼에도 불구하고 우리는 성경에서 하나님이 자기 얼굴을 숨기시는 어둠에 대해 맞닥뜨리게 된다.

신명기 31장 18절을 보면 "또 그들이 돌이켜 다른 신들을 따르는 모든 악행으로 말미암아 내가 그때에 반드시 내 얼굴을 숨기리라"고 하나님께서 말씀하셨다.

즉, 여기서 하나님이 자기 얼굴을 숨기시는 것은 자기 백성의 죄에 대한 하나님의 심판이다. 그래서 은혜를 거두시는 것이다. 그리고 '허다한 재앙과 환난'(신 31:17)이 임하였다.

그러나 사실 하나님이 잠시 자기 얼굴을 숨기신 것은 하나님의 백성들이 하나님의 얼굴을 구하며 죄를 자복하도록 할 목적이다. 하나님은 자기 죄를 자복하고 자기 얼굴을 구하는 자에게 언제든지 자기를 숨기지 않고 자기를 알리시는 분이다.

> "너는 네 아버지의 하나님을 알고 온전한 마음과 기쁜 뜻으로 섬길지어다. 여호와께서는 모든 마음을 감찰하사 모든 의도를 아시나니 네가 만일 그를 찾으면 만날 것이요 만일 네가 그를 버리면 그가 너를 영원히 버리시리라"(대상 28:9).

> "너희가 온 마음으로 나를 구하면 나를 찾을 것이요 나를 만나리라"(렘 29:13).

PART

3

—

성령론

01

구약 시대에도 성령님이?

손재익

❦

오순절 날 임하신 성령님

성령님은 오순절 성령 강림 사건을 통해 이 세상에 오셨다. 사도행전 2
장 1–4절에 보면 "오순절 날이 이미 이르매 그들이 다 같이 한 곳에 모였
더니 홀연히 하늘로부터 급하고 강한 바람 같은 소리가 있어 그들이 앉은
온 집에 가득하며 마치 불의 혀처럼 갈라지는 것들이 그들에게 보여 각 사
람 위에 하나씩 임하여 있더니 그들이 다 성령의 충만함을 받고 성령이 말
하게 하심을 따라 다른 언어들로 말하기를 시작하니라"고 하면서 성령님
께서 임하심을 말씀한다.

이 구절이 성령님이 임한 첫 사건이라는 사실은 예수님의 예언을 통해
서도 알 수 있다. 요한복음 7장 38–39절에서 예수님은 "나를 믿는 자는 성
경에 이름과 같이 그 배에서 생수의 강이 흘러나오리라 하시니 이는 그를
믿는 자들이 받을 성령을 가리켜 말씀하신 것이라 (예수께서 아직 영광을 받지

않으셨으므로 성령이 아직 그들에게 계시지 아니하시더라)"라고 하셨고, 요한복음 14장 26절에서 "보혜사 곧 아버지께서 내 이름으로 보내실 성령 그가 너희에게 모든 것을 가르치고 내가 너희에게 말한 모든 것을 생각나게 하리라"라고 하셨으며, 요한복음 15장 26절에서 "내가 아버지께로부터 너희에게 보낼 보혜사 곧 아버지께로부터 나오시는 진리의 성령이 오실 때에 그가 나를 증언하실 것이요"라고 하심으로 장차 성령님을 보내 주실 것을 말씀하셨다. 그 약속에 따라 사도행전 2장에 기록된 바와 같이 성령님이 오셨다. 죽은 사람들 가운데서 다시 살아나셔서 하늘로 오르셨고 하나님 아버지의 오른쪽에 앉으신 예수님은 성령님을 이 땅에 보내 주셨다.

구약 시대에도 성령님께서 역사하셨다

위 말씀들에 의하면 성령님은 사도행전 2장의 오순절 사건이 있기 전에는 이 세상에 계시지 않은 것처럼 보인다.

그러나 구약 시대에도 성령님께서는 임하셨고 역사하셨다. 이를 보여 주는 성경 구절을 무수히 찾아볼 수 있다. 비록 성령이라고 직접 언급하고 있지 않지만, 하나님의 영(창 1:2, 41:38; 출 31:3, 35:31; 민 24:2), 지혜의 영(출 28:3; 신 34:9), 영(창 6:3; 출 35:21; 민 11:17,25,26,29, 27:18) 등과 같은 표현을 통해 잘 보여 준다. 신약에서도 성령은 하나님의 영(롬 8:9; 고전 3:16, 6:11; 엡 4:30), 예수의 영(행 16:7), 그리스도의 영(롬 8:9), 아들의 영(갈 4:6), 진리의 영(요 14:17, 15:26, 16:13) 등으로 다양하게 표현된다.

그렇다면 성령님은 구약 시대 언제, 어느 때에 어떻게 역사하셨을까?

창세 때도 일하고 계셨다

성령님은 창세 때부터 이미 일하셨다. 창세기 1장 2절은 "땅이 혼돈하고 공허하며 흑암이 깊음 위에 있고 하나님의 영은 수면 위에 운행하시니라"라고 말씀한다. 여기에서의 '하나님의 영'이 바로 성령님이다. 오순절날에 임하신 성령님이시지만, 이미 창조 때에 일하고 계셨다(욥 33:4, 34:14-15; 시 104:29-30; 사 42:5 참고). 창조의 주체는 성부만 아니라 성자, 성령도 포함한다(WCF 4:1).[14]

구약 직분자들에게 임하셨다

성령님은 구약 직분자들에게 특별한 임무를 부어 주실 때에 임하셨다(민 11:17,25-26; 삿 3:10, 6:34, 14:6; 삼상 10:10, 11:6 참고).

민수기 11장 17절 "내가 강림하여 거기서 너와 말하고 네게 임한 영을 그들에게도 임하게 하리니 그들이 너와 함께 백성의 짐을 담당하고 너 혼자 담당하지 아니하리라"는 말씀에 의하면 성령님은 모세에게 임하셨다. 민수기 11장 25-26절 "여호와께서 구름 가운데 강림하사 모세에게 말씀하시고 그에게 임한 영을 칠십 장로에게도 임하게 하시니 영이 임하신 때에 그들이 예언을 하다가 다시는 하지 아니하였더라 그 기명된 자 중 엘닷이라 하는 자와 메닷이라 하는 자 두 사람이 진영에 머물고 장막에 나아가지 아니하였으나 그들에게도 영이 임하였으므로 진영에서 예언한지라"는 말씀에 의하면 성령님은 이스라엘의 칠십 장로 위에 임하셨다. 신명기 34장

---

14 손재익, 『사도신경, 12문장에 담긴 기독교 신앙』(서울: 디다스코, 2017), 71-73.

9절 "모세가 눈의 아들 여호수아에게 안수하였으므로 그에게 지혜의 영이 충만하니 이스라엘 자손이 여호와께서 모세에게 명령하신 대로 여호수아의 말을 순종하였더라"는 말씀에 의하면 성령님은 모세의 후임자인 여호수아에게 임하셨다. 사사기 3장 10절, 6장 34절, 14장 6절에 의하면 성령님은 각각 옷니엘, 기드온, 삼손이 사사로서 역할을 감당할 때 친히 임하셨다.

계시의 영으로 임하셨다

성령님은 계시의 영으로서 선지자들에게 임하여 역사하셨다. 다윗은 "여호와의 영이 나를 통하여 말씀하심이여 그의 말씀이 내 혀에 있도다"(삼하 23:2)라고 말한다. 느헤미야는 "그러나 주께서 그들을 여러 해 동안 참으시고 또 주의 선지자들을 통하여 주의 영으로 그들을 경계하시되 그들이 듣지 아니하므로 열방 사람들의 손에 넘기시고도"(느 9:30)라고 말한다. 에스겔은 여호와의 영에 의한 환상을 언급한다(겔 11:24 참고). 스가랴 7장 12절은 "그 마음을 금강석 같게 하여 율법과 만군의 여호와가 그의 영으로 옛 선지자들을 통하여 전한 말을 듣지 아니하므로 큰 진노가 만군의 여호와께로부터 나왔도다"라고 기록한다(참조. 왕상 22:24; 벧전 1:11; 벧후 1:21).

예수님과 함께하셨다

성령님은 구약 시대만 아니라 신약 시대에 예수 그리스도의 모든 삶에 함께하셨고, 특히 예수님께서 일하실 때 역사하셨다.

예수님은 성령님으로 말미암아 잉태되실 뿐만 아니라(마 1:18-20; 눅 1:35

참고), 성령님으로 세례를 받으셨고(마 3:16; 막 1:9-10; 눅 3:21-22 참고), 성령님에 의해 사탄의 시험을 받으셨으며(마 4:1; 막 1:12; 눅 4:1 참고), 성령님에 의해 공생애를 시작하셨고(눅 4:14 참고), 성령님의 인도하심을 따라 사역하셨으며(마 12:28; 행 10:38 참고), 성령님의 능력으로 십자가에서 죽으셨고(히 9:14), 성령님의 능력으로 다시 살아나셨으니(롬 1:4; 고전 15:45; 고후 3:6 참고) 예수님의 모든 사역은 철저히 성령 하나님에 의해서 이루어졌다.[15]

오해

어떤 사람들은 구약 시대에는 하나님, 신약 시대에는 예수님, 교회 시대에는 성령님으로 제한한다. 예수님과 성령님은 구약 시대에 계시지 않았고 역사하지 않으셨다고 생각한다.

그러나 이런 생각은 바람직하지 않다. 성부 하나님은 지금도 역사하신다. 성자 예수님은 지금도 우리를 위해 기도하고 계신다. 성령님은 구약 시대나 신약시대에도 일하셨다.

영원부터 계신 성령님

구약 시대에도 성령님께서 계셨는가? 당연하다. 아니, 성령님은 영원부터 계셨다. 성부, 성자와 더불어 존재의 시작과 끝이 없으시다.

성령님은 하나님이시다(행 5:3-4 참고; Belgic 11; HC 53; WCF 2:3). 그 존재에 있어서 영원하시다. 구약 시대에도 성령님은 역사하셨다. 다만, 구원경

---

15 손재익, 『사도신경, 12문장에 담긴 기독교 신앙』, 133.

륜의 특성상 구약 시대에는 간헐적으로 특수한 상황에 역사하셨고, 사도행전 2장에 나오는 오순절 사건 때 공식적으로 임재하셨다.

그리하여 이제는 우리 안에 거하시는 분이다(롬 8:9; 딤후 1:14 참고). 우리 안에서 예수를 주라 고백하게 하신다(고전 12:3 참고). 우리를 거듭나게 하시고(겔 11:19-20, 36:26; 요 3:5; 행 2:37-38 참고), 날마다 새롭게 하신다.

성령님은 영원부터 하나님과 함께 계신 분으로 창조의 일을 하셨고, 하나님의 백성들을 인도하셨으며, 예수님의 출생에서부터 공생애 전 과정에 함께하셨고 예수님을 다시 살리셨다. 예수님이 하늘로 가신 다음에는 교회 안에 내주하시며 예수님이 이 땅에서 행하신 일들을 지속하신다. 성령은 단 한순간도 하나님의 경륜에서 제외된 적이 없으며, 그 활동을 멈추신 적이 없다.

02

그리스도와 성령은 어떤 관계에 있는가?

: 성령의 열매이신 그리스도와 그리스도의 열매이신 성령

성희찬

༄ཉྫ

들어가는 말: 오늘날 교회에서 성령이 경시되거나 오해되고 있다

얼마 전까지만 하더라도 성령이 역사해서 금가루가 뿌려지고 사람이 쓰러지고 기이한 치료가 나타난다며 상당수의 교인들이 혼란에 빠지기도 하였다. 이를 성령의 나타나심, 성령의 나누어 주심이라고 하고 초대 교회의 역사를 재현하는 것이라고 하였다.

성령에 대한 이 같은 태도는 교회 역사에서 항상 있어 왔다. 고대 교회뿐 아니라 500년 전 종교개혁 당시에도 있었다. 당시 로마 교회는 성례를 통해 자동으로 성령이 임한다고 가르쳤고, 과격한 개혁을 주창한 재세례파는 교회의 직분과 제도는 성령과 무관하다고 생각하였다. 이들은 소위 영파와 신령파였다. 그릇된 성령운동은 이 시대 우리만의 문제가 아닌 것이 분명하다.

그릇된 성령운동을 보면 성령의 총괄적인 사역에 대해서 무지한 것을 알 수 있다. 예를 들어, 성령의 창조와 재창조의 사역이나 회개와 성화의 사역, 심지어 직분과 교회 가운데 일하시는 성령에 대해서는 거의 편향적으로 언급하지 않는다. 이들이 성령운동을 말할 때 초대 교회의 역사를 예로 제시하지만 사실 초대 교회에 임한 성령의 역사를 보면 아주 다양하고 총괄적이라는 것을 알 수 있다. 즉, 성령의 역사로 회개와 성도의 교제, 사랑의 역사, 전도의 열매, 직분이 세워지는 일들이 있었다.

무엇보다도 우리가 성령을 말할 때 여기서 그리스도의 인격과 사역을 배제시킬 수 없다. 그리스도와 성령은 서로 분리할 수도 없고 이 둘을 동일시할 수 없다. 그렇다면 그리스도와 성령은 도대체 서로 어떤 관계에 있을까? 헤르만 리델보스(H.N. Ridderbos)가 그리스도와 성령의 관계에 대해 아주 분명하게 지적하였다. 즉, 그리스도와 성령의 관계는 추상적인 개념이나 삼위일체의 관점이 아니라 구속사(救贖史)와 관련하여 구체적으로 이해될 수 있다고 하였다. 퍼스테이흐(J.P. Versteeg) 역시 성경은 오직 구속사의 관점에서 그리스도와 성령의 관계를 한 노선이 아니라 두 노선에서 설명하고 있다고 지적하였다. 즉, 첫째 노선은 성령이 주체가 되고 그리스도가 대상이 되는 노선이며, 둘째 노선은 그리스도가 주체가 되고 성령이 대상이 되는 노선이라고 하였다.

구약성경: 성령에서 예수 그리스도에게로, 예수 그리스도는 성령의 열매이다

구약성경은 그리스도를 증거 할때 어떤 분으로 말씀하고 있을까? 무엇보다도 성령이 임한 자, 성령이 부어진 자로 증거하고 있다. 다음을 보라.

"이새의 줄기에서 한 싹이 나며 그 뿌리에서 한 가지가 나서 결실할 것이

요 그의 위에 여호와의 영 곧 지혜와 총명의 영이요 모략과 재능의 영이
요 지식과 여호와를 경외하는 영이 강림하시리니"(사 11:2).

"내가 붙드는 나의 종, 내 마음에 기뻐하는 자 곧 내가 택한 사람을 보라
내가 나의 영을 그에게 주었은즉 그가 이방에 정의를 베풀리라"(사 42:1).

"주 여호와의 영이 내게 내리셨으니 이는 여호와께서 내게 기름을 부으
사 가난한 자에게 아름다운 소식을 전하게 하려 하심이라 나를 보내사
마음이 상한 자를 고치며 포로된 자에게 자유를, 갇힌 자에게 놓임을 선
포하며 여호와의 은혜의 해와 우리 하나님의 보복의 날을 선포하여 모든
슬픈 자를 위로하되"(사 61:1).

장차 구원의 시대가 올 때에 그리스도 외에는 성령이 이렇게 임할 자가
없다. 위 말씀은 모든 신자에게 주실 성령이 아니라 오직 그리스도에게 임
할 성령을 말씀하고 있다.

그렇다면 신약성경에서 그리스도가 과연 성령이 임하고 성령이 부어진
자로 오셨는가? 그렇다. 마태복음 12장 17절은 위에서 언급한 이사야 42
장 1절을 인용하고 있으며, 누가복음 4장 17절 이하는 이사야 61장을 인용
하고 있다. 이런 식으로 구원의 시대를 가져오신 예수 그리스도는 성령이
임한 자, 성령이 부어진 자로 약속의 성취로서 오셨다.

로마서 1장 3,4절 역시 다음과 같이 선포하고 있다.

"그의 아들에 관하여 말하면 육신으로는 다윗의 혈통에서 나셨고 성결의
영으로는 죽은 자들 가운데서 부활하사 능력으로 하나님의 아들로 선포
되셨으니 곧 우리 주 예수 그리스도시니라."

이와 같이 그리스도는 성령으로 잉태하셨고, 공사역을 앞두고 성령에 이끌리어 광야로 가셨으며, 모든 사역에서 성령으로 충만하셨다. 이 점에서 예수 그리스도는 유일무이한 성령의 사람이었다고 말할 수 있다. 왜냐하면 그분 안에서 성령으로 말미암아 구약 교회의 성도가 기다린 구원의 시대가 임하였고 또 종말(말세)이 시작되었기 때문이다. 따라서 그리스도 예수님은 성령의 열매라 할 수 있다.

신약성경: 예수 그리스도에게서 성령에게로, 성령은 예수 그리스도의 열매이다. 그리스도는 모든 신자에게 성령을 보내셨다!

위 약속은 사실 구약성경에서 이미 예언되었다.

"나는 목마른 자에게 물을 주며 마른땅에 시내가 흐르게 하며 나의 영을 네 자손에게, 나의 복을 네 후손에게 부어 주리니"(사 44:3).

"그 후에 내가 내 영을 만민에게 부어 주리니 너희 자녀들이 장래 일을 말할 것이며 너희 늙은이는 꿈을 꾸며 너희 젊은이는 이상을 볼 것이며"(욜 2:28).

특히 신약성경의 바울서신과 요한복음 여러 곳에서 예언되었다.

"나를 믿는 자는 성경에 이름과 같이 그 배에서 생수의 강이 흘러나오리라 하시니 이는 그를 믿는 자들이 받을 성령을 가리켜 말씀하신 것이라"(요 7:38,39).

"보혜사 곧 아버지께서 내 이름으로 보내실 성령 그가 너희에게 모든 것을 가르치고 내가 너희에게 말한 모든 것을 생각나게 하리라"(요 14:26).

"이 말씀을 하시고 그들을 향하사 숨을 내쉬며 이르시되 성령을 받으라"(요 20:22).

"만일 너희 속에 하나님의 영이 거하시면 너희가 육신에 있지 아니하고 영에 있나니 누구든지 그리스도의 영이 없으면 그리스도의 사람이 아니라"(롬 8:9).

"이것이 너희의 간구와 예수 그리스도의 성령의 도우심으로 나를 구원에 이르게 할 줄 아는 고로"(빌 1:19).

"너희가 아들이므로 하나님이 그 아들의 영을 우리 마음 가운데 보내사 아빠 아버지라 부르게 하셨느니라"(갈 4:6).

"주는 영이시니 주의 영이 계신 곳에는 자유가 있느니라"(고후 3:17).

무엇보다 요한복음 16장 13-14절은 다음과 같이 그리스도와 성령의 관계를 명확하게 말씀하고 있다.

"그러나 진리의 성령이 오시면 그가 너희를 모든 진리 가운데로 인도하시리니 그가 스스로 말하지 않고 오직 들은 것을 말하며 장래 일을 너희에게 알리시리라 그가 내 영광을 나타내리니 내 것을 가지고 너희에게 알리시겠음이라."

여기 나오는 "그가……내 것을 가지고 너희에게 알리시겠음이라"는 무슨 뜻일까? 성령은 나를 향하시나 예수 그리스도를 통해서 나를 그렇게 하신다는 뜻이다. 즉, 성령은 예수님을 통해서 나에게 오신다!

그런데 오늘날 우리 현실을 보라. 그리스도와 그리스도의 것이 드러나지 않는 소위 성령의 역사가 얼마나 많은가. 성령의 역사가 있다는 곳에 과연 그리스도의 십자가와 사랑, 은혜, 그리스도의 복음과 진리가 얼마나 드러나고 있을까? 그리스도의 영광이 나타나지 않는 성령의 역사가 얼마나 많은가.

개혁가 칼빈(John Calvin)은 그의 저작 『기독교강요』 제3권 1장 서두에서 다음과 같이 말하였다. "한마디로 정리하자면 성령은 그리스도께서 우리를 자기 자신과 효과적으로 연합시키시는 끈이라는 것이다." 즉, 그리스도께서 우리의 것이 되시고 또한 우리 속에 거하셔야만 비로소 그가 아버지께로부터 받은 축복들을 우리와 함께 나누실 수 있게 된다. 칼빈은 이런 이유로 그리스도를 가리켜 "우리의 머리"(엡 4:15)요, 또한 "많은 형제 중의 맏아들"(롬 8:29)이라 부르며 우리에 대해서는 그에게 "접붙임"이 되었다고 말하고 (롬 11:17), 또한 "그리스도로 옷 입었다"(갈 3:27)고 말씀하고 있다고 하였다.

웨스트민스터 대교리문답과 소교리문답 역시 그리스도의 은혜와 축복이 성령의 신비한 역사로 말미암아 우리에게 적용되고 전달된다는 것을 다음과 같이 잘 요약하였다.

"우리는 그리스도께서 획득하신 은덕들에게 어떻게 참여하는 자가 됩니까? 우리는 그리스도께서 획득하신 은덕들을 우리에게 적용하시는 성령 하나님의 특별하신 사역을 통해 은덕들에 참여하는 자가 됩니다"(대교리문답 제58문답).

"우리는 그리스도께서 사신 구속에 어떻게 참여하는 자가 됩니까? 우리는 그리스도께서 획득하신 구속을 자기의 성령으로 우리에게 구속을 효력 있게 적용하심으로 말미암아 그 구속에 참여하는 자가 됩니다"(소교리문답 제29문답).

이와 같이 성령은 예수 그리스도를 통해 우리에게 오심으로 예수 그리스도의 영광을 나타내고 예수 그리스도를 증거하지만, 그럼에도 불구하고 성령의 역사라 하면서 예수 그리스도와 그분의 복음에 집중하지 않는 것은 크게 그릇된 것이라 말할 수 있다.

한편 일각에서는 예수님보다도 성부, 즉 하나님 아버지에게 초점을 맞추기도 한다. 특히 현 포스트모더니즘 시대는 예수 그리스도 없이도 하나님을 말하기도 한다. 그러나 이 모든 것은 성령과 예수님과의 관계를 잘 모르는 것에서 나오는 것이라 할 수 있다.

성부 중심, 성령 중심의 신앙생활은 종교혼합주의로 갈 가능성이 많다. 예수 그리스도가 없는 성부 중심, 성령 중심의 신앙은 타 종교에서도 볼 수 있는 현상이다. 예수님이 드러나지 않는 성령운동, 예수님을 통하지 않는 성부 중심의 신앙생활은 아주 위험하다.

그리스도는 성령과 동일시할 수 없다

그리스도와 성령의 관계가 이렇게 밀접하여 서로 분리할 수 없다면 그리스도가 곧 성령이시라는 말일까? 결코 그렇지 않다. 예를 들어, 고린도후서 3장 7절 "주는 영이시니 주의 영이 계신 곳에는 자유가 있느니라"에서 말씀한 것처럼 그리스도는 부활 후에 항상 영으로만 존재하는 것일까?

아니다. 이는 큰 오해이다. 그리스도는 여전히 하늘에서 신성과 인성을 가지고 계시면서 우리를 위해 중보자의 사역을 하시고 있다(롬 8:34; 히 7:25, 8:1). 고린도전서 12장 3절은 그리스도와 성령을 동일시하는 이들에게 분명하게 말하고 있다.

> "그러므로 내가 너희에게 알리노니 하나님의 영으로 말하는 자는 누구든
> 지 예수를 저주할 자라 하지 아니하고 또 성령으로 아니하고는 누구든지
> 예수를 주시라 할 수 없느니라."

예수님은 성령의 열매, 성령은 예수님의 열매

성령은 그리스도의 영이기에 오로지 예수 그리스도를 믿을 때 성령을 받는다(갈 3:2 참고). 우리가 왜 성령을 구하는가? 그리스도의 것을 얻기 위해, 그리스도께서 십자가에서 이루신 모든 은혜와 은덕과 복을 얻기 위해서이다. 또 예수 그리스도를 만나고 예수 그리스도와 교제하고 연합하여 우리가 그 안에, 그리스도께서 우리 안에 거하심으로 그리스도의 모든 것이 나와 상관있도록 하기 위해서이다. 따라서 그리스도와 성령을 분리하거나 혹은 동일시한다면 이 두 경우 모두에서 성령은 그리스도의 신격과 사역에서 분리되며, 또 그리스도 안에서 일어나는 하나님의 복된 구원 역시 가능할 수 없을 것이다.

03

재 창조자, 성령 하나님!

임경근

❧

성령이 하나님인가? 우리는 성령이 하나님임을 안다. 우리는 사도신경에서 "나는 전능하신 아버지 하나님, 천지의 창조주를 믿습니다. 나는 그의 유일하신 아들, 우리 주 예수 그리스도를 믿습니다……나는 성령을 믿으며"라고 고백한다. "성령을 믿으며"라는 간단한 고백이지만 분명히 성령을 하나님으로 알고 믿는다.

그렇다면 정말 실제 생활에서 성령을 하나님으로 알고 그분과 동행하고 있는지 생각해 보자. 우리는 기도할 때 성령님을 부르지 않는다. "하나님, 아버지!" 혹은 "주님!", "예수님!"이라고 부르며 기도하지만, "성령님!"을 부르며 기도하지 않는다. 평소에 성령님과 대화하며 사는 것 같지도 않다. 어려움을 당해도 성령님에게 도움을 구하지 않는다. 왜 이런 현상이 생기는 것일까? 그 이유는 우리가 성령님에 대해 잘 모르기 때문이다.

우리는 성령님이 '진리의 영'이라고 안다. 성령님은 성도에게 진리를 생각나게 하고 가르치신다. 또 그 진리로 성도를 위로하고 도우신다. 바로 그 '진리의 영'께서 성령 하나님 자신에 대해 성경에서 가르쳐 주시는 것을 배워 보자. 하나님에 대해 정확하게 알아야 성도가 그분을 잘 섬길 수 있다.

창조에 함께하신 성령 하나님

성령님은 예수님이 승천하시고 난 후 첫 오순절 날 예루살렘에 기다리고 있던 제자들에게 오심으로 지금까지 이 세상에 성도와 함께하신다. 그러면 이 성령님은 신약 시대에만 계시고, 구약 시대에는 계시지 않았을까? 구약 시대에도 성령님이 계셨다.

창조에 함께하신 성령님

성령님은 창조 전에도 계셨고, 세상을 만들 때도 계셨다. 창세기 1장 1-2절을 읽어 보자.

> "태초에 하나님이 천지를 창조하시니라. 땅이 혼돈하고 공허하며 흑암이
> 깊음 위에 있고 하나님의 영은 수면 위에 운행하시니라."

아직 구체적으로 우주와 세상을 만들기 전 '하나님의 영'이신 성령님이 계셨다는 것을 분명하게 알 수 있다. 성부 성자 성령 하나님께서 천지를 창조하기 전 의논하고 토론하고 결정을 내리셨다. 때 성령님도 함께 계시고 의논에 참여하셨다. 천지창조는 삼위일체 하나님의 작품이다. 성부 성자 성령님이 만드신 걸작품(masterpiece)이다. 창세기 1장 26절에도 삼위일체 하나님께서 함께 일하셨다는 것을 알 수 있는 구절이 있다.

"하나님이 이르시되, 우리의 형상을 따라 우리의 모양대로 우리가 사람을 만들고 그들로 바다의 물고기와 하늘의 새와 가축과 온 땅과 땅에 기는 모든 것을 다스리게 하자 하시고"(창 1:26).

하나님은 한 분이신데 갑자기 '우리'가 사람과 온 세상과 생물을 만들겠다고 하셨을까? 하나님이라고 시작하고는 갑자기 '우리'라고 말씀하셨다. 당황스럽지 않은가? 하나님 옆에 다른 어떤 존재가 있다는 것일까? 마치 여러 하나님이 계시는 것 같은 표현이다. 이 '우리'를 천사들로 해석하는 사람들이 있지만, 천사가 창조에 참여했다는 그 어떤 증거도 없다. 어떤 사람들은 하나님과 우리가 외계인이라고 생각하기도 한다. 이 지구와 생명을 어떤 앞선 문명을 가진 외계인이 만들었다고 믿는 사람들이다.

진리의 영이신 성령님이 성도에게 '참', '진리', '진짜' 하나님이 어떤 분인지 가르쳐 주셨다. 그것은 '삼위일체 하나님'이다. 하나님께서는 한 분이지만, 세 위(位)로 계시다. 성부, 성자, 성령. 이렇게 삼위께서 함께 의논하시고 사람과 온 세상의 생물을 만드셨다. 하나님께서는 성부, 성자, 성령님의 주요 사역으로 구별되지만, 그렇다고 완전히 독립적으로 일하시지는 않는다. 함께 협력하신다. 천지창조에 성부 하나님께서 주도하시지만, 성자 하나님께서도 함께하셨고, 성령 하나님께서도 함께 동역하셨다. 다윗도 이것을 시편에서 이렇게 노래했다.

"여호와의 말씀으로 하늘이 지음이 되었으며, 그 만상을 그의 입 기운으로 이루었도다"(시 33:6).

여기에서 '말씀'은 성자 하나님을, 그의 '입 기운'이란 바로 성령님을 의미한다.

온 우주를 다스리시는 성령님

또 성령님은 온 우주에 계시며 다스리고 유지하신다. 욥은 그런 성령 하나님을 이렇게 표현했다.

"그는 능력으로 바다를 잔잔하게 하시며 지혜로 라합을 깨뜨리시며, 그의 입김으로 하늘을 맑게 하시고"(욥 26:12,13).

'능력', '지혜', '입김'은 성령님을 말한다. 또 여러 시편 노래를 들어보자.

"그의 말씀을 보내사 그것들을 녹이시고, 바람을 불게 하신즉 물이 흐르는도다"(시 147:18).

"바람을 자기 사신으로 삼으시고 불꽃으로 자기 사역자를 삼으시며"(시 104:4).

"그의 코에서 연기가 오르고 입에서 불이 나와 사름이여 그 불에 숯이 피었도다……바람 날개를 타고 높이 솟아오르셨도다"(시 18:8).

'폭풍'과 '바람'은 여호와 하나님이 가지신 영광의 과시이고 '바람'은 하나님을 나타낸다. 바람에는 힘이 있다. 해방하고 생기를 주는 힘이다. 동시에 갑자기 들이닥치는 파괴적인 능력도 있다. 또 바람은 움직이고 볼 수 없으며, 측량할 수도 없고 동시에 구석구석 스며드는 파워도 있다.

예수님과 함께하신 성령님

성령님은 성자 하나님과도 함께하셨다. 예수님은 성령으로 잉태 되셨다(마 1:18 참고). 예수님이 세례를 받으실 때 성령님이 강림하셨다.

> "곧 물에서 올라오실 새 하늘이 갈라짐과 성령이 비둘기 같이 자기에게 내려오심을 보시더니, 하늘로부터 소리가 나기를 너는 내 사랑하는 아들이라 내가 너를 기뻐하노라 하시니라"(막 1:10).

예수님은 성령님에 의해 마귀의 시험을 받으셨다.

> "그때에 예수께서 성령에게 이끌리어 마귀에게 시험을 받으러 광야로 가사"(마 4:1).

시험을 받으신 후 성령님에 충만하여 돌아오셨다.

> "예수께서 성령의 능력으로 갈릴리에 돌아가시니 그 소문이 사방에 퍼졌고"(눅 4:14).

예수님 스스로도 구약성경을 인용하시며 성령님으로 충만했음을 증거하셨다.

> "주의 성령이 내게 임하셨으니, 이는 가난한 자에게 복음을 전하게 하시려고 내게 기름을 부으시고 나를 보내사 포로 된 자에게 자유를, 눈 먼 자

에게 다시 보게 함을 전파하며 눌린 자를 자유롭게 하고, 주의 은혜의 해를 전파하게 하려 하심이라 하였더라"(눅 4:18–19).

예수님은 일하시며 늘 성령님과 함께 계셨다.

"그때에 예수께서 성령으로 기뻐하시며 이르시되"(눅 10:21).

"하나님이 보내신 이는 하나님의 말씀을 하나니 이는 하나님이 성령을 한량 없이 주심이니라"(요 3:34).

예수님은 성령님의 능력으로 귀신도 쫓아 내셨다.

"그러나 내가 하나님의 성령을 힘입어 귀신을 쫓아내는 것이면 하나님의 나라가 이미 너희에게 임하였느니라"(마 12:28).

심지어 성령님은 예수님의 부활에도 함께 하셨다.

"예수를 죽은 자 가운데서 살리신 이의 영이 너희 안에 거하시면"(롬 8:11).

이렇게 성령님은 하나님으로 그 활동 영역이 무궁무진하시다. 성령님은 온 세상을 창조하신 창조자 하나님이시다. 성령님은 우주를 창조하셨을 뿐 아니라, 유지하고 보호하시는 분이다. 동시에 성령님은 성자 하나님과도 함께하시며 처녀 마리아의 몸에 잉태하게 하시고 성령의 능력으로 이 땅에 계시면서 죄의 유혹을 이기며 견딜 수 있었다. 결국 십자가의 잔을 순종함으로 감당하시고 죽음을 이기시고 부활하시는 데 결정적인 역할을 하셨다. 성령님은 참 하나님이다. 영광과 찬송을 받으셔야 할 분이다. 성도는 성령 하나님께도 찬송과 경배를 드려야 한다.

재 창조자, 성령님

성령님은 창조자이다. 창조자 성령님은 이제 세상에 머물면서 성도와 함께하신다. 성도의 보혜사 성령님은 온 우주의 창조자이실 뿐만 아니라, 또한 재 창조자이시다.

바로 그 이야기가 요한복음 3장의 니고데모와의 대화에서 밝혀진다. 예수님은 유월절 명절에 예루살렘에 올라가셨다. 그곳에서 여러 표적을 보여 주셨는데 많은 사람들이 그것을 보고 예수님의 이름을 믿었다. 그중에 니고데모라는 바리새인이 밤에 예수님을 찾아왔다. 바리새인은 예수님 당시 유대 백성들의 종교적인 분위기를 이끌었던 종교 지도자들이다. 그들은 율법과 그들이 만든 율법의 해설과 규범을 중요하게 여기며 실천하려고 노력했던 자들이다. 그들 가운데는 걸출한 학자, 가말리엘이라는 사람도 있고, 바울은 그의 제자이기도 했다. 니고데모도 그중의 한 사람으로 보인다.

아마도 바리새인 가운데 예수님에 대해 긍정적인 생각을 하는 사람들이 있었던 것으로 보인다. 니고데모는 아마 예수님에 대해 관심이 있었던 사람들 가운데 뽑혀 왔는지도 모른다. 그것은 니고데모가 "우리가 당신은 하나님께로부터 오신 선생인 줄 아나이다"라고 한 데서 알 수 있다. '우리'라는 표현은 바리새인 가운데 예수님에 대해 일치된 생각을 가진 사람들이 있다는 것을 암시한다. 특별히 요한복음 9장에 보면 날 때부터 맹인 된 사람을 고쳐 준 사건 때문에 바리새인 가운데 두 입장으로 나뉘었다. 한 부류는 '안식일을 지키지 않으니 하나님께로부터 온 자가 아니다'라고 생각했고 다른 부류는 '죄인으로서 어떻게 이런 표적을 행할 수 있느냐'라고 생각했다. 니고데모는 후자의 입장에 속한 것으로 보인다.

니고데모는 예수님께 이렇게 말했다.

"랍비여! 우리가 당신은 하나님께로부터 오신 선생인 줄 아나이다. 하나
님이 함께하시지 아니하시면 당신이 행하시는 이 표적을 아무도 할 수
없음이니이다"(요 3:2).

니고데모는 예수님을 랍비 정도로 생각하고 있었다. 제자들처럼 예수님을 '하나님의 아들'로 받아들이지 않았다. 그렇지만 하나님께서 함께하시는 것은 부정할 수 없었다. '하나님이 함께하신다', 곧 '임마누엘'의 예수님을 인정한 것이다. 그때 예수님이 니고데모에게 신기한 말씀을 해 주셨다.

"진실로 진실로 네게 이르노니 사람이 거듭나지 아니하면 하나님의 나라
를 볼 수 없느니라"(요 3:3).

니고데모는 '거듭난다' 혹은 '다시 태어나다', 곧 '중생'(重生)이라는 말이 무슨 뜻인지 몰라 다시 물었다.

"사람이 늙으면 어떻게 날 수 있사옵나이까? 두 번째 모태에 들어갔다가

날 수 있사옵나이까?"(요 3:4).

너무나도 당연한 질문이다. 사람이 죽어 다시 태어날 수 있나? 한 번 태어나면 죽을 때까지 다시 태어날 수 없다. 그런데 예수님은 이상하고 신비한 얘기를 하고 계신 것이다. 이 말씀은 사실 비밀이다. 니고데모에게 그 비밀을 알려 주셨지만 그는 도저히 이해할 수가 없었다.

예수님은 니고데모의 질문에 이렇게 대답하셨다.

"진실로 진실로 네게 이르노니, 사람이 물과 성령으로 나지 아니하면 하나님의 나라에 들어갈 수 없느니라. 육으로 난 것은 육이요, 영으로 난 것은 영이니, 내가 네게 거듭나야 하겠다 하는 말을 놀랍게 여기지 말라. 바람이 임의로 불매 네가 그 소리는 들어도 어디서 와서 어디로 가는지 알지 못하나니, 성령으로 난 사람도 다 그러하니라"(요 3:5-8).

이 말씀을 들어보면 공통점이 있다. '물과 성령으로 나다', '육으로 나다', '영으로 나다', '거듭나다', '성령으로 나다'는 모두 하나같이 '나다', 곧 '태어나다', '출생하다'라는 공통점을 가지고 있다. '태어나다'라는 한국말은 능동태이지만, 본래는 수동태이다. 아기는 스스로 태어날 수 없다. 엄마가 아기를 낳아야 태어난다. 낳는 주체가 있고, 태어나는 객체가 있다. '태어나다'라는 말은 영어로 'be born'이다.

이 점에서 우리는 아주 중요한 것을 발견할 수 있다. '중생'은 인간 스스로 할 수 있는 것이 아니다. 인간은 그냥 태어날 뿐이다. '영으로 태어나느냐', 아니면 '육으로 태어나느냐'를 인간이 결정할 수 없다. 그러므로 중생에 있어서 인간이 할 수 있는 것은 없다.

옛날 부흥사들은 '중생'해야 한다고 자꾸만 부담을 주곤 했다. 중생하기 위해 찬송하고 기도하고 헌금해야 한다고 배웠다. 그런데 지금 생각해 보면 뭔가 잘못된 가르침이었다. 인간은 스스로 태어날 수 없다. 낳는 사람이 있어야 태어날 수 있다. 인간이 아무리 주문처럼 '믿습니다. 믿습니다. 믿습니다'를 반복하고 마음속으로 각오를 해도 다시 태어날 수 없다.

세상의 종교는 자기 스스로 구원을 얻을 수 있다고 가르친다. 이단들도 인간이 구원을 위해 뭔가 해야 할 것이 있다고 가르친다. 불교는 자기 안에 있는 부처를 발견하고 깨달을 수 있다고 가르친다. 로마 가톨릭교회도 인간의 구원을 위해 하나님께서 하시는 일과 인간이 해야 할 일이 있다고 가르친다(신인협동). 그러나 중생은 인간 스스로 할 수 있는 것이 아무것도 없다는 것을 분명하게 보여 준다.

거듭난 사람만 하나님 나라를 볼 수 있고, 성령으로 난 사람만 하나님 나라에 들어갈 수 있다.

어떤 사람은 '물과 성령으로' 태어난다. 혹은 '영으로' 태어난다. 또는 '성령으로' 태어난다. 그런데 다른 사람은 '육으로' 태어난다.

"바람의 길이 어떠함과 아이 밴 자의 태에서 뼈가 어떻게 자라는지를 네가 알지 못함 같이 만사를 성취하시는 하나님의 일을 네가 알지 못하느니라"(전 11:5).

"내가 주께 감사하옴은 나를 지으심이 심히 기묘하심이라. 주께서 하시는 일이 기이함을 내 영혼이 잘 아나이다. 내가 은밀한 데서 지음을 받고 땅의 깊은 곳에서 기이하게 지음을 받은 때에 나의 형체가 주의 앞에 숨겨지지 못하였나이다. 내 형질이 이루어지기 전에 주의 눈이 보셨으며,

나를 위하여 정한 날이 하루도 되기 전에 주의 책에 다 기록이 되었나이다. 하나님이여 주의 생각이 내게 어찌 그리 보배로우신지요. 그 수가 어찌 그리 많은지요"(시 139:14-17).

바로 이 지점에서 우리는 성령님이 무엇을 하시는지 본다. 성령님은 인간을 영적으로 다시 낳으신다. 중생하게 하신다. 인간이 아무것도 하지 않은 때에 거룩하고 흠 없게 하려고 작정하시고, 자신의 아들들이 되게 하시려고 예정하심으로 인간을 영으로 다시 낳으신다. 이렇게 거듭나게 하는 일을 성령님이 하신다. 옛사람이 죽고 새사람으로 태어나도록 낳으신 분은 성령님이시다. 그러니 인간을 낳으신 성령님을 의지하고 따르며 순종하는 것이 마땅하지 않겠는가?

보이지 않는 성령님의 일

이런 성령님의 역사는 보이지 않는 가운데 일어난다. 인간이 중생을 위해 아무런 경험을 하지 않을 수도 있다. 마치 바람이 자기 마음대로 부는데 그 소리를 인간이 듣기는 하지만 어디에서 와서 어디로 가는지 알지 못하는 것처럼, 성령님의 역사가 그렇다. 성령님은 이렇게 일하시는 분이다. 소리를 지르고, 구르고, 넘어지고, 춤추고 하는 이상한 행동을 하지 않고 잠잠히 일하신다.

신자는 옛사람을 벗어 버리고 새사람이 되었다. 성령님이 성도를 알지 못하는 순간에 낳으셨기 때문이다. 성령님이 성도를 언제 어디서 어떻게 낳았는지 모른다. 그렇지만 성도가 하나님을 믿고 고백하는 것을 보면 분명 중생한 것을 알 수 있다.

바울은 그래서 성도를 새로운 피조물이라고 고백했다.

"그런즉 누구든지 그리스도 안에 있으면 새로운 피조물이라. 이전 것은 지나갔으니 보라 새것이 되었도다"(고후 5:17).

성령님이 성도를 새롭게 낳으셨다. 곧 새롭게 창조하셨다. '새로운 피조물'이 되었다. 옛날에는 죄인이고 사탄의 종이며 아들이었지만, 지금은 성령님이 성도를 다시 새롭게 낳으셨다. 그렇기 때문에 성도의 이전 것은 지나가고 새것이 되었다. 성령님이 성도를 그리스도 안에서 낳으셨다. 예수 그리스도께서 성도를 위해 십자가에 죽으심으로 죄를 대속해 주셨기 때문에 성도와 하나님 사이에 장애물이 없어졌다. 하나님과 우리 사이에 화해와 평화가 이루어졌다. 이 놀라운 소식이 바로 '진리'이다. 이 진리는 진리의 영이신 성령님이 성도에게 주신 것이다.

이 얼마나 복된 소식인가! 성도가 자신의 구원과 중생을 위해 한 것이라고는 눈곱만큼도 없다. 성도는 어느 날 보니 태어나 있었다. 중생은 삼위 하나님께서 하신 일이다. 성도가 무슨 선한 일을 행하기 전에 행하신 일이다. 놀라운 하나님의 은혜이다. 성도의 일이 아니라, 하나님의 일이다. 성도의 큰 일이 아니라, 하나님의 큰 일이다. 이 귀한 진리의 말씀이 성경에 기록되어 있다. 그래서 '기쁜 소식', '굿 뉴스', '복된 소식', '복음'이라 부른다.

우리의 믿음에 의한 것이 아니라 성령님에 의한 일

중생이 인간의 일이 아니라 성령님의 일이라는 것은 예수님이 유대인들에게 반응하신 것에서도 알 수 있다. 요한복음 2장 23-25절에 기록된 말씀을 보면 유대인이 예수님의 표적을 보고 그분의 이름을 믿었다고 했다. 그렇지만, 그들은 예수님을 받아들이지 않는다.

"예수는 그의 몸을 그들에게 의탁하지 아니하셨으니 이는 친히 모든 사
람을 아심이요"(요 2:24).

이 점은 매우 중요하다. 성경은 인간에게 예수님을 믿고 영접할 것을 요
구한다. 그러나 성경은 인간이 믿는 행위가 먼저가 아님을 분명하게 가르
쳐 준다. 이것이 진리이다. 요한은 이렇게 말했다.

"영접하는 자 곧 그 이름을 믿는 자들에게는 하나님의 자녀가 되는 권세
를 주셨으니"(요 1:12).

이 말씀만 보면 믿는 사람은 모두 하나님의 자녀가 된다. 그러나 그렇지
않다. 다음 절을 보라.

"이는 혈통으로나 육정으로나 사람의 뜻으로 나지 아니하고 오직 하나님
께로부터 난 자들이니라"(요 1:13).

혈통+육정+사람의 뜻으로 출생 〈=〉 하나님으로부터 출생

요한복음 3장에 의하면 이 '하나님으로부터 난'에서 '하나님'은 '성령 하
나님'이다. 성령 하나님께서 성도를 재창조하셨다. 새롭게 만드셨다. 성도
는 새로운 피조물이다. 중생한 자이다. 이제 '성부 하나님께서', '성자 그리
스도 안에서', '성령을 통해' 어떤 일을 하셨는지 알게 된다. 놀랍고 기이한
창조, 곧 재창조가 성도 가운데 일어난다. 이 진리를 알 때 성도는 하나님
께 찬송과 영광을 돌려 드릴 수 있다. 성도가 아무것도 인식하지 못하는 가

운데 그 모든 일들이 일어났다. 이것이 진리의 영이신 성령 하나님께서 성도에게 들려주시는 복음이다. 이 복을 누리자. 매 순간 성령님에게 감사와 찬송을 돌려 드리자. 재 창조주 성령 하나님께 영광과 찬송을 돌리자!

04

오순절 성령 강림 사건

(사도행전 2:1-13)

황원하

❦

누가는 그의 첫 번째 책인 누가복음의 마지막 부분에서 예수님께서 성령이 오실 것이라고 예언하신 일을 기록하였다(눅 24:47-49 참고). 그리고 그는 그의 두 번째 책인 사도행전의 앞부분에서 오순절에 성령께서 이 땅에 오신 일을 언급한다. 그는 성령의 오심이 예수님이 승천하시기 전에 예언하신 것의 성취임을 드러낸다. 사도행전 2장에서 누가는 성령이 오시는 과정을 세밀히 묘사하고 베드로의 입을 빌어 성령의 오심이 어떤 의미를 가지는지를 설명한다.

성령이 임하심(행 2:1-4)

오순절 날이 이르렀다(1절a). 오순절(펜테코스테, πεντηκοστή)은 유월절로부터 50일째 되는 날이다. 이 날은 유월절 후 일곱 주가 지난 때라고 하여 칠칠절이라고도 하였는데(신 16:9-10 참고), 구약에서 추수한 보리의 처음 것을 바치는 절기로서 맥추의 초실절이라 불린다(출 23:16, 34:22; 레 23:15-

21; 민 28:26-31 참고). 따라서 오순절은 추수의 시작을 알리는 절기이다. 이제 오순절에 성령이 강림하심으로 교회는 영적인 추수를 시작할 것이 예상된다. 실제로 누가는 성령이 오심으로 이날에 예수님을 믿은 사람이 3,000명이나 되었다고 진술함으로 영적인 추수가 실현되었음을 알려 준다 (41절 참고).

오순절에 "그들이 다 같이 한 곳에" 모였다(1절b). "그들이 다 같이"라는 표현은 1장 13-14절에 나오는 제자들을 포함하여, 1장 15절에 나오는 약 120명의 무리들을 가리킨다. "한 곳"(토 아우토, τὸ αὐτό)이란 2절에 나오는 "집"(톤 오이콘, τὸν οἶκον)과 같은 장소인데, 구체적으로 어디인지 알려지지 않지만 관사가 붙어 있는 것으로 볼 때 제자들이 잘 아는 장소이다. 이곳은 1장 13-14절에 나오는 '다락방'일 수도 있고, 1장 15-26절의 사건이 일어난 곳일 수도 있다. 어쩌면 1장 13-14절의 일과 1장 15-26절의 일과 본문의 일이 모두 '한 곳'에서 일어났을 수도 있다. 그런데 이곳을 일반적인 가정집이라고 보면 문제가 생긴다. 왜냐하면 많은 사람이 성령께서 임하심으로 발생한 현상을 눈으로 보고 모여들었는데, 가정집처럼 한정된 공간에서 일어난 일이라면 그렇게 많이 모이기가 어렵기 때문이다.

그래서 어떤 이들은 이곳을 '성전'이라고 주장한다. 문제는 누가가 그의 책에서 성전을 가리키는 용어로 '히에론'을 줄곧 사용했고, '오이코스'를 사용하지 않았다는 사실에 있다. 이 때문에 이곳을 성전이라고 보는 견해는 보편적으로 수용되지 않았다. 그러나 비록 누가가 히에론을 사용하지 않았다고 해서 이곳을 성전이라고 보기가 불가능한 것은 아니다. 오이코스가 건물을 뜻하기 때문에 성전을 가리킨다고 해서 문제가 될 것은 없다. 더욱이 당시의 역사가 요세푸스(Flavius Josephus)는 성전과 성전에 딸린 방들을 가리킬 때 오이코스를 사용한 적이 있다(Ant. 8.65. 참고). 게다가 오순절은 유대인들이 성전에서 제사를 지내는 날인데, 여전히 유대의 규례를 존중하던 사도들과 제자들이 이날 가정집보다는 성전에 머물러 있었을 가능성이 높다. 오순절에 120명의 제자 공동체는 성전에서 기도 모임을 가지다가 성령의 강림을 체험했을 것이다. 필시 성령께서 오시는 장소로 가장 적합한 곳은 바로 그분의 '집'인 성전이 아니겠는가?

드디어 성령이 강림하신다. 성령이 강림하실 것이라는 사실은 구약성경(욜 2:28-32; 사 32:15; 겔 36:27; 민 11:29 등 참고), 세례 요한(눅 3:16 등 참고), 그리고 예수님(눅 11:13, 12:12, 24:49; 행 1:4-5 등 참고)에 의해서 이미 예언되었던 일이다. 즉, 성령의 오심은 구속사의 일정에 포함되어 있던 일이다. 그러다가 하나님께서 정하신 때가 이르자 그 일이 실현된다. 예수님께서 승천하신지 10일 만에 성령이 오신다. 그런데 성령은 대단히 극적인 현상과 함께 오신다. 즉 성령의 오심은 모든 사람에게 공개된다.

구약에서 하나님은 언제나 눈에 보이고 귀에 들리는 분명한 징표와 함께 나타나시는데, 이는 자신이 나타나신 것을 그분의 백성들에게 분명히 알게 해 주시기 위해서이다. 마찬가지로 성령도 하나님이시기에 사람들이 알 수 있는 징표와 함께 오신다. 누가는 성령이 임하실 때 나타난 징표들을 두 가지로 언급하는데, 하나는 "급하고 강한 바람 같은 소리"(a sound like the rush of a violent wind)이고, 다른 하나는 "불의 혀처럼 갈라지는 것들"(divided tongues, as of fire)이다(2-3절 참고). 이 상징들이 의미하는 것이 무엇인지 살펴보자.

먼저, '바람'은 성령과 같은 어원을 가진다. 히브리어 루아흐(רוח)와 헬라어 프뉴마(πνεῦμα)는 '바람'이나 '영'을 의미한다. 그리고 헬라어에서도 바람을 의미하는 프노에(πνοή)와 성령을 의미하는 프뉴마는 밀접하게 연관된 개념이다. 다음으로, '큰 소리'는 하나님이 시내산에서 현현(theophany)

하신 것을 연상시킨다(출 19:16–19 참고). 마지막으로, '불'은 출애굽기 3장 2–5절에서 하나님이 불붙는 떨기나무 가운데 나타나신 것과 출애굽기 13 장 21절에서 하나님이 이스라엘 백성들의 광야생활에 불기둥으로 인도하신 것을 통하여 유대의 전통에서 하나님의 임재를 상징해 왔다. 특히 복음서에서 세례 요한은 예수 그리스도가 성령과 불로 세례를 베푸실 것이라고 하면서 성령과 불을 관련지었다(눅 3:16 참고). 실로 구약에서 하나님이 나타나실 때 종종 강한 바람과 불같은 것이 동반되었다(창 15:17; 출 3:2–5, 13:21–22; 신 4:11–12,33,36; 겔 1:25–28; 단 7:9–14; 요 3:7–8; 특히 엘리야의 경우, 왕상 19:11–12 참고).

성령이 임하시자 두 가지 현상이 발생한다(4절). 첫째로, 그곳에 모인 사람들이 다 '성령의 충만함'을 받았다. 여기서 '충만함'이란 1장 5절과 11장 16절의 성령의 세례, 2장 17–18절과 10장 45절의 성령을 부어주심, 그리고 10장 47절의 성령을 받음과 비슷하다. 둘째로, 그곳에 모인 사람들이 성령이 말하게 하심을 따라 "다른 언어들"로 말하기를 시작했다. '다른 언어들'(헤테라이스 글로싸이스, ἑτέραις γλώσσαις)이란 고린도전서 12–14장에 나오는 방언과 같은 것이 아니다(민 11:25–26; 삼상 10:6,10,19:20,23 참고). 왜냐하면, 본문에서의 방언은 사람들이 알아들을 수 있는 것으로 사람들에게 말하는 것이었지만, 고린도전서 12–14장에서의 방언은 사람들이 알아들을 수 없는 것으로 하나님께 말하는 것이었기 때문이다. 언어는 3절의 "혀"(글로사이, γλῶσσαι)와 연관되는데, 제자들은 성령으로 충만하여 여러 나라의 말로 여러 민족에게 하나님의 복음을 전파할 수 있게 되었다(4–11절 참고).

한편, 여기서 누가는 그 집에 모인 사람들 모두에게 성령이 임하셨다는 사실을 강조한다. 이는 1절의 "그들이 다 같이(판테스, πάντες) 한 곳에 모였더니"와 2절의 "그들이 앉은 온 집에(호론 톤 오이콘, ὅλον τὸν οἶκον) 가득하며", 3절의 "그들에게 보여 각 사람(헤나 헤카스톤 아우톤, ἕνα ἕκαστον αὐτῶν) 위에 하나씩 임하여 있더니", 그리고 4절의 "그들이 다(판테스, πάντες) 성령의 충만함을 받고"라는 표현에서 알 수 있다. 구약 시대에 성령은 특별한 사람들에게만 임하셨으나 이제 신약 시대에 성령은 모든 사람에게 임하신다. 이러한 보편성은 '급하고 강하다'는 표현과도 연관되어 모여 있는 모든 사람이 성령의 오심을 분명히 느낄 수 있었음이 드러난다.

사람들의 반응(행 2:5-13)

누가는 "그 때에 경건한 유대인들이 천하 각국으로부터 와서 예루살렘에 머물러 있더니"(5절)라고 기록한다. 이것은 여러 지역과 여러 나라에 흩어져 살던 유대인들이 오순절을 맞이하여 예루살렘 성전을 찾았다는 뜻이다. '경건한 유대인들'(devout Jews)이란 유대의 규례를 잘 지키는 신실한 유대인들(faithful Jews)을 의미한다. '천하각국'(every nation under heaven)이란 당시에 통용되던 표현인데, 9-11절에 나오는 지중해 연안의 나라들을 가리킨다(신 2:25, 9:14, 29:20 참고). 유대인들은 이 나라들에 흩어져서 살고 있었는데, 유대의 3대 명절 중 하나인 오순절을 맞이하여 예루살렘을 방문했던 것이다(출 23:14-17; Antiquities 14.337; 17:254 참고). 또한 당시 외국에 흩어져 살던 유대인들(Diaspora Jews) 중에는 나이가 들어서 예루살렘에서 정착해 살기 위해 돌아온 이들도 있었다(참고. 6:9; Wars 1.397, 437, 672).

6절의 '이 소리'는 아마도 이어지는 구절들을 참고할 때 2절의 "바람 같은 소리"가 아니라 4절의 '다른 언어들'일 것이다. 그들은 소리를 듣고 모였는데, 제자들이 '자기의 방언으로'(테 이디아 디아렉토, τῇ ἰδίᾳ διαλέκτῳ, in his own language) 말하는 것을 듣고 소동한다. 즉, 그들은 제자들이 말할 때에 자기들이 살고 있는 나라의 말로 알아들을 수 있다는 사실에 대단히 놀라며 신기해한다(7절a). 사람들은 "말하는 사람들이 다 갈릴리 사람이 아니냐?"(7절b)라고 말한다. '갈릴리 사람'이라는 표현에는 교육을 받지 못해서 외국어를 말하지 못하는 사람이라는 전제가 놓여 있다(행 4:13; 막 14:70 참고). 사람들은 또한 "우리가 우리 각 사람이 난 곳 방언으로 듣게 되는 것이 어찌 됨이냐?"(8절)라고 말한다.

9–11절에는 오순절에 예루살렘을 방문한 민족들의 목록이 나온다. 여기에는 사람들(바대인, 메대인, 엘람인, 로마인, 그레데인, 아라비아인)과 땅들(메소보다미아, 유대, 갑바도기아, 본도, 아시아, 브루기아, 밤빌리아, 이집트, 리비야)이 섞여 있다. 이 목록들은 동쪽에서 서쪽으로 옮겨 가는데, 당시에 동쪽과 서쪽에서 각각 가장 강한 나라였던 바대인들과 로마인들만 예외적으로 제일 앞과 끝에 있다(Wars II.16.4 참고). 특히 이들 중에서 로마에서 온 사람들이 비교적 상세히 언급되는데, 이는 바울이 사도행전의 마지막 부분에서 로마에 가는 것과 연관되는 것으로 보인다. 로마에서 온 사람들은 '유대인들'과 '유대교에 들어온 사람들'로 구성되어 있다. '유대교에 들어온 사람들'이란 유대교로 개종한 이방인 '개종자들'(proselytes)을 가리킨다. 이들은 '하나님을 경외하는 사람들'(God-fearers) 보다 더 적극적으로 유대교를 믿었다. 그곳에 모인 모든 사람은 자신들의 언어로 '하나님의 큰 일'을 말하는 것을 들었다.

한편, 오순절에 성령이 오심으로 사람들의 언어가 서로 일치하는 일이 일어난 것은 창세기 11장에서 바벨탑 사건으로 인하여 갈라졌던 언어가 이제 성령의 오심으로 회복된 것을 의미한다. 이러한 생각은 9–11절에 나오는 민족들의 목록이 창세기 10장의 셈, 함, 야벳으로 대표되는 민족들의 목록을 연상하게 하는데서도 분명해진다. 여기서 누가가 민족들의 목록을 의도적으로 기술한 것은 독자들이 창세기 11장의 바벨탑 사건으로 인한 언어의 혼잡이 성령의 오심으로 회복되었다는 사실을 깨닫게 하려 함이다. 즉, 인간들이 바벨탑을 쌓음으로 하나님의 저주를 샀던 일이 이제 성령의 오심으로 해소되었다는 사실을 드러내는 것이다. 이제 인류는 성령의 오심으로 말미암아 예수님을 중심으로 하는 새로운 하나의 공동체(하나님의 나라)를 이루게 되었다. 이것은 장차 하나님의 나라에서 "각 나라와 족속과 백성과 방언에서" 하나님께 나아와 예배하는 것을 예시한다(계 7:9 참고).

12-13절에는 성령의 강림 현상을 접한 사람들의 두 가지 반응을 말하는데, 12절은 긍정적인 반응(놀람)을 말하고, 13절은 부정적인 반응(조롱)을 말한다. 먼저, 12절의 긍정적인 감정은 이미 6절과 7절에 나온 것들이다. '놀라며'에 해당하는 엑시스탄토(ἐξίσταντο)라는 단어는 7절(ἐξίσταντο)에서 나왔다. 그리고 '당황하여'에 해당하는 디에포룬(διηπόρουν)은 6절의 '소동하여'에 해당하는 쉬네퀴데(συνεχύθη)와 동의어이다. 그들은 "이 어찌 된 일이냐?"라고 말한다. 따라서 그들은 지금 일어난 일들을 도무지 이해하지 못한다. 다음으로, 13절에 나오는 부정적인 반응은 성령의 오심을 깨닫지 못하고 회개하지 못하는 죄인들의 모습을 보여 준다. 무리 중에서 일부는 조롱하면서 그들이 "새 술에 취하였다"고 말한다. '새 술'은 강한 술이다. 따라서 새 술에 취했다는 것은 많이 취했다는 뜻이다. 이는 성령에 의해 지배당한 사람의 모습이 마치 강한 술에 취한 것 같이 보였음을 알려 준다.

교훈과 적용

1. 성령이 오심으로 모든 사람이 성령으로 충만함을 받았으며, 다른 언어로 말함으로써 하나님의 영원한 임재를 확인하였다. 이제는 성령이 더

욱 활발하고 왕성하게 역사하시는 시대이다. 우리는 이 땅에 오신 성령으로 날마다 충만해져야 한다. 성령의 충만함 여부는 신자의 삶의 성공과 실패를 결정한다. 하루를 시작하기 전에 성령의 충만함이 있도록 기도하자. 연약한 우리에게 강한 능력을 주시도록 간구하자. 성령 충만한 사람, 성령 충만한 가정, 성령 충만한 교회가 되도록 기도하자. 특히 성령으로 충만함을 받아 사람들에게 복음을 전해야 한다.

2. 성령의 충만함에 대해서 말할 때 우리는 그것이 항상 가시적이고 체험적인 어떤 현상을 수반하는 것은 아니라는 사실을 명심해야 한다. 성령은 때로는 뜨겁고 강렬하게, 그러나 때로는 조용히 아무런 느낌 없이 오신다. 그러므로 지나치게 신비적이고 체험적인 요소를 강조하지 말아야 한다. 하나님께서 다양하게 역사하신다는 사실을 인정해야 한다. 오늘날 신비주의와 열광주의에 빠진 자들은 신비하고 황홀한 체험을 지나치게 중시하여 성령에 관해 잘못 이해하고 있다.

3. 성령이 분명한 가시적 증거와 함께 오셨지만, 여전히 그것을 믿지 않고 오히려 성령 충만한 사람들을 조롱하는 자들이 있었다. 이것은 사탄이 그들의 마음을 사로잡았기 때문이다. 사탄에게 사로잡힌 사람들은 너무나 완악하고 철저히 불신앙적이다. 그런 사람들이 늘 있다는 사실을 알고 경계하며 조심해야 한다. 그리고 그들을 위하여 기도해야 한다. 하나님이 말씀과 성령으로 그들의 마음을 부드럽게 하시기를 기도하자.

05

사도행전은 성령행전인가?

황대우

∽✺∾

사도행전 = 말씀행전 = 복음행전

사도행전은 오순절 성령 강림 사건을 소개함으로써 신약 교회의 탄생과 더불어 성령 시대를 알린다는 의미에서 '성령행전'이라고 불린다. 또한 누가가 기록했다고 '누가행전'으로도 불린다. 심지어 사도행전이 주로 바울의 전도여행을 중심으로 기술되었다는 사실을 근거로 '바울행전'이라고 해야 하는 것이 아니냐는 목소리도 있다.

물론 이런 정의들 모두 일가견이 있지만 사실상 사도행전은 '말씀행전'이고 '복음행전'이라고 해야 할 것이다. 왜냐하면 말씀과 복음이 전파되고 흥왕하는 것이 사도행전의 핵심 내용이기 때문이다. 엄밀히 말하면 사도행전은 부활하신 그리스도께서 승천하시기 직전까지 제자들에게 가르치신 '하나님의 나라에 관한 일' 즉, 복음으로부터 시작한다.

하나님 나라의 중심은 당연히 생명의 말씀이신 예수 그리스도이시다. 그리고 하나님 나라의 핵심 내용은 그분의 죽으심과 부활하심인데, 바로 이것이 복음이다. 사도행전의 의도는 그리스도의 제자들이 어떻게 그리스도의 말씀과 부활에 목숨을 건 사도들, 즉 복음의 사도들로 재탄생하게 되었으며 그들이 목숨을 걸고 전파한 말씀과 복음의 위력이 얼마나 대단한지 설명하는 것이라고 할 수 있다.

이런 점에서 사도행전은 '말씀행전'이요, '복음행전'이다. 말씀과 복음이 살아 역사하는 현장을 보여 주는 것이 사도행전이기 때문이다.

말씀과 복음행전의 원동력: 성령 강림

그런데 어떻게 겁쟁이 제자들이 목숨을 건 사도들이 되었으며, 어떻게 그들이 전한 말씀과 복음이 죽은 자를 살리는 회심의 역사를 일으키게 되었는가?

이 질문에 대해 사도행전은 '오순절 성령 강림 사건'을 해답으로 제시한다. 성령 하나님은 오순절에 비로소 이 땅에 오셔서 역사하시기 시작한 것인가? 아니다. 성령 하나님은 삼위일체 하나님의 창조 사건부터 단 한 순간도 우주 만물의 생존에 관여하시지 않은 적이 없다. 또한 성령 하나님은 우리 주님이 잉태되시는 순간부터 역사하셔서 세례 받으시고 승천하실 때까지 하나님의 독생자의 인간적인 지상 사역에서 단 한 순간도 함께하시지 않은 적이 없다.

오순절에 강림하신 성령께서는 그리스도의 지상 사역을 이어받은 사도들이 그 사역을 잘 감당할 수 있도록 그리스도의 영으로 이 땅에 오신 것이다. 오순절 성령 강림 사건의 가장 큰 기적은 어쩌면 사도들이 각 나라 방언을 말할 수 있었던 것이 아니라 사도들이 담대하게, 즉 목숨 걸고 예수님에 관한 복음의 말씀을 선포할 수 있었던 것일지도 모른다. 아니, 확실히 그렇다. 그것의 가장 대표적인 예가 바로 배신자 베드로와 박해자 바울이다. 사도행전은 사도들을 대표하는 두 사도의 목숨 건 행적을 기록한 것이므로 가장 적절한 이름이다.

오순절 성령 강림 사건에서 방언이란 사실상 말씀과 복음을 전함으로써 하나님 나라가 이 땅에 굳건하게 세워질 수 있도록 돕는 부수적인 은사일 뿐이다. 따라서 방언을 무시해서도 안 되겠지만 방언 자체를 과대평가할 필요도 없다. 하나님 나라의 교두보인 지상교회를 세우기 위해 말씀과 복음은 항상 선포되어야 할 필수불가결한 요소지만 방언은 단지 선택사항일 뿐이다. 기도는 보편교회를 위한 은혜의 필수 방편이지만 방언기도는 제한적인 목적을 위한 임시방편일 뿐이다. 다른 모든 은사와 기적들도 이와 유사하다. 그러므로 오순절 성령 사건처럼 성령 받음을 성령세례로 해석하여 방언이 동반되지 않으면 성령을 받은 것이 아니라는 오순절주의자들의 주장은 터무니없다. 만일 그들의 주장이 옳다면 이방인 고넬료 가정의 이방인들에게도 방언 현상이 나타나야 하는데 그렇지 않았기 때문이다. 고넬료의 집에서 베드로가 "이 사람들이 우리와 같이 성령을 받았으니"(행 10:47)라고 말하는데, 이것은 이방인들에게도 오순절 성령 강림 사건 같은 것이 그곳에서도 벌어졌다는 의미다.

고넬료 가정의 이방인들이 먼저 성령을 받고 그다음에 물로 세례를 받았다는 것은 오순절 성령 강림 사건과 다른 점이다. 그러나 오순절 성령 강림 사건도 고넬료 가정의 사건도 모두 '성령으로 세례 받다'는 표현이 사용되지 않는다. 베드로는 최초의 교회공회인 예루살렘 공회에서도 이 사건을 회상하면서 고백하기를, "마음을 아시는 하나님이 우리에게와 같이 그들에게도 성령을 주어"(행 15:8) "그들이 우리와 동일하게 주 예수의 은혜로 구원받는 줄을 믿노라"(행 15:11)라고 하였다

성령-교회-복음

오순절 성령 강림 사건을 흔히 지상교회의 탄생으로 정의한다. 물론 구약의 이스라엘 백성도 일종의 교회, 즉 광야 교회였다. 그러나 하나님께서 지상에서 이스라엘 백성을 '이방인의 빛'으로 삼으신 구원 역사를 우리 주 예수 그리스도를 통해 결정적으로 완성하셨다. 그리고 바로 그 그리스도를 교회의 머리로 삼으시고 지상에 교회를 세우시되, 그리스도의 말씀과 그분의 영이신 성령으로 세우신다. 사도들은 그리스도의 말씀을 듣고 본 그대로 복음을 전하는 성령의 도구다.

사도행전은 사도성이 무엇인지 가르쳐 준다. 사도들은 그리스도로부터 배운 모든 것을 가르쳐 지키게 하는 사람들이다. 따라서 사도성은 구원을 위한 그리스도의 가르침과 사역을 듣고 보고 배운 그대로 전하는 것을 의미한다. 그리고 이 일은 그리스도의 가르침을 생각나게 하시는 성령의 역사 없이는 불가능하다. 그러므로 사도성은 오직 그리스도의 가르침인 말씀 선포와 그분의 영이신 성령의 역사 이외의 다른 무엇이 아니다. 이것을 가장 분명하게 보여 주는 것이 사도행전이다.

결론적으로, 사도행전은 성령행전인 동시에 말씀행전이다. 그리스도의 말씀과 무관한 성령의 구원역사를 기대하기는 어렵다. 오순절에 강림하신 성령께서는 확실히 그리스도의 말씀에 묶이길 원하신다. 그리스도의 영이신 성령 없이는 말씀이 작동하지 않고 반대로 그리스도의 말씀 없이는 성령께서 역사하시지 않는다. 사도행전에서 가장 중요한 사실은 그리스도라는 복음을 전파하는 것이다.

복음 전파를 위해 예수님은 제자들을 부르시고 가르치셨다. 그리고 승천하시기 전에 성령을 약속하심으로 그들을 사도로 파송하신다. 제자들은 이제 그리스도의 사도로서 하나님의 구원계획과 그리스도의 부활 및 그분의 모든 약속을 굳게 믿을 뿐만 아니라, 그것을 전파하기 위해 목숨을 건다. 복음 전파는 자신들의 결단이나 결심으로 이루어지지 않는다. 복음전파는 성령 없이는 불가능하기 때문이다. 바로 이것을 가장 분명하게 보여주는 것이 오순절 성령 강림 사건이다.

성령의 복음 사역

오순절에 강림하신 성령께서는 그리스도께서 보내시겠다고 약속하신 보혜사 성령이시다. 그분은 하나님의 나라, 그리스도의 나라, 교회를 이 땅에 건설하시기 위해 그리스도의 영으로 오셨다. 이 성령 없이는 복음 전파도 교회 건설도 불가능하다. 그러나 오순절에 오신 성령은 철저하게 그리스도의 말씀에 자신을 묶으심으로 그리스도 밖에서, 말씀 밖에서 구원 사역을 행하시지 않는다. 이것은 교회 밖에서, 사도들과 같은 정당한 설교자 없이 구원 사역을 독자적으로 이루시지 않는다는 것을 의미한다.

물론 성령 하나님은 전능하심으로만 보면 결코 말씀에 갇히실 수 없다. 그러나 성자 하나님께서 인간으로 오셔서 인간이 되신 것처럼 성령 하나님께서 친히 그리스도의 말씀으로만 역사하길 원하신다. 이것이 루터(Martin Luther)가 가르친 이신칭의(以信稱義) 교리이며 칼빈이 가르친 하나님의 주권 사상이다. 그리스도인들에게 그리스도가 전부다. 그리스도의 말씀과 그분의 약속이 전부다. 그분의 구원 사역이 전부다. 그분의 영이신 성령이 전부다. 그런데 그분은 사람을 자신의 구원 사역의 동역자로 삼으신다. 바로 이것이 사도행전의 핵심이다.

06

성령세례, 제2의 축복인가?

안재경

❧

현대 기독교회에 가장 큰 영향을 끼치고 있는 것이 오순절 운동일 것이다. 대부분의 교회가 침체하는 상황에서 오순절 운동을 따르는 교회들은 지금도 성장하고 있다. 오순절파 교회가 아니면 교회는 침체를 벗어나기 힘들다고 생각하고 있다. 전 세계 교회는 오순절신학으로 통일되었다는 말이 나돌 정도이다. 한국에서 대표적인 오순절파 교회가 바로 순복음교회이다. 이제는 순복음교회를 더 이상 무시할 수 없다. 예전에는 순복음교회를 이단이라고 말하기도 했지만 이제는 어느 누구도 이단이라고 부르지 않는다. 다들 순복음교회를 부러워한다. 그들의 열정과 그 교회의 은사운동을 부러워한다. 대표적인 것이 바로 방언과 치유기적을 동반한다고 하는 '성령세례'이다. 요즘에는 은사운동이 대부분의 교회들로 퍼져 나갔기 때문에 순복음교회가 자신들의 전매특허로 주장하기 힘들게 되었지만 "우리가 원조"라는 말을 할 것이다. 문제는 이제 순복음교회 내에서도 치유기적이 점차로 사라져 가고 있다는 것이다. 그래도 '성령세례'라는 말은 계속 남아서 신자들의 관심을 끌고 있다. 오순절 운동에서 치유기적이 점차로 사라져 가도 여전히 맹위를 떨치고 있는 것이 '성령세례'라는 말이다.

성령세례가 무엇인가?

"성령세례를 받지 않으면 무능한 기독교인일 수밖에 없다"는 것이 오순절파 교회들의 주장이다. 명목상의 기독교인이 너무나 많고, 성령세례라는 독특한 체험을 하고 나면 능력 있는 기독교인으로 바뀐다는 것이다. 성령세례를 받으면 죄에 쉽게 빠지던 사람이 죄를 미워하게 되고, 침울했던 사람이 기쁨이 넘치는 사람이 되고, 기도하지 않던 사람이 기도하게 되고, 입이 닫혔던 사람이 복음을 담대하게 전할 수 있게 되고, 하나님을 막연하게 알던 사람이 하나님과의 친밀함을 누리게 된다는 것이다. 이 모든 것이 성령세례를 받음으로 일어나는 변화라는 것이다. 성령세례를 소위 말해서 제2의 축복이라고 부르는 이유가 여기에 있다. 제1의 축복, 즉 물세례 아니면 중생만 받은 사람은 너무나 초라한 모습일 수밖에 없다는 것이다. 그런 사람은 신자라고 불리는 것도 부끄러워해야 한다는 것이다. 그렇다면 기를 쓰고서 제2의 축복을 받아 내어야 하지 않겠는가?

도대체 성령세례가 무엇인가? 성경에 성령세례라는 말이 문자적으로 등장하지는 않는다. 세례 요한은 예수님을 가리켜 성령으로 세례를 베푸는 분이라고 말했다(막 1:8; 요 1:33 참고). 이것을 반향하기라도 하듯 부활하신 예수님은 승천하기 직전에 제자들에게 말씀하셨다. 주님이 떠나시고 난 다음 몇 날이 못 되어 제자들이 성령으로 세례를 받을 것이라고 말이다(행 1:5 참고). 오순절 성령 강림 후에 사도 베드로가 성령으로 세례를 받는 것에 관해 말한 적이 있다. 그가 백부장 고넬료의 집에 가서 복음을 전하고 그 집에서 먹고 마셨다는 것을 들은 예루살렘의 유대인들이 베드로를 비방하자 그가 말한다. 고넬료의 가정에 성령께서 임하신 것을 보면서 예수님이 하셨던 말씀, 즉 '너희는 성령으로 세례를 받으리라'고 하신 말씀이 생각났다는 것이다(행 11:16 참고). 이 말씀들을 종합해 보면 예수님이야말로 성령으로 세례를 베푸는 분이라는 것을 알 수 있다. 성령으로 세례를 받는 것에 관해 언급하고 있는 마지막 성경 구절이 있다.

"우리가 유대인이나 헬라인이나 종이나 자유인이나 다 한 성령으로 세례를 받아 한 몸이 되었고 또 다 한 성령을 마시게 하셨느니라"(고전 12:13).

사도 바울은 고린도교회에 편지하면서 누구든지 예수님을 믿는 이들은 한 성령으로 세례를 받았다고, 한 성령을 마셨다고 말한다. 성령을 물질 취급하는 것처럼 보이는데 기독교인들은 누구든지 예외 없이 성령으로 세례를 받았다는 것을 강조하고 있다. 우리는 이 구절을 통해 성령세례가 어떤 신자들의 특별한 체험이라는 인상을 받을 수 없다. 모든 기독교인들에게 공통되는 체험이 바로 성령으로 세례를 받는 것이라고 해석하는 것이 무난하다. 기독교인이라면 예외 없이 성령으로 세례를 받는다고 하는 말씀을 기억해야 할 것이다. 성령께서는 믿는 그 순간부터 역사하신다. 아니, 성령께서는 믿게 역사하신다. 성령님을 받지 않고서는 하나님을 아바 아버지라고 부를 수 없다.

물세례 이후에 성령세례를 받아야 하는가?

성령세례를 제2의 축복이라고 부르는 이유는 물세례와 구분하기 위해서이다. 성경에 물로 세례를 받는다는 표현은 없지만 세례를 물로 받기 때문에, 그리고 성령세례와 구분하기 위해 물세례라는 표현을 사용한다. 물세례는 말 그대로 물로 세례를 받는 것이다. 성령세례를 강조하는 쪽에서는 물세례에 크게 가치를 두지 않는다. 부활하신 예수님이 제자들에게 "너희는 가서 모든 민족을 제자로 삼아 아버지와 아들과 성령의 이름으로 세례를 베풀고"(마 28:19)라고 하셨음에도 불구하고 물로 세례를 받는 것은 형식에 불과하다고 생각한다. 믿음이 없어도 물로 세례를 받을 수 있기 때문이다. 사실, 그렇다. 물로 세례를 받은 사람들 중에서 구원받지 못할 사람들도 있을 것이다. 물로 세례를 받는 것이 자동적으로 구원을 보장해 주지 않기 때문이다. 성례가 자동기제가 아니기 때문이다. 믿음으로 참여하지 않는 성례는 공허한 예식이 되기 때문이다.

오순절 운동에서는 성령세례를 물세례만이 아니라 중생과도 구분한다. 요한복음 3장에 보면 예수님이 유대인의 랍비인 니고데모에게 "사람이 거듭나지 않으면 하나님 나라를 볼 수 없다"고 말씀하셨는데, 이것이 바로 중생이다. 예수님은 거듭난다는 것을 물과 성령으로 나는 것이라고 말씀하셨다. 성령으로 난 사람은 바람이 어디로부터 불어와서 어디로 가는지 알 수 없는 것과 같다고 하셨다. 중생은 물과 성령으로 나는 것이고, 성령의 역사는 우리가 예측하기 힘들다고 말씀하신다. 예측하기 힘들다는 것은 우리가 조작할 수 없다는 뜻이다. 그런데 오순절파에서는 중생이 제1의 축복이고, 성령세례는 중생 이후에 오는 제2의 축복이라고 부른다. 이들에게는 중생마저도 성령세례에 비해서는 하찮은 은혜일 수밖에 없다. 그만큼 성령세례는 신자에게 아주 뚜렷한 증거를 남기는 것이라고 본다. 중생받은 것을 능가하는 은혜와 능력이 있다는 말인가?

성령세례를 물세례와 구분하고, 물세례 이후에 오는 특별한 체험이라고 보는 것은 예수님의 제자들의 모습을 관찰하면서 나온 것이기도 하다. 예수님의 제자들은 오순절 성령 강림의 역사를 경험하기 전에는 무력했다. 예수님과 함께 다녔음에도 불구하고 그들은 무력했다. 예수님이 십자가에 달려 돌아가실 때 다들 예수님을 배반하고 떠나가 버렸으니 말이다. 그들은 분명히 물세례를 받은 사람들일 것이고, 중생받은 사람들일 것인데 말이다. 오순절 성령 강림을 경험하자 그늘이 180°로 달라졌다. 이렇게 달라질 수 있겠나 싶을 정도이다. 약 먹은 것도 아닌데 말이다. 그래서 오순절 운동에서는 오순절 성령 강림을 성령세례라고 본다. 그들은 오순절 성령 강림 전후로 너무나 달라진 제자들의 모습을 모든 신자들에게 적용한다. 우리도 물세례만 받고 성령세례를 받지 않으면 제자들처럼 무기력한 신자들로 살아갈 수밖에 없다는 것이다. 이런 주장은 우리를 오순절 성령 강림이전으로 되돌리려는 것이다. 우리는 오순절 성령 강림의 시간으로 돌아갈 수 없고, 오순절 강림 후를 살고 있다는 것을 기억해야 할 것이다. 오순절에 오신 성령께서는 교회에 충만하게 머물러 계신다. 우리는 믿는 순간부터 성령의 강력한 역사를 체험한다. 그 시작이 바로 물세례이다.

성령세례를 받기 위해 어떤 노력이 필요한가?

성령세례는 왜 믿을 때에 일어나지 않는가? 성령세례는 왜 물세례를 받을 때 일어나지 않는가? 성령세례를 받았다는 확증은 무엇인가? 오순절 운동에서는 처음에 그 증거를 방언이라고 주장했다. 심지어 방언을 받지 않으면 구원받지 못한다는 말까지 했다. 지금은 어느 누구도 그런 말을 하지 않지만 말이다. 어쨌든 성령세례는 처음부터 발생하는 것이 아니기 때문에 조건을 말할 수밖에 없었다. 성령세례 받기를 간절히 갈망해야 한다고 하지만 어느 정도로 갈망해야 하는지 알 수 없기에 조건이 더 강화될 수밖에 없다. 성령께서는 믿는 모든 자들에게 자동적으로 역사하시지 않기 때문이다. 물세례는 믿음만으로 받을 수 있지만 성령세례는 믿음에다가 특별한 조건이 더해져야 한다. 회개는 우선적인 것이고, 그다음에는 열렬히 구해야 한다. 예수님이 승천하신 후 제자들이 마가의 다락방에 모여 열심히 기도하자 성령께서 오신 것을 그 대표적인 증거라고 생각한다. 기도하면 성령께서 오신다는 것이다. 사도행전을 보면 교회가 기도할 때 성령께서 충만히 임하시는 모습을 종종 볼 수 있는 것도 그 예가 될 것이다.

성령세례를 받기 위해 갖추어야 할 다양한 조건 중에 제일 중요한 것이 복종이다. 죄로부터 멀어져야 하고, 마음을 성결하게 해야 한다. 거룩하지 않으면 성령께서 임하시지 않는다는 것이다. 성령께서는 거룩한 영이시기에 거룩해야 한다는 것은 당연한 말이다. 그런데 주객이 전도된 것이 아닐까? 성령께서 임하셔야 거룩해지는 것이지 거룩해야 성령께서 임하시는 것이 아니지 않은가? 우리의 거룩이 조건이 되어서 성령께서 임하시는 것이 아니기 때문이다. 복종은 능동적인 것만이 아니라 수동적인 측면도 있다. 자기를 철저하게 비워야 한다. 성령님께 완전히 굴복해야 하기 때문에, 심지어 방언이 성령세례의 확증이기 때문에 혀도 부드러워져서 성령의 통제하에 들어가야 한다고 주장한다. 성령세례는 개인적인 체험이기도 하겠지만 특히 성령을 기다리는 집회에서 강력하게 역사한다. 성령세례를 받기 위한 집회에 참여하여 간절히 기도하면 성령께서 쉽게 임하신다는 것이다. 성령세례를 받기 위한 조건으로 수동성을 강조하지만 사실은 열렬한 능동성이 더 크게 강조된다고 하겠다.

성령세례와 성령 충만의 관계도 생각해 보아야 한다. 오순절 운동은 처음에는 성령세례를 물세례 그리고 중생에 뒤이어 오는 제2의 축복이라고 주장했고, 이 성령세례를 반복적인 경험이라고 보았다. 그런데 세월이 흐르면서 성령세례를 단회적 사건으로, 그리고 이후의 성령세례를 성령 충만이라고 표현하기 시작한다. 문제는 지속적인 성령체험을 성령 충만이라고 표현하면서 여전히 특별한 체험에 치중하고 있다는 것이다. 특별한 체험을 하지 않으면 성령충만하지 않은 것으로 본다. 조용하지만 강력한 인격의 변화, 그리고 공적의 영역에서 그리스도를 잔잔히 증거하는 것은 성령충만으로 보지도 않는다. "오직 성령의 열매는 사랑과 희락과 화평과 오래 참음과 자비와 양선과 충성과 온유와 절제"(갈 5:22–23)라는 말씀이야말로 성령의 역사를 가장 분명하게 증거하는 것인데 말이다.

성령세례는 제2의 축복인가? 이 제2의 축복을 받지 못하면 2류 신자가 될 수밖에 없는가? 이에 대한 대답은 그렇지 않다는 것이다. 우리는 물세례가 곧 성령세례라고 말해야 할 것이다. 중생이 곧 성령세례라고 말해도 될 것이다. 물세례가 중요하다. 바람처럼 역사하시는 중생의 역사가 중요하다. 예수님이 친히 말씀하지 않으셨는가? 제자들이 해야 할 일은 다름 아닌 '아버지와 아들과 성령의 이름으로 세례를 주는' 것이라고 말이다. 개혁교회의 세례 예식문에서는 삼위 하나님의 이름으로 세례를 받을 때 삼위께서 어떤 약속을 해 주시는지 잘 묘사하고 있다.

"우리가 성부의 이름으로 세례를 받을 때, 성부 하나님께서는 우리와 영원한 은혜의 언약을 맺어 주심을 선언하시고 인을 쳐 주십니다. 성부께서는 우리를 그분의 자녀와 상속자로 삼아 주시고, 그렇기 때문에 우리에게 모든 좋은 것을 내려 주시고 모든 악은 피하게 하여 주시거나 합력하여서 선을 이루도록 하여 주실 것을 약속하십니다.

우리가 성자의 이름으로 세례를 받을 때, 성자 하나님께서는 그분의 보혈로써 우리의 죄를 모두 씻어서 정결하게 하시고 우리를 그분의 죽음과 부활에 연합시켜 주심을 약속하십니다. 그리하여 우리는 우리의 죄로부터 해방을 받고 하나님 앞에서 의롭다고 여김을 받습니다.

우리가 성령의 이름으로 세례를 받을 때, 성령 하나님께서는 이 성례로써 그분이 우리 안에 거하시고 우리를 그리스도의 살아 있는 지체(肢體)로 만들어 주실 것을 우리에게 확신시켜 주십니다. 성령께서는 우리가 그리스도 안에서 소유한 것을 실제로 누리게 하셔서 죄 사함을 얻고 매일 새로운 삶을 살게 하십니다. 마지막에는 우리가 거룩하고 흠이 없이 영원한 생명을 누리면서 택함 받은 무리 가운데서 한 자리를 차지할 것입니다."

세례는 물로 받는 것일 뿐만 아니라 성부세례, 성자세례, 성령세례라고 부를 수 있다. 물세례는 성부, 성자, 성령 삼위의 이름으로 한꺼번에 세례받는 것이다. 세례 하나면 충분하다. 세례 하나면 충분하기 위해 준비하고 세례 교육을 받으면서 세례에 참여해야 할 것이다. 그래서 세례 받는 것으로 이전의 삶과 이후의 삶이 명확하게 갈려야 할 것이다. 물론, 세례 받은 사람도 죄악에 빠지기도 하고 무력함에 빠지기도 한다. 이때 필요한 소위 말하는 성령세례가 아니라 세례의 의미를 다시금 확인하고 힘입는 것이다. 굳이 특별한 체험이 필요하다면 그리스도를 체험해야 할 것이다. 삼위 하나님의 이름으로 받은 세례를 다시금 상기하고 삼위 하나님께 도움을 구할 때에 신자는 다시금 놀랍게 회복된다. 신자는 세례로 태어났고, 세례로 사는 사람들이다. 세례는 한 번밖에 받지 않지만 그 한 번 받은 세례가 신자를 영원히 하늘나라 백성으로 살게 해 준다.

종교개혁자 마틴 루터가 개혁을 하면서 끊임없이 자기 양심의 소리와 로마 교회의 거대한 공격 앞에서 자신에게 계속적으로 되뇌었던 말이 바로 "나는 세례 받았다"는 말이었다. 신자는 "나는 세례 받았다"고 외치면서 늘 새롭게 회복된다. 소위 말하는 성령세례라는 화끈한(?) 체험과 뜨거움은 금방 사라지기 쉽다. 마약과 같다고나 할까? 제2의 축복을 기대하면서 자신의 무능을 방관할 것이 아니라 "나는 세례 받았다"고 외치면서 살아가야 할 것이다. 우리는 제1의 축복만으로도 예수님처럼 살 수 있다. 세례는 예수님과 연합하는 성례이기 때문이다. 예수님을 입은 사람은 예수님을 나타낼 수밖에 없다. 한편, 신자는 연약할 그때에 강함을 체험하다. 신자는 가면 갈수록 연약해지면서 오직 은혜로 인해 끝까지 인내할 수 있기 때문이다.

07

병 고침의 은사에 대하여

이성호

❦

청소년 시절에 필자는 『신앙계』라는 월간지에 한동안 푹 빠진 적이 있었다. 그 잡지에는 항상 여러 종류의 기적적인 치유에 대한 간증이 실려 있었다. 어떤 경우에는 도저히 믿을 수 없는 내용들도 실려 있었다. 필자는 그런 간증에 큰 매력을 느꼈고 그것들을 읽고 또 읽었다. 그런 간증문을 읽을 때마다 "정말 대단하다!"라는 깊은 인상을 받았다. 그러나 1년 정도의 시간이 지나면서 어느 샌가 모르게 그런 간증문을 읽지 않게 되었고 그 이후로 지금까지 『신앙계』를 읽은 적은 한 번도 없다.

"암이 나았다"는 것은 환자에게는 큰 복음일 수 있을 것이다. 건강한 사람들에게는 암에 걸리더라도 나을 수 있는 길이 있다는 희망을 가지게 되는 일일 것이다. 그러나 "병이 나았다"는 사실은 비교적 건강했던 필자에게 큰 의미가 없어졌다. 청소년 시절 나에게는 학업이나 이성교제가 훨씬 더 중요한 문제였다. 결국 "병이 나았다"는 반복적 이야기가 점점 지겨워지기 시작했다. 심지어 신유의 은사를 나도 가졌으면 좋겠다는 열망도 완전히 사라졌다. 개인적 경험에 비추어 보았을 때 병 고침의 여러 간증들은 나의 삶에 아무런 영적 유익을 주지 못하였다(실제로 병이 나은 사람은 다를 수 있을 것이다).

병 고침의 은사를 어떻게 볼 것인가? 아쉽게도 성경은 이 부분에 대해서 정확하게 말하지 않는다. 물론 병 고침의 기사는 성경 여러 곳에 나온다. 또한 병 고침의 은사에 대한 언급도 분명히 있다(고전 12:28 참고). 그러나 그것이 도대체 어떤 것인가에 대해서는 전혀 설명이 없다. 따라서 여기에 대해서 우리가 자의적으로 판단하지 않도록 주의해야 한다. 특히 성경에 기록된 병 고침과 오늘날 일어나는 병 고침을 동일하게 생각하는 것은 매우 위험하다. 성경에 기록된 병 고침의 기사는 오늘날 우리가 따라야 할 본보기로 기록된 것이 아니기 때문이다. 이것을 구분해야 병 고침의 은사에 대한 오류들을 최대한 줄일 수 있을 것이다.

성경이 병 고침에 대해서 분명하게 말하고 있지 않기 때문에 단언적으로 말하지 않는 것이 가장 성경적이다. 그러나 병 고침에 대해서 성경은 분명하게 말하는 부분도 있기 때문에 이 부분만큼은 성도들은 분명하게 인식하여야 한다. 성도들이 이 부분만 제대로 인식해도 병 고침과 관련된 대부분의 그릇된 오류들로부터 스스로 지킬 수 있을 것이다.

첫째, 병 고침에 대한 믿음과 예수 그리스도에 대한 믿음은 동일하지 않다. 복음서에 보면 예수님께서 치유하시는 사역에 대한 기사가 많이 등장한다. 당연히 우리는 그것을 사실이라고 믿어야 한다. 그러나 중요한 것은 예수님께서 병을 고치셨다는 것을 믿는다고 해서 그 믿음이 우리를 구원에 이르게 하지 않는다는 사실이다. 그런데 기도를 통해서 병이 기적적으로 낫는 경우 그것을 구원과 동일하게 생각하기 쉬운데 이 경우 병 고침은 오히려 참된 신앙에 큰 방해물이 될 수 있다. 병이 나았으나 그것이 오히려 불신과 심판에 대한 근거가 될 수도 있다는 것을 유의해야 한다(눅 17:17 참고).

둘째, 병 고침을 위해서 기도하는 것과 병 고침의 은사는 다르다. 병 고침이 복음의 본질은 아니지만 성경은 우리에게 병자들을 위해서 기도하라고 명하고 있다. 특히 병이 들었을 때 성도들은 교회의 장로(목사)들을 초청하여 자신들을 위해 기도하도록 해야 한다(약 5: 13-16 참고). 그런데 야고보서에서 이것을 명하는 이유가 무엇인가? 목사가 병 고치는 은사가 더 많기 때문인가? 그렇지 않다. 하나님께서 그것을 원하시기 때문이다.

목사의 기도를 통해서 병 고침을 받게 되면 목사의 말씀 사역도 더 큰 효과를 낼 수 있을 것이다. 여기서 우리는 중요한 한 가지 사실을 접하게 되는데 병 고침을 위해서는 누구나 기도할 수 있다는 것이다. 따라서 오늘날 어떤 특별한 사람만이 병을 고칠 수 있다거나 더 큰 능력을 가진다고 믿는 것은 바람직하지 않다. 사실, 병을 고치시는 분은 궁극적으로 하나님이시기 때문이다. 목사를 초청하라는 야고보의 명령도 목사가 병 고치는 능력이 더 많기 때문이 아니라 하나님께서 그것을 원하시기 때문이다. 목사의 기도를 통해서 병이 낫지 못하였다고 해서 더 '용한' 사람을 찾는 것을 하나님께서 원하시는 것이 아니다.

셋째, 거짓 선지자들이 더 큰 병 고침의 은사를 가질 수 있다. 이것은 마태복음 7장 마지막 부분에서 잘 드러난다. 거짓 선지자들은 1) "주여, 주여"하는 자들이다. 2) 주의 이름으로 행동하는 자들이다. 3) 주의 이름으로 예언을 하고('노릇'이라는 단어는 원문에 없음), 귀신을 쫓아내고, 많은 권능을 행하는 자들이다(22절 참고). 병 고침은 '많은 권능'의 대표적인 예이다. 거짓 선지자들이 무슨 잘못을 했는가? 주의 이름으로 열심히 사역을 했을 뿐이다. 겉으로 보기에 거짓 선지자들은 잘못한 것이 하나도 없다. 그러나 그들은 그와 같은 행위들을 자신의 의로움에 대한 근거로 생각하였다. 거짓 선지자들도 얼마든지 병 고침의 사역을 주의 이름으로 행할 수 있다고 한다면 우리도 병 고침에 대해서 지나치게 의미를 부여하는 것은 조심해야 할 필요가 있다.

넷째, 병 고침을 이해함에 있어서 가장 주의해야 할 것은 예수님의 병 고침과 오늘날의 병 고침을 동일한 선상에 놓는 것이다. 어떤 목사가 맹인의 눈을 뜨게 했다고 가정하자. 그것이 예수님의 사역과 동일하다고 할 수 있을까? 전혀 그렇지 않다. 다른 모든 행위도 마찬가지이지만 예수님의 치유 사역은 구속사적인 의미를 가지고 있다. 예수님께서 눈을 뜨게 하신 것은 본인이 세상의 빛이라는 것을 증거하시기 위함이다. 그러나 어떤 사람이 아무리 맹인의 눈을 많이 뜨게 한다고 하더라도 그것은 그 사람의 능력의 대단함을 나타낼 뿐이다.

다섯째, 소위 병 고침의 은사를 가진 자들 중에 가장 악한 자들은 병 고침을 대가로 돈을 요구하는 자들이다. 하나님을 돈으로 움직일 수 있다는 생각은 그 자체가 신성모독이라고 하지 않을 수 없다. 사실 "지성이면 감천"이라는 생각 자체가 이교도적인 생각이다. 하나님은 우리의 정성을 원하시지만 그 정성 때문에 움직이는 분이 아니시다. 구원과 마찬가지로 병 고침도 하나님의 자유로운 선물로 우리에게 주어질 뿐이다.

여섯째, 병 고침의 은사가 병 고침의 가능성을 의미하는 것 같지는 않다. 성경에서 말하는 병 고침의 은사는 그야말로 병 고치는 능력을 의미하는 것 같다. 즉, 이 은사를 가진 사람이 "병이 나아라"라고 선언하면 병이 바로 낫는 역사가 일어난다. 상황에 따라 병이 낫기도 하고 안 낫기도 하는 것은 병 고침의 은사로 보기에는 곤란한 것 같다.

일곱째, 병 고침의 은사와 관련된 논쟁 중 가장 치열한 부분은 이 은사가 오늘날 계속되는가 아니면 그렇지 않은가에 관한 것이다. 필자는 여기에 대해서 성경이 침묵하고 있다고 생각한다. 성령의 모든 은사가 지속되는 것은 아니며(예언이나 사도), 성령의 모든 은사가 멈춘 것도 아니다(섬김이나 다스림). 그런데 병 고침의 은사는 어디에 속할까? 필자는 여기에 대해서 성경이 분명하게 말하고 있지 않다고 생각한다. 그렇다면 어떻게 해야 하는가? 만약 이 은사가 계속된다고 생각하면 이 은사를 열심히 구하고 그런 사람을 잘 분별하여 교회의 직분자로 세워서 교회에 유익하도록 하면 될 것이고, 이 은사가 이제는 중지되었다고 생각하면 지속적인 다른 은사들에 힘을 써서 교회를 바로 세우면 될 것이다. 그러나 둘 중에 어느 하나에 절대적인 확신을 가지는 것은 성경이 명한 바를 넘어서는 것이라고 생각한다.

PART

4

—

구원론

01

하나님의 예정과 구원의 신비

황대우

꧁꧂

하나님께서 구원받을 백성을 자신의 자녀로 미리 선택하셨다는 예정론은 이성적으로 많은 오해를 불러일으키는 신학 주제이다. 그러나 이것은 성경이 가르치는 핵심적인 구원의 방식이므로 결코 부인될 수 없다.

성경은 흔히 구원을 신비라고 가르친다. 구원의 가장 큰 신비가 이 예정론에서도 적용되는데, 그것은 하나님의 예정 때문에 모든 인간이 아무런 자기 결정권도 없는 로봇처럼 살아가는 것이 아니라는 사실이다. 모든 것이 예정되어 있다면 모든 것은 마치 짜놓은 프로그램이 한 치의 빈틈도 없이 기계처럼 돌아가야 하는 것이라고 생각하기 십상이다. 그러나 우리가 경험하며 사는 세상도 한 인간이 살아가는 인생도, 결코 세상과 인생이 자동화 시스템의 기계처럼 작동되는 것이 아니라는 사실은 굳이 설명하지 않아도 누구나 알 수 있다.

모든 것이 예정되어 있음에도 불구하고 세상은 자동화 기계처럼 한 치의 오차도 없이 작동하고 있는 것 같지 않다는 느낌을 지울 수 없다. 즉, 우리가 경험하는 세상살이는 질서 있는 것 같으면서도 뭔가 엉성하고, 혼란스러운 것 같으면서도 뭔가 큰 질서의 틀 속에 있는 듯하다.

이것이 바로 예정론이 운명론과 다르다는 증거 가운데 하나다. 하나님의 예정과 섭리는 세상을 자동화 기계로 만들지 않는다. 창조주 하나님의 섭리와 구원자 하나님의 예정은 조물주와 피조물 사이의 관계에서 확인되는 하나님의 하나님 되심 가운데 아주 작은 일부에 불과하다. 그러나 그것은 신적 능력의 아주 작은 일부일 뿐이라 해도 결코 우리의 이성으로는 온전히 이해할 수 없는 내용이다. 마치 전지전능하신 하나님의 구원 방식이 왜 십자가인지 도무지 이해할 수 없는 것처럼 이것이 바로 구원을 신비라고 하는 이유이기도 하다.

하나님은 전적으로 자신의 손에 달린 구원의 문제를 최대한 우리 인간의 눈높이에 맞추어 설명하신다. 그 설명서가 성경이다. 그런데 설명서란 그야말로 사용설명서이지 기계의 부품과 부품의 기능까지 상세하게 설명하지는 않는다. 따라서 사용설명서만으로 기계 전체의 작동 원리를 모조리 파악하기란 불가능하다. 혹 그런 설명서가 있다고 해도 기계를 제작하는 전문가가 아닌 이상, 결코 그 모든 내용을 다 이해할 수는 없을 것이다.

그런데 우리 인간은 하나님께서 구원받을 사람을 미리 정해 놓았다고 불평한다. 구원이 정해진 것이 아니라면 우연의 사건일 수밖에 없다. 뿐만 아니라 하나님께서도 전지하시지만 전능하신 분은 아닐 것이다. 왜? 자신이 구원하고 싶은 사람을 구원할 능력이 없는 분이시니까! 이것은 '하나님께서는 어차피 죄를 지으실 수 없는 분이시므로 이미 전능하신 분이 아니다!'라고 생각하는 사람들의 논리와 다르다. 아르미니우스(Arminius)주의자들조차도 이런 식으로 하나님의 전능을 문제 삼지는 않는다.

아르미니우스주의자들은 하나님께서 어떤 사람을 구원받을 자로 선택하고 예정하신 것은 그가 믿을 줄 미리 아셨기 때문이라고 설명한다. 즉,

미리 아심이 선택과 예정의 근거가 된다고 본 것이다. 이것이 예지예정론(豫知豫定論)이다. 아르미니우스의 생각이 옳다면 구원을 위한 하나님의 의지는 아무런 역할도 하지 못하는 것인가? 구원이 하나님의 의지로부터 시작된 것이 아닌가? 만일 구원이 하나님의 의지와 결정에 따른 것이라면 그 구원은 이중예정론으로 귀결되지 않을 수 없다.

이중예정론은 결코 구원운명론이 아니다. 그러나 대부분의 사람들은 예정론과 운명론을 구분하지도 구분하고 싶어 하지도 않는다. 사실 무엇이 다른지도 모른다. 예정론과 운명론의 결정적인 차이는 하나님은 사랑이시라는 사실에서 발견된다. 즉, 예정에는 하나님의 사랑이 작용하기 때문에 자동화 시스템 같은 운명론과 다른 것이다. 그리고 세상의 모든 사랑이 선택적인 것처럼 하나님의 사랑도 역시 선택적인 속성이 강하다. 어느 부모가 모든 아이들을 자신의 자식처럼 사랑한다고 말은 할 수 있지만, 그렇게 말한다고 해서 그 아이들이 그 부모의 자녀가 되는 것은 아니다. 그 아이들에 대한 사랑이 그 부모가 낳은 자녀 혹은 키운 자녀에 대한 사랑과 동등할 수는 없다. 즉, 그 두 사랑은 구분되고 서로 다르다. 자녀를 향한 하나님의 사랑도 이와 유사하다.

하나님은 세상을 만드셨다. 그래서 세상을 사랑하신다. 그리고 사랑하는 세상을 위해 독생자를 보내셨다. 하나님은 자신의 형상으로 지으신 인간을 다른 모든 피조물보다 더 사랑하신다. 이 사랑은 차별적이고 선택적이다. 왜 하나님은 모든 피조물을 동등하게 사랑하시지 않는가? 동등하게 사랑하는 것이 공평하지 않는가? 우리 가운데 이런 질문을 하는 사람이 있다면 그는 아마도 자연주의자일 가능성이 높다. 그러나 대부분의 사람들은 그러한 사랑의 차별과 선택을 당연한 것으로 생각한다.

그런데 이상하게도 하나님께서 자신의 자녀를 사랑하시는 그 사랑의 결과인 구원에 대해서만큼은 차별과 선택을 불공평한 것으로 간주한다. 그리고는 하나님은 사랑이신데 어떻게 그럴 수 있느냐고 반문한다. 누가 더 이상한가? 차별적이고 선택적인 사랑을 베푸시는 하나님인가? 아니면 이런 하나님의 사랑을 부당하고 불공평하다고 생각하는 사람인가? 과연 진정한 공평이란 분배의 양적 동등성만을 의미하는 것일까? 분배의 질적 차별은 공평이라 할 수 없는 것일까? 필요한 사람에게 필요한 만큼이 오히려 훨씬 더 공평한 분배가 아닐까? 필요하지 않은 사람에게 억지로라도 나누어 주어야 하는 것이 공평일까? 사안에 따라서는 차별적이고 선택적인 분배가 어쩌면 공평의 원리를 훨씬 더 잘 적용한 것일 수도 있다.

세상을 사랑하시는 하나님의 사랑도 차별적이고 선택적이다. 차별적이고 선택적인 사랑 역시 하나님께서 인간의 눈높이에 맞추어 설명하시는 하나님의 구원 방식이다. 왜냐하면 선택이란 차별을 전제로 할 때 비로소 이해 가능한 개념이기 때문이다. 모든 것을 선택한다는 말은 성립될 수 없다. 무엇인가를 선택한다는 것은 다른 것을 포기한다는 의미이기도 하다.

어디 사람의 구원뿐이겠는가? 예수님의 말씀처럼 공중을 나는 새 한 마리도 하나님의 허락 없이는 결코 살아갈 수가 없다. 그렇다면 세상만사 가운데 어떤 것이 하나님의 섭리에서 벗어날 수 있겠는가? 세상은 하나님께서 의지하시는 대로 진행되는 것이 사실이다. 그럼에도 불구하고 그 속에서 살아가는 모든 인간은 자신의 의지대로 사는 것이 부자연스럽지 않다.

하나님의 질서라는 큰 틀 속에서 세상의 온갖 무질서가 발생하듯이 하나님의 뜻이라는 큰 틀 속에서 인간의 의지는 마음껏 자유를 누릴 수 있다. 이것은 참으로 경이롭다. 그래서 성경은 이것을 신비라고 표현한다. 이 신비 가운데 가장 신비로운 것이 하나님의 구원이다. 신비로운 자연의 이치도 온전히 이해하고 설명할 수 없는 인간이 가장 신비로운 하나님의 구원을 이해하고 설명하려는 것은 가장 심각한 만용, 자가당착이 아닐 수 없다.

지금 우리는 하나님의 예정과 섭리 때문에 삶의 현장 속에서 우리의 의지와 선택에 반하는 신적인 강요와 강제에 시달리며 억지스럽게 살아가고 있는가? 아마 아무도 그런 경험을 하지는 않을 것이다. 왜냐하면 하나님은 억지와 강요와 강제의 하나님이 아니시기 때문이다. 하나님은 사랑이시다. 이 사랑은 감동의 동반자지, 강요의 동반자가 아니다. 그러므로 하나님의 사랑은 사람의 마음속에 가장 심오한 감동과 감격을 불러일으킨다. 그리고 그 사랑을 받은 모든 사람은 흔쾌히, 자발적으로, 기꺼이 그 사랑을 수용한다. 이것이 바로 신비로운 구원 사건이다.

02

구원,
오직 그리스도 (*solus Christus*) 뿐인가?

임경근

~~~

구원의 여러 길?

복잡하고 바쁜 도시를 떠나 시골에 들어가 자연과 함께 살면서 많은 현대인들에게 큰 충격을 던졌던 스콧과 헬렌 니어링(Scott & Helen Nearing)이라는 미국인 부부가 있다. 『조화로운 삶』(보리), 『아름다운 삶, 사랑 그리고 마무리』(보리)라는 책도 써 베스트셀러가 되었다. 이들은 자신들의 생각에 의해 삶을 조직하고 결정해 삶을 역동적이고 자주적으로 이끌어 멋진 삶을 일구었다고 많은 사람들로부터 추앙받았다.

과연 인간은 스스로 자신의 삶을 멋지게 살아내고 인간의 생사고락을 스스로 해결하며 자생자구(自生自救)할 수 있을까? 세상에 존재하는 대부분의 종교도 스스로 구원을 추구하고 스스로 구원에 이른다고 믿는다.

기독교 안에서도 인간은 타락의 원죄를 조금도 유전받지 않았다고 믿는 펠라기우스(Pelagius) 같은 이단도 있지만, 타락과 원죄의 영향이 있기는 하지만 그 정도가 미미해 스스로 구원을 이룰 수 있다고 믿는 사람들이 있다. 하나님이 우리의 구원을 위해 예수 그리스도를 보내시는 등 많은 일을 하지만, 우리 스스로 자유의지를 가지고 자신을 구원하는 일을 해야만 된다고 가르치는 아르미니우스주의자들이 많다. 구원의 근거가 오직 예수 그리스도가 아니라 인간 스스로의 기여가 필요하다고 믿는 교리 말이다.

도르트 신조가 말하는 본성의 빛

17세기 초 네덜란드 개혁교회는 아르미니우스주의자들 때문에 온 교회가 도르트에 모여 성경을 연구하고 토론했다. 아르미니우스주의자들은 우리의 구원을 위해 하나님의 은혜와 인간의 노력이 필요하다고 주장했다. 이 주제가 공교회적인 성격이 있기에 유럽의 자매 교회에 연락해 신학자들을 초청했다. 네덜란드라는 나라에서 제기된 도전이었지만 세계 여러 교회에서도 제기될 수 있는 공교회적인 문제였다. 그 내용을 1618-1619년에 정리한 것이 도르트 신조이다. 그 가운데 세 번째와 네 번째 교리 4항에서 '본성의 빛'을 다루고 있는데 그 내용을 참고로 위의 질문에 대답해 보자.

4항 본성의 빛의 무능함

그러나 사람에게는 타락 후에도 본성의 빛이 희미하게 남아 있어 하나님과 자연의 사물들과 선과 악의 차이에 대한 약간의 지식을 갖고 있으며, 덕과 외적 질서에 열의를 약간 표한다. 하지만 결코, 이 본성의 빛은 사람을 하나님께 대한 구원의 지식과 참된 회심으로 이끌지 못한다. 심지어 사람은 이 본성의 빛을 자연적이고 사회적인 일들에조차 바르게 사용하지 못한다. 게다가 이 빛을 여러 방법으로 완전히 오염시키고 불의로 막기 때문에 사람은 하나님께 핑계할 수 없게 된다.

'본성의 빛'의 존재

"그러나 사람에게는 타락 후에도 본성의 빛이 희미하게 남아 있어 하나님과 자연의 사물들과 선과 악의 차이에 대한 약간의 지식을 갖고 있으며, 덕과 외적 질서에 열의를 약간 표한다."

아르미니우스주의자들은 '일반은총'이라는 말로 도르트 신학자들이 말하는 '본성의 빛'을 표현한다. 여기까지는 같다. 그런데 전자는 '일반은총'(혹은 본성의 빛)으로 구원 자체를 점진적으로 얻을 수 있다고 가르치는 데 비해 후자는 불가능하다고 성경을 기초로 바르게 정리한다.

아르미니우스주의자들이 뭐라고 주장하는지 보자. "부패한 자연인이 일반은총(아르미니우스주의자는 이 용어로 본성의 빛을 말함)이나 타락 이후에도 남겨진 은사들을 아주 잘 사용할 수 있으며, 이를 선하게 사용함으로 더 큰 은혜, 즉 복음적 은혜 또는 구원의 은혜와 구원 자체를 점진적으로 얻을 수 있다. 이러한 방식으로 하나님께서는 자신의 편에서 모든 사람들에게 그리스도를 나타내실 준비를 하고 계시는데, 왜냐하면 하나님께서 모든 사람들에게 회심에 필요한 방편들을 충분히 그리고 효과적으로 공급해 주시기 때문이다"(오류 5)

아르미니우스주의자들은 본성의 빛을 그리스도의 은혜와 대등하게 취급한다. 두 가지를 근본적 차이로 보지 않고 정도의 차이로만 본다. 그들 중 어떤 자는 세 종류의 사람이 있다고 한다. 첫째, 가장 부패한 사람, 둘째, 덜 부패한 사람, 셋째, 특별히 알맞은 사람이다. 그들은 인간의 전적인 부패를 인정하지 않는다.

16세기 중반 네덜란드에서 작성된 벨기에 신앙고백서(1561)는 이에 관하여 이렇게 고백한다. "하나님으로부터 받았던 모든 탁월한 은사들을 상실하고 다만 그중에서, 인간이 변명하지 못하도록 하기에 충분한 약간의 흔적만 남았다." 이렇게 사람에게는 하나님의 형상 가운데 '약간의 흔적'이 남아 있을 뿐이다. 그것은 마치 배가 파선하여 겨우 '나무판자만 남아 있는 상태'와 같다. 그 넓은 바다에 나무판자 조각이 떠돌아다닐 뿐이다.

로마서 2장 14절은 이렇게 말한다.

> "율법 없는 이방인이 본성으로 율법의 일을 행할 때에는 이 사람은 율법
> 이 없어도 자기가 자기에게 율법이 되나니."

불신자도 신실하고 정직하고 도둑질하지 않고 거짓말하지 않는다. 본성의 빛으로 그렇게 한다. 그러나 그것은 자기 자신을 위한 것일 뿐이다. 불신자도 신자처럼 같은 봉사와 선을 행할 수 있지만 그 원리가 다르다. 신자는 율법을 사랑의 원리로 하나님을 위해 행한다. 물론 외식하는 자들도 사랑으로 율법을 행할 수 있지만 자기 자신을 위한 것이다. 그것을 우리는 '본성의 빛'이라고 표현할 수 있다. '본성의 빛'이 희미하게 남아 있는 것이다.

아담이 전적으로 부패했다는 말은 '강도'를 말하는 것이 아니라, '범위'에 관한 것이라고 보아야 한다. 죄의 오염은 영혼, 마음, 정신 등 모든 부분으로 퍼졌다. 전적부패로 인간은 스스로 구원할 수 없지만 하나님의 형상의 모든 것을 잃어버렸다는 뜻은 아니다. 인간은 타락했지만 여전히 사람이고, 희미하게 지식과 의와 거룩함의 모습을 가지고 있다. 사람에게는 타락 후에도 본성의 빛이 희미하게 남아 있다. 도르트 신학자들은 하나님의 형상을 넓은 의미와 좁은 의미로 구별했다. 넓은 의미의 지식과 의와 거룩

함은 남아 있지만 좁은 의미의 참된 지식과 의와 거룩함은 사라진 것으로 본다. 이것이 '희미함'의 의미이다. 사람은 사고의 능력이 있지만 그 능력을 죄 된 것으로 사용한다.

로마 교회는 타락의 범위를 초자연적 은사로 본다. 인간은 타락 이후에도 자연적 은사를 그대로 가지고 있다고 보고 이성적 사고와 선과 악의 구별과 자유의지를 가지고 있어 초자연적 은사를 받을 능력과 준비를 할 수 있다고 본다. 아르미니우스주의자들도 마찬가지이다. 아르미니우스주의자들은 '일반은총'을 그리스도의 '특별은총'과 대등한 위치에 놓는다. 이것이 그들의 가장 큰 잘못이다. 이들은 모두 반쪽(semi) 펠라기우스주의자들이다.

그러나 도르트 신학자들은 타락한 후에도 남아 있는 '본성의 빛'이란 인간이 그것으로 뭔가 이룰 수 있는 것이 아니라고 믿는다. 인간은 그 본성의 빛을 자신의 유익과 영광을 위하여 사용할 뿐이다. 하나님이 인간을 인간 그대로 내버려 두신 것(본성의 빛을 희미하게 남겨 두신 것)은 감사할 일이다. 그러나 그 본성의 빛은 우리를 구원할 그 어떤 능력도 없음을 알아야 한다.

'본성의 빛'의 사용

"하지만 결코, 이 본성의 빛은 사람을 하나님께 대한 구원의 지식과 참된 회심으로 이끌지 못한다. 심지어 사람은 이 본성의 빛을 자연적이고 사회적인 일들에조차 바르게 사용하지 못한다."

인간에게 '본성의 빛', 곧 '하나님의 형상'이 희미하게 남아 있어 하나님과 자연의 사물들과 선과 악의 차이에 대한 약간의 지식을 갖고 있으며 덕과 외적 질서에 열의를 약간 표한다. 그렇다. 인간은 '본성의 빛'을 소유하고 있다. 그러나 인간이 소유한 '본성의 빛'이 자신의 구원에 얼마나 영향을 미치게 될까? 자신을 구원할 수 있을까? 그렇지 못하다.

도르트 신학자들은 이렇게 정리한다. "하지만 결코, 이 본성의 빛은 사람을 하나님께 대한 구원의 지식과 참된 회심으로 이끌지 못한다." 인간이 소유한 '본성의 빛'은 엉망진창이고 비뚤어져 있을 뿐이다. 인간 스스로가 만든 자신의 기준을 사용한다. 인간은 하나님의 말씀의 기준을 받아들이지 않는다. 그러다 보니, 자연과 사회에 관한 일들도 제대로 하지 못한다. 그런데 우리 주변의 불신자들 가운데 생각보다 잘하는 사람들도 본다. 그런 경우 하나님께 영광이 되는 것이 아닐까? 이기적인 동기와 목적이 아니라, 이타적이라면 말이다. 그러나 그것은 하나님께 영광을 돌려야 할 것이지 이방인에게 칭찬할 것이 아니다. 더 나아가 우리는 참과 거짓을 분별할 수 있어야 한다. 사람이 제아무리 멋진 학문적 성취를 이루고 종교적 선을 이룬다고 할지라도 그것은 하나님 앞에서 어리석고 부끄러운 것일뿐이다.

본성의 빛을 가진 자연인은 영적인 하나님의 일들을 이해할 수 없다.

"십자가의 도가 멸망하는 자들에게는 미련한 것이요, 구원을 받는 우리에게는 하나님의 능력이라"(고전 1:18).

참 회심은 본성과 이성의 빛으로는 불가능하다. 인간 문명으로도 불가능하다. 심리학적인 효과로도 불가능하다. 참된 회심은 오직 성령 하나님의 능력 있는 일하심으로만 가능하다.

"성령이 아시아에서 말씀을 전하지 못하게 하시거늘, 그들이 브루기아와 갈라디아 땅으로 다녀가, 무시아 앞에 이르러 비두니아로 가고자 애쓰되 예수의 영이 허락하지 아니하시는지라"(행 16:6-7).

"내가 나의 법을 그들의 속에 두며 그들의 마음이 기록하여"(렘 31:33).

"나는 목마른 자에게 물을 주며 마른 땅에 시내가 흐르게 하며 나의 영을 네 자손에게, 나의 복을 네 후손에게 부어 주리니"(사 44:3).

"우리에게 주신 성령으로 말미암아 하나님의 사랑이 우리 마음에 부은 바 됨이니"(롬 5:5).

"나를 이끌어 돌이키소서, 그리하시면 내가 돌아오겠나이다"(렘 31:18).

'본성의 빛'의 결과

"게다가 이 빛을 여러 방법으로 완전히 오염시키고 불의로 막기 때문에……."

사람은 하나님이 타락 후에도 남겨 두신 '본성의 빛'을 잘 사용해서 구원에 이를까? 그렇지 않다. 사람은 이 빛을 여러 방법으로 완전히 오염시키고 불의로 막는다. 이제 우리는 '본성의 빛'의 실제를 만나게 된다. 물론 인간 속에 남아 있는 '본성의 빛'은 선하다. 남아 있는 하나님의 형상이 문제가 아니다. 단지 그것이 희미할 뿐이다.

그런데 자연인은 이 '본성의 빛'을 오용한다. 불신자의 학문도 자기 나름대로의 신앙을 가지고 있다. 그러다 보니, 자연 본성의 빛을 사람들이 오용하여 종교를 만들기도 한다. 불교나 유교나 도교가 그렇다. 그리스 로마 신화에서는 사람을 신화화하고 사탄 숭배자들도 있다.

사람 속에 있는 '본성의 빛'을 이용해서 악한 불량배가 고상한 철학자와 학자인 척할 수도 있다. 적그리스도가 존경받는 사람으로 등장하기도 한다. 최고로 창조된 인간이 부패하면 가장 나쁜 모습으로 나타날 수 있다.

그러므로 '본성의 빛'은 뭔가 그 위에 집을 지을 수 있는 기초가 될 수 없다. '본성의 빛'은 쓸모없게 되었고 희미해졌다. 그래서 사람은 본성의 빛을 가지고 있을지라도 하나님을 떠나고 우상을 만들어 섬기며 아주 추악한 죄들에 빠지고 만다.

"또한 그들이 마음에 하나님 두기를 싫어하매 하나님께서 그들을 그 상실한 마음대로 내버려 두사 합당하지 못한 일을 하게 하셨으니"(롬 1:28).

그래서 사람은 무시무시한 죄를 짓는다.

"그들이 이같은 일을 행하는 자는 사형에 해당한다고 하나님께서 정하심을 알고도 자기들만 행할 뿐 아니라, 또한 그런 일을 행하는 자들을 옳다 하느니라"(롬 1:32).

그러면 '본성의 빛'은 아무것도 아니고 오히려 저주라는 말인가? 그렇지 않다. 그럼에도 불구하고 이 '본성의 빛'은 은혜이고 특권이다.

'본성의 빛'의 역할(목적)

"사람은 하나님께 핑계할 수 없게 된다."

이제 '본성의 빛'을 남겨 두신 목적을 볼 수 있다. 사람에게 남아 있는 하나님의 형상인 희미한 본성의 빛은 무슨 역할을 할까? 그것은 사람이 하나님께 핑계할 수 없게 만드는 것이다. 마지막 심판날에 "저는 하나님이 계신 줄 몰랐어요!"라고 핑계하지 못할 것이다. 왜냐하면 '본성의 빛'을 통해 하나님과 자연의 사물들과 선과 악의 차이에 대한 약간의 지식을 갖고 있으며, 덕과 외적 질서에 열의를 약간 표할 수 있는 능력이 있기 때문이다. 그러므로 '본성의 빛'은 사람이 변명할 수 없도록 만들 뿐이다.

오직 그리스도!

종교 개혁가들은 구원에 있어서 '오직 그리스도'(*solus Christus*)를 주장했다. 사람의 주장이 아니라, 성경에 근거한 교리이다.

"다른 이로써는 구원을 받을 수 없나니, 천하 사람 중에 구원을 받을 만
한 다른 이름을 우리에게 주신 일이 없음이라"(행 4:12).

성경 말씀에 의하면 구원에 있어 '오직 그리스도'가 너무나도 분명하지만, 그것을 믿고 의지하지 않는다. 자기 자신을 믿고 의지하려 한다. 자신의 자유의지를 믿는다. 결국 자신의 '자유'를 바란다. 외부로부터의 하나님의 법을 거절하고 스스로(auto)가 법(norm)이 되는 자율적(autonomous) 인간

이 되고 싶어 한다. 현대 철학도 '자유'야말로 구원이고 복이라고 말한다. 이런 생각은 아주 오래된 것이다. 인류의 시조(始祖)가 빠진 함정도 바로 하나님 혹은 하나님의 법으로부터의 자율이다. 첫 아담(고전 15:45)은 에덴동산 시험에서 "하나님과 같이"(창 3:5) 되어 자유롭게 살고 싶었다.

그러나 인간은 피조물로서 혼자 스스로 살 수 없는 존재이다. 인간은 하나님과의 관계 안에서만 비로소 삶의 의미가 있는 피조물이다. 하나님의 법을 어기면 불순종하게 되고 그것이 곧 죄이다. 마지막 아담(고전 15:45)인 예수님은 유대 광야에서 하나님의 "사랑하는 아들"(마 3:17)이시지만 첫 아담처럼 시험을 받으셨다. 그러나 예수님은 "하나님의 입으로부터 나오는 모든 말씀으로 살 것이라"(마 4:4)고 하시며 승리하셨다. 첫 아담은 "하나님의 말씀"을 떠나 스스로 자유하려 했지만, 마지막 아담은 "하나님의 말씀"에 복종하셨다. 첫 아담이 실패한 것을 마지막 아담은 승리하셨다. 그러므로 우리는 마지막 아담이신 예수 그리스도만이 구원의 근거임을 믿어야 한다. 오직 그리스도, 그분만이 우리 구원의 튼튼한 반석이시다. 할렐루야!

03

유대교는 구원에 대해 무엇이라 말하는가?

성희찬

❧

기독교의 구원은 다음 성경에 분명하게 나타나 있다

"주 예수를 믿으라. 그리하면 너와 네 집이 구원을 받으리라"(행 16:31).

"다른 이로써는 구원을 받을 수 없나니 천하 사람 중에 구원을 받을 만한
다른 이름을 우리에게 주신 일이 없음이라"(행 4:12).

웨스트민스터 소교리문답은 구원에 대해 분명하게 다음과 같이 요약하
여 가르치고 있다.

성부가 창세전에 계획하고 작정하신 구원, 사람으로 오신 성자 예수 그
리스도가 십자가에 죽고 부활하심으로 이루신 구원, 이 구원을 이제 성
령이 믿음을 일으키고 하나님의 부르심을 입게 한 자들에게 적용하여 현
세와 내세에서 이를 풍성하게 누리게 한다는 것이다.

그런데 예수 그리스도를 믿지 않는 유대교는 구원에 대해 어떻게 가르칠까?

저명한 유대인 철학자 마르틴 부버(Martin Buber)는 『두 가지 방식의 신앙』이라는 책에서 "유대인과 기독교의 신앙은 서로 연결되어 있으며, 교회의 형제들과 함께 믿음으로 아바 아버지를 함께 부를 수 있다"고 하였고, 나아가 "기독교와 유대교는 실상은 하나의 신앙이다"라고 말하였다.

과연 그러할까? 도대체 이들은 왜 우리처럼 예수를 그리스도로 믿지 않는 것일까? 결국 '예수께서 누구인가?'(기독론) 라는 질문은 '예수는 우리에게 어떤 의미를 가지고 있는가?'(구원론)라는 질문과 연결되지 않을 수 없다.

유대교는 왜 예수를 메시아(그리스도)로 믿지 않는 것일까? 그들에게 예수는 어떤 분인가? 그들이 생각하는 구원은 어떤 것일까?

유대인이 기대하는 메시아는 자기 백성을 구원하고 이 세상에서 메시아적 구원을 가져올 자이다. 그런데 메시아적 구원은 무엇이며, 그들이 생각하기에 예수가 가져 온 구원은 어떤 것일까?

구약성경 이사야 11장에 따르면 이 구원은 영적이면서 동시에 세상적이다. 즉, 메시아의 시대에는 누구도 악을 행하지 않는다. 왜냐하면 여호와를 아는 지식이 마치 물이 바다를 덮음 같이 세상에 가득할 것이기 때문이다(9절 참고). 동시에 이때는 공의와 평화의 세계가 이루어질 것이다(5-8절 참고). 유대인은 메시아가 가져올 이 구원이 실제로 이루어질 것을 항상 붙잡고 왔다.

메시아가 왔다는 말을 들은 한 랍비에 관한 일화는 잘 알려져 있다. 랍비가 창문을 내다보며 세상에 아무것도 바뀐 것이 없는 것을 보고서는 "사실이 아니구먼"이라고 대답하였다고 하는 이야기이다. 이 간단한 이야기에서 기독교인에 대한 유대인의 불평이 무엇인지 분명하게 알 수 있다. 즉, 유대인들은 "너희 기독교인들은 메시아와 그의 나라를 분리하고 있다"고 지적한다. 이사야 2장과 이사야 11장은 메시아가 가져올 구원을 말하고 있는데 곧 평화의 세계이다.

> "그가 열방 사이에 판단하시며 많은 백성을 판결하시리니 무리가 그들의
> 칼을 쳐서 보습을 만들고 그들의 창을 쳐서 낫을 만들 것이며 이 나라와
> 저 나라가 다시는 칼을 들고 서로 치지 아니하며 다시는 전쟁을 연습하
> 지 아니하리라"(사 2:4).

유대인은 예수를 메시아로 보지 않는 것은 구약의 선지자들이 예언한 대로 보편적인 세계의 평화를 아직 볼 수 없기 때문이다. 왜냐하면 매일 언론매체를 통해 우리가 접하는 것은 평화가 아니라 지구 곳곳에서 일어나고 있는 끔찍한 테러와 폭력이기 때문이다. 이런 이유로 유대교는 예수를 메시아로 시인할 수가 없다.

물론 우리 입장에서 메시아의 나라는 이 세상에 속한 것이 아니요(요 18:30 참고), 그 나라는 영적이고 내적인 나라이다.

그렇다면 예수 그리스도가 없는 유대교에서 메시아는 어떤 존재인가? 또 메시아의 나라는 어떤 곳인가?

유대교도 '메시아'는 '기름 부음을 받은 자'라는 뜻을 가지고 있어서 임직식 일부로 기름이 부어지는 유대의 왕이나 대제사장을 가리킬 때 사용

하였다고 이해하고, 따라서 특별한 목적을 위해 백성 중에서 택함을 받은 자라는 의미로 말한다. 이 점에서 유대교는 왕이나 대제사장들도 역시 메시아였다고 한다.

그런데 바로 이 용어가 '유대 민족을 구원하고 온 인류를 위한 새로운 시대를 지상에 가져올 자로서 하나님과 하나님의 능력에 의해 감동을 받은 자'에 대해 사용되었다고 한다. 유대교에서 말하는 메시아가 하는 사역은 크게 세 가지이다.

첫째, 의인에게는 보상을 주는 반면 죄인은 합당한 형벌을 받게 하는 것이다.

둘째, 고난받는 유대인을 사방에서 불러 모으실 것이며, 옛 땅에 유대 민족을 다시 세우는 것이다.

셋째, 온 인류를 위한 평화와 복된 시대를 가져올 것이며, 이때 모든 사람은 유일하신 하나님의 통치를 시인하게 될 것이다.

그래서 유대교는 메시아의 나라 곧 하나님의 나라는 이렇게 지상에 세워지는 것이며, 또 메시아는 초자연적인 존재나 신적인 존재가 아니라 하나님이 특별한 목적을 위해 자기 백성 중에서 하나님의 복음을 지상에서 전하기 위해 특별하게 감동을 받은 자를 가리킨다고 주장한다.

이와 같이 유대교는 메시아의 오심과 메시아의 시대를 분리하지 않는 것을 강조하면서, 메시아의 사역과 메시아가 가져올 구원과 그 나라의 본질에서 개인적이거나 영적이거나 내적인 측면에 초점을 맞추지 않는다. 이들에게 구원은 역사의 무대에 나타날 공개적인 사건으로만 여겨지고 있다. 나중에 보게 될 것이지만 그들에게 죄와 구원의 개념은 영적인 것이라기보다는 세상적인 것이기 때문이다.

유대교는 자기들만이 선택받은 백성이라고 주장한다

1) 유대인은 하나님이 모든 민족 중에서 자기들을 선택하셨다는 것을 매일 감사하며 기도한다.

2) 하나님이 이스라엘을 선택하신 것에는 특별한 목적이 있는데 곧 유일신 하나님과 모든 인류가 형제라는 진리를 온 세상에 가르치기 위한 것이라고 한다. 그리고 왜 다른 민족이 아니라 유대인이 선택을 받았는가 하는 질문에 대해서는 이는 성경 역사에 나타난 역사적 사실이며 신앙의 진리라고 주장한다.

3) 이러한 선택은 바로 언약을 통해 나타났으며, 이 선택 신앙은 결코 특권이 아니라 단지 책임만을 줄 뿐이라고 말한다. 그래서 하나님의 보상 약속은 선한 유대인뿐 아니라 모든 민족의 의인에게도 해당된다고 말한다. 그래서 하나님의 사랑은 유대인을 넘어 유대인이 아닌 자들에게도 확대된다고 한다.

유대교의 구원 교리를 알기 위해 다음에서 그들의 주요 교리를 알 필요가 있다

보상과 형벌 교리

유대교는 사람은 자유의지를 가진 존재이고 하나님은 의로우시기 때문에 메시아의 시대가 오면 의인은 보상을 받고 악인은 정죄를 받아 형벌에 처해질 것이라는 교리를 가지고 있다.

즉, 유대교의 신앙은 하나님의 공의에 기초하여 도덕적인 질서를 강조한다. 따라서 사람이 지상에서 행한 행위를 따라 보상과 형벌이 주어지며,

그래서 이러한 보상과 형벌이 없는 유대교는 상상할 수가 없다.

이 점에서 유대교는 이 땅에서 행하는 선한 생활을 강조한다. 이처럼 유대교에서는 기독교에서 강조하는 하나님의 은혜 사상을 볼 수가 없고, 오히려 공로 사상을 찾을 수 있다.

죄에 대한 교리

사람은 죄 없이 출생하며, 그래서 비록 실제 생활에서 유혹이 크고 또 죄로 기울어지는 경향이 있다고 할지라도 본래 사람은 영혼이 순수하다고 믿는다. 따라서 유대교는 원죄 교리를 믿지 않으며, 죄에서 스스로 자유할 수 있는 능력을 가지고 있다고 여긴다.

회개에 대한 교리

유대교에서도 죄 용서에 대한 교리가 있다. 절기가 있는 목적이 바로 이러한 속죄를 위한 것이라고 말한다. 속죄에 앞서 죄인의 회개가 선행되어야 하는데 즉, 지난 죄에 대해 애통할 뿐 아니라 다시 범죄하지 않기로 결심해야 한다. 이웃에 대한 범죄의 경우에는 그 불의가 회복되기 전까지 하나님은 용서하지 않으신다고 가르친다. 유대교에서는 하나님과 사람 사이의 중보자 신앙이 없다. 하나님은 오직 기도라는 수단을 통해 모든 사람에게 직접 가까이하신다.

영혼불멸 교리

유대교 역시 일종의 영원한 생명을 믿는데, 이는 사람이 기원이 영원하여 죽음이 와도 없어지지 아니한다고 한다. 유대교는 사람의 영적 부분을 강조하면서 이 영혼은 불멸하며 시대의 한계에 매이지 않는다고 주장한다. 그러나 죽음 이후의 삶, 예를 들면 육체의 부활이나 지옥의 존재에 대해 상세하게 추정하는 것은 무익한 것이라며 경계하고 있다.

결론

유대교에서 가르치는 구원은 기독교가 가르치는 구원과 너무나 상이하며 그래서 반성경적이라고 할 수 있다. 그들이 믿는 메시아와 메시아가 건설하는 나라도 우리와 큰 차이가 있다. 죄에 대한 교리, 속죄에 대한 교리 등 많은 점에서 본질적으로 다른 것이 더 많음을 확인할 수 있었다. 어떻게 해서 이렇게까지 우리의 구원 교리와 차이가 나는 것일까? 그 단적인 이유는 유대교에는 예수 그리스도와 신약성경이 없기 때문이다.

04

기독교 구원과 이슬람교 구원의 차이는?

손재익

이슬람도 하나님을 믿는다?

이슬람은 하나님을 믿는다. '하나님'이라는 칭호를 '알라'(Alla)로 표현하지만, 그것은 엘로힘이나 God을 가리켜서 우리가 '하나님'이라고 표현하는 것과 같다. 엘로힘은 히브리어이고, 알라는 아랍어이며, 하나님은 우리말이다. 명칭이 중요하지만, 절대적인 것은 아니다. 번역어를 사용한다고 해서 그것만으로 문제가 될 것은 없다.

그렇다면 이슬람이 믿는 하나님과 우리가 믿는 하나님이 같은가? 명칭만 다를 뿐 실제는 같은가? 기표(랑그, 시니피앙)만 다를 뿐 기의(빠롤, 시니피에)는 같은가?

이슬람은 그렇게 가르친다. 그들도 하나님을 믿고 기독교도 하나님을 믿는다고 주장한다. 이슬람의 경전(經典)인 꾸란(Al-Quran) 29장 46절에 보면 "……우리는 우리에게 계시된 것(꾸란)과 너희에게 계시된 것(성경)을 믿노라. 우리의 하나님(알라)과 너희의 하나님은 같다. 우리는 모두 다 그분께

순종한다"라고 되어 있는데, 여기에서 말하는 '너희'는 성경을 경전으로 삼는 유대인과 기독교인을 지칭한다. 유대교, 기독교, 이슬람교가 같은 하나님을 믿는다고 보는 것이다.

만약 꾸란의 가르침이 사실이라면, 우리가 꼭 기독교를 고집해야 할 이유가 있을까? 이슬람을 반대할 이유가 있을까? 그래서 좀 더 자세히 생각해 보아야 한다.

이슬람의 유일신 사상

이슬람은 하나님 외에 다른 신을 두지 않는다. 유일하신 하나님만을 믿는다. 이러한 믿음은 꾸란 2장 163절에 나와 있다. 언뜻 보면 제대로 된 신앙처럼 보인다. 제1계명에 매우 충실한 것 같다. 그러나 그들은 예수님도 성령님도 믿지 않는다. 예수님과 성령님을 하나님이 아닌 다른 신이라고 여긴다.

왜 이렇게 믿는가? 삼위일체를 받아들이지 않기 때문이다. 그들에게 있어서 하나님은 한 분이실 뿐, 다른 위격이 존재하지 않는다. 그래서 그들에게 예수님은 아브라함, 모세, 무함마드의 연장선상에 있는 하나님의 예언자에 불과하다. 그들에게 예수님은 하나님의 계시를 전달하는 역할을 했던 아브라함을 비롯한 구약의 선지자와 같은 분 정도에 불과하다.

이에 대해서는 꾸란 4장 171절에 잘 나와 있다. "성경의 백성들아, 너희들의 믿음에 열광하지 말라. 하나님에 대해 진리 외에는 말하지 말라. 마리아의 아들 예수, 메시아는 하나님(알라)의 예언자(사도)이니 그분께서 마리아에게 그분의 말씀과 그분의 영혼을 보내셨다. 그러니 하나님(알라)과 그분의 예언자들(사도들)을 믿고, 삼위일체(Trinity)는 말하지 말라. 너희가 그친다면 너희에게 유익하리라. 하나님(알라)은 오직 한 분 하나님이시다."

이슬람은 자신들이 믿는 하나님이나 우리가 믿는 하나님이 같은데, 우리가 잘못 믿는다고 본다.

기독교가 믿는 하나님

과연 그런가? 우리는 어떻게 믿는가? 하나님은 한 분이심을 믿는다. 그러나 하나님은 한 분이실 뿐만은 아니다. 하나님은 한 분이시지만 그 한 분 하나님이 서로 다른 세 위격으로 존재하신다. 성부, 성자, 성령이시다. 이 위격은 모두 하나님이다. 성부도 성자도 성령도 하나님이시다. 이 사실은 장로교회에 속한 유초등학생들이 배워야 할 웨스트민스터 소요리문답 제5-6문답에 잘 나와 있다.

> **5문: 하나님 한 분 외에 또 다른 하나님이 있습니까?**
> **답:** 오직 한 분 뿐이시니, 살아계신 참 하나님이십니다.[1]
>
> 1) 신 6:4; 렘 10:10
>
> **6문: 하나님의 신격에는 몇 위(位, persons)가 계십니까?**
> **답:** 하나님의 신격에는 성부, 성자, 성령의 삼위가 계시는데, 이 삼위는
> 한 하나님이시며, 본질이 같으시고, 능력과 영광은 동등하십니다.[1]
>
> 1) 요일 5:7; 마 28:19

기독교인에게 성자는 하나님 외의 다른 신이 아니다. 성령은 하나님 외의 다른 신이 아니다. 그러므로 제1계명이 가르치는 '하나님 외의 다른

신'에는 성자, 성령이 포함되지 않는다. 성자, 성령은 성부와 마찬가지로 하나님이시다. 제1계명을 제대로 지키려면 오히려 성자와 성령을 믿어야 한다.

이슬람교와 기독교는 다른 하나님을 믿는다

이슬람이 믿는 하나님은 '하나님'이라는 번역어와 같은 또 다른 번역어인 '알라'이지만, 그 '알라'는 기독교가 믿는 하나님은 아니다. 같은 이름이지만 사실은 다른 이름이다. '알라'를 '하나님'이라고 번역하는 것은 자유지만, '알라'를 '기독교가 믿는 하나님'이라고 말할 수는 없다.

구원에 대해 다루면서 왜 하나님인가? 예수님이 아니고

기독교의 구원과 이슬람교의 구원의 차이에 대해서 다루면서 왜 예수님을 다루지 않고 하나님에 대해 다루고 있을까?

흔히 사용하는 "예수님을 믿으면 구원받는다"라는 말은 예수님만 믿고 다른 위격이신 성부와 성령은 믿지 않아도 된다는 말이 절대로 아니라는 점을 강조하기 위함이다. 예수님을 믿어야 구원받는다고 하는 것은 예수님을 통해서 성부 하나님께 나아갈 수 있기 때문인데, 이 일이 성부, 성자, 성령의 삼위일체 하나님을 믿지 않는 이슬람에게는 불가능하다. 삼위일체 하나님을 믿지 않으니 예수님을 한낱 선지자와 예언자 정도로 받아들일 수밖에 없고, 그들이 말하는 하나님도 결국은 하나님이 아닌 존재가 된다. 하나님은 삼위일체로 존재하시는 분이기 때문이다.

아타나시우스 신경의 가르침

고신교회가 2011년 개정헌법에 부록으로 수록하고 있는 3대 공교회 신경 중 하나인 아타나시우스 신경(The Athanasian Creed)은 제일 첫 문장에서 "구원받기를 바라는 자는 그 누구든지 다른 무엇보다도 공적(=보편적) 신앙을 소유해야 합니다"라고 고백한다. 그리고 세 번째와 네 번째 문장에서 '공적 신앙'이 무엇인지를 다음과 같이 설명한다. "공적 신앙은 다음과 같습니다: 우리는 삼위로 계시는 한 분 하나님, 일체이신 삼위를 예배하되, 그 위격들을 합성하지 않으며, 실체를 분리하지 않다." 그리고 28번째 문장에서 "그러므로 구원받기를 원하는 자는 이와 같이 삼위일체를 깨달아야 합니다"라고 고백한다. 삼위일체로 존재하시는 하나님을 믿는 것이 참으로 하나님을 믿는 것이고, 그러한 믿음이 있어야 구원받는다.

예수님에 대한 믿음에 있어서도 차이가 있음

하나님에 대한 믿음이 잘못되다 보니 예수님에 대한 믿음도 잘못될 수밖에 없다. 이슬람에게 예수님은 신성을 가지신 하나님의 아들이 아니다. 예수님은 그저 예언자일 뿐이다. 꾸란 5장 19절은 "하나님 그분은 마리아의 아들 메시아입니다라고 말하는 자들은 불신자들이니"라고 가르친다. 그들에게는 예수님의 십자가 죽음도 그다지 의미가 있지 않다. 이슬람은 예수님이 십자가에서 죽으셨다는 역사적 사실은 믿는다. 그러나 그것은 하나의 사건일 뿐 우리의 구원을 위한 사건이 아니다. 예언자에 불과한 예수님이 죽은 것이 구원을 가져다 준다고 보지 않는다.

예수님의 신성과 중보자직, 십자가 사건의 중요도에 대해서 다른 믿음을 보이는 이슬람은 예수님을 믿음으로 말미암아 죄 사함을 받아 하나님께로 나아가는 방식의 구원을 가르치지 않는다. 그들에게는 하나님과 사람 사이의 중보자가 따로 필요하지 않다.

이슬람의 구원관

이슬람은 죄지은 자 스스로가 회개와 참회를 통해 유일신인 하나님께 용서를 구함으로써 구원받는다고 가르친다. 이슬람은 사람이 자신의 노력과 의를 통해 구원을 이룰 수 있다고 가르친다. 꾸란 23장 102-103절에는 "저울눈이 더 무거운 자는 행복을 찾을 것이요, 가벼운 자는 죽어서 지옥에서 영원히 살게 될 것이다"라고 가르치는데, 여기에서 말하는 '저울눈'이란 사람의 선한 행위를 행한 정도를 무게로 측정했을 경우를 의미한다. 사람의 영원한 운명을 가늠할 저울의 기울기를 결정하는 것은 선한 행위이다. 이슬람에서 사람의 구원을 결정하는 것은 믿음이 아니라 행위이다.

이슬람교의 구원은 기독교의 구원과는 다르다

이슬람교의 구원은 기독교의 구원과는 다르다. 기독교의 관점에서 이슬람교에는 구원이 없다. 기독교의 관점에서 그들이 믿는다고 하는 '알라'는 우리가 믿는 '하나님'이 아니다. 이슬람교는 자신들이 기독교와 같은 하나님을 믿는다고 말하지만 우리의 입장에서는 전혀 그렇지 않다. 그들이 제아무리 성경을 받아들이고 천지창조를 믿고 아브라함을 믿는다고 해도 우리가 믿는 하나님을 믿는다고 말할 수 없다.

삼위일체에 근거한 예수님을 믿는 믿음으로

"예수님을 믿어야 한다. 그래야 구원받는다." '믿음'이 중요하고, '믿음'의 대상인 '예수님'도 중요하다. 무엇보다 믿음의 대상인 예수님을 바르게 믿어야 한다. 그렇지 않으면 '믿음'이 헛되다. 예수님이 곧 하나님이시고 또한 동시에 사람이시며, 예수님이야말로 우리를 하나님께로 인도하는 유일한 중보자이심을 믿어야 한다.

그렇기에 예수님을 믿되, 삼위일체를 믿어야 사실상 하나님을 믿는다고 할 수 있고 그래야만 구원이 있다.

결론

이슬람 신자와 교리와 문화가 우리 눈앞에 있다. 그들을 무조건 배타적으로 여길 필요는 없지만, 그들의 구원과 우리의 구원이 전혀 다르다는 사실은 분명하게 인식해야 한다. 그들과 우리의 구원의 차이의 출발은 다름 아닌 삼위일체 하나님에 대한 믿음에 있다. 그러므로 우리는 기본적으로 삼위일체를 분명히 믿고 가르쳐야 한다. 삼위일체에 근거해 하나님을 가르치고 예수님을 가르치고 성령을 가르치며, 구원을 가르치고 믿어야 한다.

삼위일체 교리는 먼 곳에 있지 않다. 웨스트민스터 신앙고백서 제2장과 웨스트민스터 대요리문답 제9문답, 웨스트민스터 소요리문답 제6문답에 있으며 사도신경에 있고, 성경에 있다.

05

구원을 틀림없이 확신할 수 있는가?

안재경

༄

"틀림없는 이 확신은 믿음의 본질에 속하지는 않으나, 참 신자는 오래 기다리며 많은 어려움을 겪은 후에야 그것을 소유할 수 있다"(웨스트민스터 신앙고백서 18장 3절).

신자가 자신의 구원을 틀림없이 확신할 수 있을까? 웨스트민스터 신앙고백서에서 말하고 있듯이 이 확신이 믿음의 본질에 속하지 않는 것이라면 우리가 굳이 구원의 확신에 목을 맬 필요가 있을까? 구원의 확신을 얻으려고 하는 노력이 신비주의 등 불건전한 신앙생활을 유발하지 않을까? 특별한 체험들에 집착하는 것 말이다. 하나님의 음성을 들어야 한다고 생각하기도 한다. 그런 특별한 체험이 없으면 구원받지 못했다고 생각한다. 그런 특별한 체험에 대한 간증을 조심해야 한다. 본성적으로 우리는 자기중심적이라 간증조차도 조작하기 때문이다. 강단에서 선포되는 많은 설교가 한편으로는 신자들이 이미 구원받았다고 가정한 도덕적인 훈화이면서, 다른 한편으로는 구원받았는지 자신을 들여다보라는 협박이 되어 가고 있다. 한 설교에서 이런 이율배반적인 언급과 요구가 동시에 나타나는 경우도 흔하다.

우리가 구원의 확신을 우리 속에서 찾으려고 하면 반드시 문제가 발생한다. 우리는 수시로 변하기 때문이다. 특히, 우리의 감정은 너무나 자주 변하기 때문이다. 어느 순간에는 천국의 제일 높은 자리에 앉았다가 다음 순간에는 지옥의 가장 깊은 불구덩이에 내려앉는 우리가 아닌가? 많은 신자들이 평상시에는 자신이 구원받았다는 것을 당연하게 여기다가도 구원파와 같은 이단이 살짝 건드리기만 해도 구원의 확신이 심하게 요동친다. 많은 신자들은 구원의 확신을 가지려고 증거를 찾기에 골몰하고 있다. 대개 신자들은 그 증거를 자기 자신 속에서 찾으려고 한다. 특별한 경험과 기적을 추구하는 치유집회와 은사집회를 찾는 것도 결국에는 확신의 근거를 자신 안에서 찾으려고 하는 것이다.

하나님의 자비하심

확신, 아니 확실성의 첫 번째 기초는 성부 하나님이시다. 우리가 잘 알고 있듯이 종교개혁자 칼빈은 그의 『기독교강요』의 시작을 하나님을 아는 지식과 우리 자신을 아는 지식에 대한 언급으로 시작하고 있다. 하나님을 아는 지식이 곧 바로 사람을 아는 지식으로 이어진다는 뜻이다. 우리는 하나님의 심판을 무시하지 않는다. 하나님은 자비의 하나님이기도 하시다. 우리는 하나님이 무자비한 분이라고 생각하곤 하는데 그렇지 않다. 하나님은 의로우신 분이지만 동시에 자비로운 분이시다. 하나님의 자비하심을 믿는 자들에게는 하나님의 용서가 기다리고 있다. 하나님께서 언약을 맺은 자기 백성을 향해서 하나님 노릇해 주시는 것이 공의요 또한 자비이다.

구원의 근거를 하나님의 선택에 두려고 하는 이들이 있다. 네덜란드의 유명한 신학자이자 정치가였던 아브라함 카이퍼(Abraham Kuyper)도 하나님의 영원작정의 관점에서 유아세례를 보려고 했다. 유아세례의 근거는 하나님의 선택에 있다는 것이다. 하나님께서 선택하셨으니 그 아이는 중생한 것으로 가정해야 한다는 것이다. 우리는 하나님의 선택을 알 수 없다. 믿는 이들은 자신이 선택받았다고 생각할 수 있겠지만 말이다. 신자를 택자와 불택자로 나누려고 하는 것은 문제가 있다. 확신의 근거는 하나님의 예정을 탐구하는 것에 있는 것이 아니라 하나님의 사랑을 기뻐하는 것에 있다. 굳이 선택과 예정을 말해야 한다면 우리의 구원이 우리에게 달린 문제가 아니라 오직 하나님의 주권에 달렸다는 것을 고백해야 할 것이다.

그리스도의 성육신

확실성의 두 번째 기반은 예수 그리스도시다. 신자의 믿음은 하나님의 약속에 근거하고 있는데, 아버지의 약속은 우리 주 예수 그리스도시다. 우리는 성자께서 인간이 되신 것, 즉 성육신의 신비를 묵상해야 한다. 하나님과 사람 사이의 중보자는 참 사람이면서 동시에 참 하나님이셔야 하기 때문이다. 우리의 죄를 짊어져 주셔야 하기에 짐승이 아닌 참 사람이어야 하고, 하나님의 영원한 형벌을 감당하기 위해서는 참 하나님이셔야 한다. 성육신하신 그리스도만이 우리의 유일한 중보자이시다. 예수님을 훌륭한 선생, 위대한 인간, 우리가 본받아야 할 분이라고 칭송하는 것은 인간 자신의 공로를 믿는 것과 다를 바가 아니다. 성육신은 우리와 함께 언약에 들어가시기 위함이었고 죄로 말미암아 하나님으로부터 멀리 떨어졌던 우리를 그분과 가깝게 결합시키기 위함이었다.

신자는 자신을 하나님의 법정 앞에 세워 자신의 불의함이 드러나게 해야 한다. 이때 신자는 자신이 죄인이며, 하나님의 심판을 받을 수밖에 없다는 것을 깨닫는다. 자신의 비참함에 놀라고 당황하여서 하나님 앞에 엎드려 모든 자신감을 버리고 마지막 멸망에 던져진 자처럼 신음해야 한다. 그 결과 신자는 그리스도 안에서 나타난 하나님의 자비에서 유일한 안식처를 발견하게 된다. 종교개혁은 구원의 확신을 너무나 쉽게 제공한 것이 아니다. 개혁자들은 의로움과 거룩함을 위하여서 오직 그리스도를 바라보아야 한다는 것을 강조했다. 이신칭의, 즉 믿음을 통한 의로움이 주장되는 곳에는 반드시 그리스도께서 계신다. 그리스도께서 계신 곳에는 중생시키시는 성결의 영, 즉 성령께서도 함께 계신다. 그러나 인간의 공로를 주장하는 곳에는 그리스도도 성령도 계시지 않는다.

성령의 적용

확실성의 세 번째 기반은 성령 하나님이시다. 성령께서는 자신을 드러내 놓고 역사하시는 것이 아니라 항상 그리스도를 증거하시는 방식으로 일하신다. 성령께서는 수줍은 모습을 하고 계신다고 지적하는 것이 우연이 아니다. 그리스도께서는 그리스도께서 이 땅에서 수행하셨던 것과 전혀 다른 새로운 일을 행하시는 분이 아니다. 성령께서는 오직 그리스도께서 하신 일에 근거해서만 일하신다. 그래서 성령님을 '적용의 영'이라고 부를 수 있다. 성령께서는 그리스도께서 이루신 일, 즉 그리스도의 은덕을 하나도 남김없이 주의 백성들에게 적용시켜 주신다. 그리스도께서 이루신 은덕을 하나도 빠짐없이 챙기신다는 뜻이다. 성령의 은사들은 다름 아니라 그리스도의 은덕에 근거하고 있다.

성령께서는 우리 밖에서 이루어진 구원을 누리도록 우리 안에서 역사하신다. 우리는 성령의 역사가 아니고서는 그리스도를 주라고 고백할 수 없고, 그 결과 하나님께로 나아갈 수 없다. 우리는 성령께서 빛을 비추어 주실 것을 구해야 할 것이다. 우리는 성령의 역사를 개인적인 체험, 특히 성령께서 주시는 몇몇 은사로 축소시켜서 이해하는 경향이 있다. 성령께서는 새로운 창조를 이끄신다. 온 우주의 변혁을 위해 일하신다. 그렇다고 성령님을 '우주적인 영'이라고 부르면서 강력한 에너지로 치부해서도 안 된다. 성령께서는 자유롭게 일하시지만 은혜의 방편을 통해 일하신다. 우리가 말씀이 선포되고 성례가 베풀어지는 자리에 머물러야 하는 이유가 여기에 있다.

천주교인들은 자신들이 구원받았다는 것을 확신하지 못한다. 지금은 믿고 있지만 앞으로는 어떻게 될지 알 수 없다고 생각하기 때문이다. 구원받았다고 확신하는 것만큼 교만한 것이 없다고 생각한다. 개신교인들은 다르다. 특히 칼빈주의자들은 '성도의 견인' 교리를 믿기에 자신의 구원에 대해 확신한다. 자신은 누가 뭐라고 해도 구원받았다는 것이다. "나는 다 틀렸다. 지옥 가기는 다 틀렸다"는 구호도 유행한 적이 있다. 그러나 이것도 조심해야 한다. 삼위 하나님을 전심으로 소망하지 않으면서 자신의 견인을 확신하는 것은 어불성설이다. 우리는 구원의 확신 문제에 대해 균형잡힌 이해를 가져야 할 것이다.

우리는 구원의 확신의 근거를 '우리 밖에서'(*extra nos*) 찾아야 할 것이다. 우리는 "어디에서 찾을 것인가?"가 아니라 "누구에게서 찾을 것인가?"라고 물어야 할 것이다. 우리는 자신의 공로가 아니라 오직 하나님을 자랑해야 한다. 우리는 하나님의 약속에 의존해야 한다. 구원의 확실성은 약속의 확실성이요, 약속의 확실성은 다름 아닌 우리 밖에 계시는 삼위일체 하나님이시다. '구원의 확신'은 다름 아닌 삼위일체 하나님께 있다. 그렇다면 우리는 구원의 확신을 '구원의 확실성'으로 바꾸어야 할 것이다. '우리 안에서' 성령께서 적용하시는 역사를 통해 '우리 밖에서' 그리스도께서 이루신 구원역사를 바르게 이해하고 '우리를 위하시는' 성부 하나님을 찬양하는 것이야말로 가장 분명한 확신과 확실성이 될 것이다.

06

한 번 구원은 영원한 구원인가?

: 성도의 견인(堅忍)에 대하여

이성호 교수

❧

    신자는 믿음으로 하나님의 은혜에 의하여 구원을 받는다. 이렇게 신자에게서 시작된 구원이 취소될 수 있는가? 여기에 대해서 여러 가지 답을 할 수 있겠지만 웨스트민스터 대교리문답(79문답)을 통해서 한 번 살펴보도록 하자.

    참된 신자들은 하나님의 변함없는 사랑, 자신들에게 견인을 보장하시는 작정과 언약, 그리스도와의 분리될 수 없는 연합과 자신들을 위한 그분의 계속적인 중보 기도, 그리고 자신들 안에 거하는 성령과 하나님의 씨 때문에 전적으로 그리고 최종적으로 은혜의 상태에서 떨어질 수 없고 구원에 이르는 믿음을 통하여 하나님의 능력으로 보호를 받는다.

    간단히 요약하면 참된 신자는 은혜의 상태에서 전적으로/최종적으로 떨어질 수 없다. 이것을 '성도의 견인'이라고 부른다. 견인은 'perseverance'라고 하는데 여러 어려움에도 불구하고 어떤 상태에 계속 머무는 것을 의미한다. 즉, 끝까지 견디고 인내하는 것을 견인이라고 할 수 있다.

일단 개념을 먼저 정리할 필요가 있다. 누가 끝까지 견딜 수 있는가? 그렇다. 참된 신자들이다. 그렇다면 이들은 누구인가? 성도의 견인을 다루는 웨스트민스터 신앙고백서 17장 1절에 따르면 "사랑하시는 자(즉, 성자) 안에서 용납하시고, 성령으로 효과적으로 부르시고 거룩하게 하신 자"로 구원 얻는 믿음을 소유한 자를 가리킨다. 좀 더 정확하게 말하면 영원 전에 조건 없이 선택하시고(무조건적 선택), 2000년 전에 십자가를 위해 택한 자만을 위해 속죄하시고(제한 속죄), 때가 되어서 말씀과 성령을 보내어서 거부할 수 없는 은혜(불가항력적 은혜)를 통하여 참으로 중생한 자들이다. 간단하게 말하면 이들은 성부, 성자, 성령 삼위 하나님의 사역으로 구원을 받은 자들이다.

웨스트민스터 표준문서에 따르면 참된 신자는 신앙생활을 열심히 하는 사람을 의미하지 않는다. 소위 수련회 신앙을 가진 사람도 마찬가지이다. 참된 신앙은 열정이 아니다. 이러한 신앙 행태를 가진 이들은 믿음을 가진 것처럼 보일 뿐이지 진정으로 참된 믿음을 가진 신자들이 아니다. 이들은 교회 안에서 있으면서 말씀과 성령의 외적인 영향을 받아서 찬양이나 전도도 열심히 하고 심지어 사역도 잘하지만 참된 신자는 아니다. 그렇기 때문에 이들은 재물의 유혹과 박해가 오면 신앙을 완전히 포기한다.

참된 신자가 끝까지 견디는 이유는 무엇인가? 그들의 신앙이 강해서인가? 만약 신자의 견인이 신자의 믿음에 근거해 있다면 그 구원은 흔들릴 수밖에 없다. 인간은 변하는 존재들이기 때문에 그들의 믿음도 마찬가지이다. 믿음이 강하면 구원의 확신을 가질 수 있지만 믿음이 약하면 구원의 확신도 흔들릴 것이다. 그러나 구원은 그런 것이 아니다. 구원 이전과 구원의 시작이 철저하게 삼위 하나님의 사역에 근거한 것처럼 구원 시작 이후와 구원의 완성도 삼위 하나님에 근거한다.

성도의 견인의 첫 번째 근거는 하나님의 불변성이다. 이 불변성은 세 가지로 구성되어 있는데 하나님의 사랑과 작정, 그리고 언약이다.

1. 하나님의 불변성은 그분의 본성 중에 하나인 사랑에 적용된다. 하나님의 사랑은 인간의 사랑과 달리 변하지 않으신다. 이 변함없는 사랑이 우리를 끝까지 구원의 완성에 이르게 하신다.

2. 하나님의 불변성은 작정에도 적용된다. 하나님의 결정은 그 성격상 바뀔 수 없다. 하나님께서는 한 번 정하신 것을 바꾸지 않으신다. 아니 바꾸실 수 없다. 그렇다면 하나님은 지혜롭지 못한 하나님이 될 수 없다. 그 결과 우리의 구원이 매우 위태롭게 된다.

3. 하나님의 불변성은 또한 약속에도 적용된다. 하나님은 자신의 결정도 바꾸실 수 없지만 자신이 한 약속도 바꾸실 수 없다. 성부는 성자에게 피로 구속받은 모든 신자를 구원하기로 약속하셨다. 이 약속은 어떤 경우에도 변경될 수 없다.

견인의 두 번째 근거는 그리스도와의 분리될 수 없는 연합과 신자들을 위한 중보 기도이다. 구원의 본질은 그리스도와의 연합이다. 바울 사도의 말씀을 인용해 보자.

"내가 확신하노니 사망이나 생명이나 천사들이나 권세자들이나 현재 일이나 장래 일이나 능력이나 높음이나 깊음이나 다른 어떤 피조물이라도 우리를 우리 주 그리스도 예수 안에 있는 하나님의 사랑에서 끊을 수 없으리라"(롬 8:38-39).

이 구절은 신자들이 어떤 경우에도 하나님의 사랑에서 떨어져 나갈 수 없다는 것을 증명하고 있다. 또한 요한복음 17장의 대제사장적인 기도에서 알 수 있듯이 우리 주님은 택한 백성(아버지께서 성자에게 주신)을 위해서 기도하신다. 성자의 기도를 성부께서 듣지 않으신다는 것은 상상할 수 없는 일이다.

견인의 마지막 근거는 성령님의 내주이다. 성령님은 한 번 우리에게 내주하시면 절대로 떠나지 않으신다. 성령께서 우리에게 오시는 이유는 우리 몸을 하나님의 성전으로 만들어 영원토록 우리 가운데 거주하시기 위해서다. 성령님은 우리의 기분이나 믿음에 따라 우리 안에 들어왔다가 나갔다가 하시는 분이 아니다.

견인 교리를 제대로 알지 못하는 자들이 견인 교리를 종종 공격하는 것을 보게 된다. 대표적인 예가 견인 교리는 성도들이 무슨 짓을 해도 구원을 받는다는 식의 생각이다. 단언하건대 "한 번 구원받은 사람은 무슨 짓을 해도 구원을 받는다"는 주장은 구원파와 같은 부류들이 가르치는 이단이다. 여기서 우리는 교리의 내용과 교리의 사용을 구분할 필요성을 느낀다. 아무리 좋은 교리라고 하더라도 얼마든지 악용할 수 있다. 견인 교리를 그와 같이 왜곡하여 적용시키는 것은 교리 자체에 문제가 있는 것이 아니라 교리를 사용하는 사람들의 악함에 문제가 있는 것이다.

견인 교리는 은혜의 상태로부터 부분적인 그리고 일시적인 타락을 부정하지 않는다. 참된 신자라고 하더라도 유혹이나 박해로 인하여 실수할 수 있고 심지어 큰 죄를 지어 성령을 근심하게 하며 하나님의 심판을 받을 수도 있다. 신호등의 신호를 안 지키면 참된 신자라고 해서 교통사고가 나지 않는 것이 아니다. 신호를 지키지 않는 '사소한' 죄로 인해 가족 전체가 크게 다치거나 심지어 사망할 수 있다면 하나님의 말씀을 지키지 않는 경우에는 얼마나 큰 벌을 받겠는가? 그러나 그럼에도 하나님은 때가 되면 다시 한 번 참된 신자들에게 회개의 기회를 주시고 말씀과 성령의 역사로 말미암아 그들을 은혜의 상태로 회복시키신다.

성도의 견인 교리는 무엇보다 박해와 고난 속에서 믿음의 싸움을 하는 참된 신자들에게 큰 위로가 되는 말씀이다. 무시무시한 박해와 고난 속에서 참된 신자들은 과연 자신이 믿음을 끝까지 지킬 수 있을 것인가에 대한 두려움을 가질 것이다. 성도의 견인은 바로 이런 사람들을 위한 교리이다. 어떠한 고난 가운데서도 하나님께서 그들을 끝까지 지키고 보호하신다는 것이 견인 교리이며, 이 견인 교리야말로 이 세상에서 죄와 전투하는 교회(militant church)로 살아가는 신자들에게 가장 강력한 위로가 되는 복음이다.

이렇게 설명을 해도 "한 번 구원은 영원한 구원입니까?"라고 묻는 사람이 있다. 답은 참된 신자에게는 그렇다는 것이다. 그렇다면 자신이 가진 신앙이 참된 신앙이라는 것을 어떻게 "절대적으로 확신할 수 있겠는가?"라는 질문을 할 것이다. 성도의 견인 다음에 웨스트민스터 신앙고백서가 "은혜와 구원의 확신"을 다루는 이유가 여기에 있다. 이것은 다음 기회에 다루기로 하자.

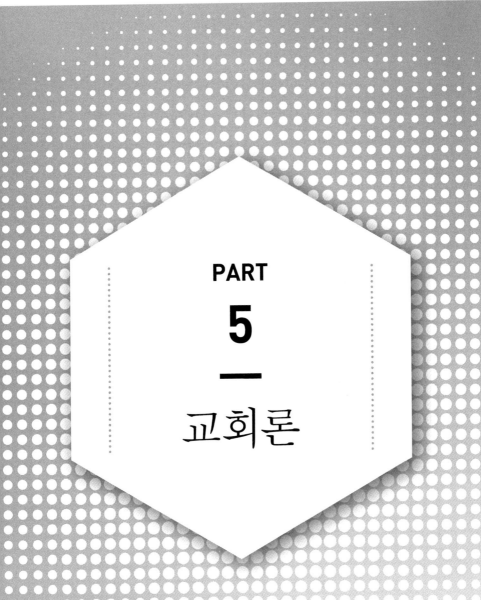

PART

5

—

교회론

01

교회는 언제부터 시작되었을까?

성희찬

❧

교회의 생일은 언제일까? 오순절부터인가, 아담부터인가?

교회는 언제부터 시작되었을까? 물론 하나님의 계획 속에서는 영원부터 존재했다고 할 수 있다. 그런데 역사에서는 언제부터 시작되었을까?

이 질문에 대해 대개 두 가지 대답이 주어졌다. 하나는 타락 이후 에덴동산에서 하나님께서 구주를 약속하시고 사람이 믿음으로 그 약속을 받은 아담부터 시작되었다는 대답이고, 다른 하나는 오순절에 성령이 부어짐으로 교회가 시작되었다는 대답이다. 둘 중 어느 대답이 옳을까?

세대주의의 입장

교회의 생일에 대한 논의를 하면서 우선 세대주의에 대해 잠깐 살필 필요가 있다. 세대주의는 영국의 형제교회 지도자 넬슨 다비(John Nelson Darby, 1800-1882)에게서 체계화되고, 미국의 스코필드성경(1909년 초판)과

미국의 여러 신학교(무디, 달라스, 그레이스, 비올라)에서 그 영향을 볼 수 있는데, 특별히 이 신학교 출신의 내한 선교사들에 의해 한국 교회는 큰 영향을 받았다.

간단하게 말하면 세대주의(Dispensationalism)는 역사의 시대를 일곱 가지로 구분하여 그때그때마다 하나님께서 자신의 백성을 다스리고 구원하시는 방법이 다르다고 가르친다. 세대주의 신학은 인류역사를 일곱 세대로 구분하는데 그 일곱 세대란 다음과 같다:

- 무죄 시대(Innocence, 창조부터 인류 타락 전까지)
- 양심 시대(Conscience, 인류 타락부터 노아까지)
- 인간통치 시대(Human Government, 노아부터 아브라함 까지)
- 약속 시대(Promise, 아브라함부터 모세까지)
- 율법 시대(Law, 모세부터 그리스도까지)
- 은혜 시대(Grace, 교회 시대)
- 왕국 시대(Kingdom, 천년 왕국)

이 구분에 의하면 교회는 그리스도의 재림까지 은혜 시대에만 존재한다. 그래서 오순절 이전에는 교회가 존재하지 않은 것이며, 심지어 예수님이 이 땅에 오셨을 때에도 교회를 세우는 것이 목적이 아니었다고 주장한다. 예수님은 자기 나라를 세우기 위해 오셨는데 유대인의 불신으로 재림까지 자기 나라를 연기하시고 그 사이에 교회를 세우게 되었다는 것이다. 이런 식으로 '교회 시대'(은혜 시대)는 상대적으로 약화되고 그저 구호에 불과할 뿐이다. 과연 이러한 견해가 옳은 것일까?

세계교회협의회(W.C.C.)

세계교회협의회는 교회의 생일을 성령께서 부어져서 유대인과 이방인으로 구성된 교회가 세워진 오순절로 보고 있다. 이들은 예수님의 부활 이후 50일째 되는 날인 오순절에 일어난 성령이 부어진 사건이 없었다면 세계 교회가 탄생하지 않았을 것이라고 말한다. 성령이 주도하여 모든 열방이 예수님의 발아래 있도록 하셨고, 또 이 목적을 위하여 교회에 동력을 주었다는 것이다. 따라서 세계교회협의회는 매년 오순절을 세계 교회의 생일로 지키고 있다. 그렇다면 당시 오순절 성령 부으심이 주후 33년에 일어났다고 가정할 때 올해 2018년 오순절(성령 강림절)은 교회 탄생 1985년을 맞은 셈이 된다.

오순절을 교회 생일로 보기 어려운 이유

오순절의 성령 부으심이 유대인과 이방인으로 구성된 세계 교회의 탄생에 대해 구원 역사적으로 의미가 있는 것은 사실이다. 그러나 당시 예루살렘의 오순절을 교회의 생일로 보기 어려운 몇 가지 이유가 있다.

첫째, 오순절 성령 강림이라는 구원의 사실은 그 자체로 독립하여 존재하지 않고 이미 앞선 구원의 사실들 즉, 예수 그리스도의 성육, 고난과 죽음, 부활, 승천과 깊은 연관을 가지고 있기 때문이다. 세계 교회 형성의 기초는 예수님이 당하신 대속의 고난과 죽음에 있다(마 1:21; 눅 24:46-49; 요 10:11-18 참고). 예수님은 자기 육체로 유대인과 이방인의 중간에 막힌 담을 허시고 하나의 몸으로 만드셨다(엡 2:15-22 참고). 이러한 순종에 근거하여 아버지는 자기 아들을 교회와 만물의 주로 삼으시고 만물을 통일하게 하시는 권세를 주셨다. 천지의 권세를 가지신 그리스도가 가장 먼저 하신 일이 바로 모든 육체에 성령을 부으시는 것이었으며, 이는 지금도 여전히 일상에서 나타나는 구원의 사실이다.

둘째, 새 언약의 교회는 오순절 사건 이전부터 있었다. 세례 요한은 예수님의 제자를 미리 준비하였다(마 3:1-12, 11:2-15 참고). 예수님은 오순절 이전에 이미 열 두 사도들 뿐 아니라 제자들을 부르시고 모으셨다. 예수님의 부활과 승천 이후에는 약 120명의 사람들이 성령을 기다리기 위해 한자리에 모였다(행 1장 참고). 이같이 새 언약의 교회, 세계 교회의 형성은 점진적이었다.

셋째, 오순절 성령 부으심은 여러 단계로 이루어졌다. 제일 먼저 예수님은 120명의 제자들에게 자기의 성령을 부으셨다(눅 24:48-49; 요 15:26-27; 행 2:1-11 참고). 이로써 예수님은 자기의 약속을 성취하셨다. 그런 후에 두 번째 단계에서 주님은 같은 날에 약 3,000명의 이스라엘의 언약 백성에게 성령을 부으셨다(행 2:38-41 참고). 그래서 한날에 이스라엘의 언약 백성 중에서 예수를 고백하는 자들이 더해지면서 교회가 큰 숫자로 늘어나게 되었다.

넷째, 연대기로 볼 때 제일 마지막 단계에서 이방인으로 구성된 신자들도 구원에 참여하게 되었다. 이 사건은 유대교로 개종한 고넬료와 그의 가족들에게 주께서 성령을 부으심으로 일어나게 되었다(행 10장, 11:1-18 참고). 그 다음 단계는 성령께서 바나바와 바울을 이방인에게로 보내시는 것이다. 이들의 사역을 통해 성령은 이방인에게서 많은 믿는 자를 얻으시게 된다.

따라서 우리는 교회의 시작을 오순절이 아니라 그 훨씬 이전으로 돌아가야 한다

교회는 우선 하나님께서 아브라함과 맺으신 언약으로 돌아가고 또 거기에 뿌리를 둔다고 할 수 있다. 왜냐하면 아브라함은 모든 믿는 자의 조상이기 때문이다(창 12-17장; 롬 4:16-17 참고).

아브라함 위로 갈대아 우르에서 하란으로 온 그의 아버지 데라가 있고, 이 데라는 셈의 자손이며, 셈은 아담의 10대 손인 노아(창 10-11장 참고)의 자손이다. 노아는 하나님과 함께 동행하며 당대에 의로운 자였다(창 6-9장 참고). 하나님은 큰 홍수에서 그와 그의 가족을 구원하셨다. 노아는 의인과 믿는 자로 칭송되었다(겔 14:14,20; 사 54:9; 마 24:37-39; 눅 17:26-27; 히 11:7; 벧전 3:20-21; 벧후 2:5 참고). 당대 노아와 그의 가족들은 부패한 동시대 사람에 대항하여 교회를 이루었다. 왜냐하면 신약성경에 제시하는 교회론에서 볼 수 있는 모든 요소가 노아 당시 교회에서도 볼 수 있기 때문이다. 즉, 하나님의 은혜, 택하시고 구원하시는 기쁜 뜻, 사람을 향한 하나님의 절대주권과 신실하심, 하나님의 약속과 언약, 불순종하는 자들을 향한 설교 등이다. 따라서 노아는 구원의 약속을 가진 자요, 새 인류의 대표라고 할 수 있다.

그런데 우리는 교회의 시작을 노아 이전 아담까지도 거슬러 올라갈 수 있다. 아담은 하나님의 형상이요, 모든 피조물의 청지기요, 전 인류의 대표자요, 하나님은 그와 더불어 두 번씩이나 언약을 맺으셨다. 첫째 언약은 흔히 낙원에서 이루어졌기에 낙원 언약, 생명의 보전과 풍성을 약속하셨기에 생명의 언약이라고 불리고, 순종이라는 행위를 조건으로 맺은 것이기에 행위 언약이라고 불린다(창 2:15-17 참고). 그는 이 언약은 아담의 불순종으로 깨지게 되고 이로 인하여 모든 인류는 죄와 비참의 상태에 빠져서 멸망을 기다릴 수밖에 없었다. 그러나 하나님은 자기의 순수한 사랑과 자비로써 일반적으로 은혜언약이라고 부르는 둘째 언약을 다시 세우심으로 사탄과 원수가 되게 하시고, 자기의 택한 자들을 거기서 불러내어 건지시고 구원의 상태에 이르게 하셨다(창 3:15; 롬 5:12-21 참고).

비록 이 창세기 3장 15절에 나타난 모태약속이 신약에서 그대로 나타나지 않지만, 요한계시록 12장 7-12절에서 사탄이 바로 창세기 3장 1절에 나오는 뱀이라고 말하고 있다. 물론 그리스도와 신자들이 종국에는 옛 뱀, 사탄에 대해 승리하지만 그 승리의 때까지 이 세상 역사에서는 여자의 후손과 뱀의 후손 사이에 격렬한 싸움이 있을 것을 말씀하셨다. 이 싸움은 아담의 아들들인 의인 아벨과 살인자 가인에게서 벌써 시작되었다(창 4장 참고). 예수님도 악한 자 사탄의 아들들과 천국의 아들들이 심판의 날까지 영적인 싸움을 할 것을 가르치셨다(마 13:24-30, 36-43 참고).

이같이 하나님의 백성은 아담에게로 거슬러 올라가며, 교회는 모든 민족의 복이 되기 위해 부름을 받은 아브라함 이전부터 있었으며, 성령께서 이스라엘과 열방의 믿는 자에게 부어지기 이전에 있었다. 물론 우리는 오순절의 성령 부으심이 유대인과 이방인으로 구성된 세계 교회의 탄생에 대해 구원 역사적으로 의미가 있는 것을 결코 무시하지 않는다.

결론

결론적으로 말하면 사도신경에서 우리가 교회에 대해 고백하는 대로 성도의 교제로서 교회 자체는 이미 구약 시대 아담부터 있었다고 말할 수 있다. 즉, 인류의 타락 이후부터 오직 한 분 구주 그리스도가 있었고, 그 그리스도를 믿음으로 구원받는 유일한 길이 있었다. 신약 시대의 신자가 실체로 오신 그리스도를 믿음으로 구원을 받는 것과 동일하게 구약 시대의 신자도 오실 그리스도를 믿음으로 완전한 구원과 영원한 영생을 얻었다. 아담과 하와도, 노아와 아브라함과 다윗 등 수많은 신자들은 하나님의 백성으로서 교회의 지체들이었고 그리스도의 몸에 속하여 교회를 이룬 자들이었다. 물론 우리는 구약의 교회보다 신약 교회에 하나님의 계시가 더 온전하고 분명하고 나타났기에 신약 교회가 더욱 가시적이고 더욱 보편적이라고 할 수 있을 것이다. 그럴지라도 우리는 신약의 교회가 구약의 교회를 이은 것이며, 구약 시대든 신약 시대든 예수 그리스도의 교회는 언제나 영광스러우며, 바로 이 교회의 연속성으로 인하여 교회가 더욱 영광스럽다고 말할 수 있다.

하이델베르크 요리문답 제54문답

54문: "거룩한 보편 교회"에 관하여 당신은 무엇을 믿습니까?

답: 나는 하나님의 아들이[1] 세상의 처음부터 마지막 날까지[2] 모든 인류 가운데서[3] 영생을 위하여 선택하신[4] 교회를[5] 참된 믿음으로 하나가 되도록[6] 그의 말씀과 성령으로[7] 자신을 위하여 불러 모으고 보호하고 보존하심을[8] 믿습니다. 나도 지금 이 교회의 살아 있는 지체(肢體)이며[9] 영원히 그러할 것을 믿습니다.[10]

1) 요 10:11; 엡 4:11-12, 5:25-26 2) 시 71:17-18; 사 59:21; 고전 11:26 3) 창 26:4; 사 49:6; 롬 10:12-13; 계 5:9 4) 롬 8:29-30; 엡 1:3-5,10-14; 벧전 2:9 5) 시 111:1; 행 20:28; 딤전 3:15; 히 12:22-23 6) 요 17:21; 행 2:42; 고전 3:16; 엡 4:3-6,13 7) 사 59:21; 롬 1:16, 10:14-17; 엡 5:26 8) 시 129:4-5; 마 16:18; 요 10:16,28 9) 고전 12:27; 벧전 2:5 10) 시 23:6; 요 10:28; 롬 8:35-39; 고전 1:8-9; 벧전 1:5; 요일 2:19

02

교회가 왜 그렇게 중요한가?

안재경

❦

한국 교회는 이제 성장기를 뒤로 하고 정체기를 지나 쇠퇴기에 접어들었다. 교회의 생존을 고민할 수밖에 없는 상황에 처해 있다. 젊은이들이 교회를 떠나고 있고, 교회에서 자라나는 어린이들도 언제 교회를 떠날지 알 수 없는 상황이다. 교회가 사회에 큰 영향력도 끼치지 못하고, 세상에 의미 있는 메시지를 던지지도 못하고 있다. 교회가 이 세상에 영향력을 주려고 애쓰는 것이 도리어 조롱을 받고 있는 실정이다. 교회를 세상의 경쟁력 관점에서 보아서는 안 되겠지만 굳이 그렇게 보자면 교회는 얼마만큼의 경쟁력이 있을까? 많은 교회는 하루 빨리 문을 닫아야 하는 것이 합리적이라는 말을 듣고 있지는 않을까? 그럼에도 불구하고 신자는 교회가 중요하다고 말한다. 특히, 교회의 직분자들은 교회가 무엇보다 중요하다고 힘주어 강조할 텐데, 정작 교회가 왜 중요한지에 대해 설득력 있는 답을 내놓지 못하고 있다.

우리는 사도신경을 통해 교회가 어떤 곳인지 확인할 수 있다. 물론, 이 교회에 대한 고백은 너무나 공허한 주장처럼 보이고, 현실 교회와 일치하지 않는 부분이 많은 것이 사실이다. 그러나 우리는 현실교회의 모습에만 사로잡혀 있어서는 안 된다. 하나님께서 그리스도를 통해 성령의 능력으로 이 땅에 세우신 것이 교회이니 말이다. 교회는 사람들이 특정한 목적을 위해 모여서 세운 기관이 아니라 하나님께서 세상을 위해 하늘로부터 내려주신 고귀한 선물이다. 교회는 이 세상 속에 있지만 세상에 속하지 않기에 세상을 세상 되게 하는 기관이다. 사도신경에 의하면 교회는 이 세상의 존속과 번영에 가장 중요한 보편성, 하나 됨, 용서가 무엇인지를 증거하는 기관이라고 선포하고 있다.

교회는 보편성을 구현하는 곳

요즘 우리는 보편성을 확보하는 것이 얼마나 중요한지를 실감하고 있다. 예를 들어, 기업들도 보편성을 확보하지 못하면 살아남기 힘들다. 정치도 마찬가지다. 어떤 물건을 만들었는데 그것이 국제적인 기준에 적합하지 않으면 그 물건은 글로벌 상품이 될 수 없다. 우리에게 편한 것이 다른 곳에서 편하리란 보장이 없다. 글로벌 기준이라는 것이 서양의 기준이라는 것은 부인할 수 없다. 우리가 굳이 그 기준에 맞추어야 하냐고 말할 수도 있다. 그러나 세계 전체가 서양화된 상황에서 무조건 우리 것, 우리 방식만을 고집할 수 없다. 글로벌 기준을 일단 받아들이고서 우리 지역성으로 보편성에 기여하는 길을 찾아야 할 것이다.

보편성이라는 말은 사도신경에서 나왔다. 서방교회의 고백인 사도신경은 교회를 '거룩한 공교회'라고 고백한다. 여기서 거룩성과 보편성이 등장한다. 거룩과 보편은 세상을 위한 것이다. 공교회라는 것에 집중해서 말해 보자. 공교회는 영어로는 가톨릭교회다. 가톨릭이란 말이 바로 보편적이라는 말이다. 교회는 보편적이어야 한다는 고백이다. 교회가 섹터화되지 않고 보편성을 가져야 한다는 것이다. 이것은 모든 장소, 모든 시간, 모든 인종, 모든 계층에 세워지는 것이 교회라는 것을 드러내고 있다. 그렇다면 로마 가톨릭이란 말 자체가 모순이라는 것을 알 수 있다. 가톨릭은 어떤 특정한 장소에 매인 것이 아니기 때문이다. 보편성을 말하는 것이기 때문이다. 우리는 우리 개신교회가 오히려 공교회라고, 가톨릭교회라고 믿는다. 복음의 통전성을 회복했으니 말이다. 이단은 보편성이 아니라 특수성에 매몰되었다고 보아야 할 것이다.

우리가 착각하고 있는 것이 세상이 교회에 요구하는 것이 많다고 생각하는 것이다. 아니다. 세상은 교회만이라도 중심을 잡고 그 자리에 든든히 서 있어 주기를 바라고 있다. 교회는 자신의 존재의의를 특정사업에 있는 것으로 생각해서는 안 된다. 교회는 소위 말하는 영적인 것만을 추구하는 곳이 아니다. 교회는 육적인 것과 영적인 것을 다 취급한다. 교회는 온 세상을 위해 존재하고 있다. 온 세상을 품고 있다. 교회는 온 세상에 보편성을 선보이는 곳이다. 천지를 창조하신 하나님, 온 세상을 구속하신 그리스도, 온 세상에 충만한 회복의 성령께서 보편성의 근원이시다. 이렇듯 삼위일체 하나님이 보편성의 본질이니 삼위 하나님으로 충만한 교회는 그 자체로 보편성의 구현체라고 볼 수 있다. 모든 지역 교회는 보편성을 구현하고 있다. 설교 내용은 온 세상을 포괄해야 한다. 아무리 작은 교회라도 제대로 된 교회는 세상에 보편성을 인식하도록 만드는 중요한 역할을 감당하고 있다.

교회는 하나 됨을 시위하는 곳

　요즘 우리 사회에 가장 필요한 것 중에 하나가 하나 됨이다. 하나 됨의 근거를 확보해야 하는데 어떻게 가능할까? 이 하나 됨에 기여할 수 있는 것이 종교인데, 종교마저도 분리와 분열을 조장하는 경우가 많다. 무릇 하나 됨을 신의 창조에 의해 온 인류가 하나라는 것으로 퉁치려고 하는 이들이 있다. 우리 인생이 신의 소생이라면 우리는 이미 한 형제가 아니냐고 말한다. 우주도 신의 창조의 소산이기에 세상은 이미 하나 되어 있다고 말하기도 한다. 이것은 너무나 추상적이고 막연한 말일 수밖에 없다. 하나 되려고 하는 노력이 도리어 인류를 갈갈이 찢어놓고 있지 않은가? 인류는 인종과 성별과 계층과 종교로 수없이 나누어져 있다. 이에 우리는 작은 단위에서부터 하나 됨이 무엇인지를 증거하면서 온 세상을 하나 됨으로 부를 수 있다.

　교회는 바로 이것, 즉 하나 됨이 무엇인지를 알고 그 하나 됨을 시위하는 곳이다. 그게 바로 사도신경에서 '거룩한 공교회' 다음으로 고백하는 '성도의 교제'다. 교회 안에 이미 다양한 사람들이 있는데 그들은 복된 교제를 나누고 있다. 성도는 서로 너무나 다름에도 불구하고 하나 됨을 누리고 있다. 이것이 바로 성령께서 하시는 일이다. 그리스도께서 십자가로 모든 장벽을 무너뜨려 주셨기에 신자들은 하나 될 수 있다. 성찬은 그 하나 됨을 구체적으로 누리는 자리이다. 그래서 로마 교회는 성도의 교제를 '거룩한 것들과의 교제' 즉, 성찬에 참여하는 것이 진정한 교제라고 말한다. 교회는 너무나 다른 사람들이 하나임을 인정하는 것만으로도 존재의의가 있다. 교회는 다른 어떤 일이나 사업을 하지 않아도 성도들이 서로 하나임을 기뻐하는 것만으로도 이 세상에 가장 큰 기여를 하고 있다.

세상 사람들이 교회에 기대하는 것이 대단한 것이 아니다. 물론, 가난하고 소외된 자들을 도우라는 말도 한다. 교회에 들어간 돈은 절대 밖으로 나오지 않는다고 말한다. 그러나 개신교만큼 이웃에 손길을 많이 베푼 종교가 없다. 어쨌든 교회를 향한 세상 사람들의 기대가 크기는 하지만 정작 교회가 세상에 줄 수 있는 메시지는 좀 더 근본적인 것이다. 세상은 자기들이 하나 될 수 없다는 것을 알기에 교회가 그것을 어떻게 이룰 수 있는지를 보여 주기를 바란다. 교회는 '저렇게 다른 사람들이 어떻게 함께 있을 수 있는가?'라는 의구심을 불러일으켜야 한다. "저렇게 너무나 다른 사람들이 갈라서지 않고 어떻게 함께 지낼 수 있을까?"라는 말을 듣는 것이야말로 교회가 들을 수 있는 최고의 찬사인지도 모르겠다. 그렇다면 교회에서 보기 싫은 사람들을 보는 것이야말로 복이라고 해야 할 것이다. 세상에서는 결코 볼 필요가 없는 사람들을 교회에서 보는 것이니 말이다.

교회는 용서를 체험하는 곳

사람 사는 세상에서 중요한 것 중에 하나가 바로 교정이다. 사람은 수시로 잘못을 하기 때문에 그것을 어떻게 교정하느냐가 중요하다. 교정의 대표적인 예가 법이다. 법률, 법정, 법률가가 존재하는 이유는 사람의 연약함, 더 나아가 완악함 때문이다. 교정받기를 원하지 않으니 억지로 교정하려고 하는 모습 말이다. 사실, 법이라는 것은 최소한의 교정이다. 법은 이미 벌어진 잘못이나 죄에 대해 처벌하는 것이기 때문에 최소한일 수밖에 없다. 법은 오직 드러난 행위에 대해서만 다룰 수 있을 뿐 드러나지 않은 동기나 마음에 대해서는 다룰 수도 없고, 다루어서도 안 된다. 법보다 더 나은 것이 필요하다. 그래서 사람들은 양심에 호소한다. 도덕의 필요성도 말한다.

요즘 우리 사회에 용서라는 것이 점점 더 중요해지고 있다. 타인이 잘하는 것에 대해서가 아니라 잘못하는 것에 대해 어떻게 반응하느냐가 중요하다. 사람은 수시로 잘못을 하고, 죄를 지을 수밖에 없기에 용서가 무엇보다 필요하다. 용서는 교정과 달리 감정에 불과하다고 생각하는데 그렇지 않다. 용서는 상대방을 억지로 변화시키려는 노력이 아니다. 상대방을 강압적으로 바꾸어 보려는 노력도 아니다. 우리는 나를 굳이 변화시키고 바꾸어 보려고 애쓰는 사람에 의해 바뀌는 것이 아니지 않은가? 사람을 변화시키려는 노력이 폭력인 경우가 얼마나 많은가? 중요한 것은 내가 상대방의 입장이 되는 것이다.

교회는 교정을 위한 단체가 아니라 하나님의 무한한 용서를 선포하는 곳이다. 목사는 심판과 더불어 용서의 말씀을 선포한다. 목사의 마지막 말은 용서가 되어야 한다. 여기에서 중요한 것이 바로 '대신하는 것'이다. 예수님은 우리를 대신하신 분이다. 우리는 내 죗값은 내가 치러야 한다는 생각을 가지고 있다. 인과응보도 마찬가지 생각이다. 그런데 교회는 우리를 대신한 분이 계시다는 것을 가르친다. 그분으로 인해 우리는 용서받을 수 있다는 것을 가르친다. 교회는 이 대신하는 분을 가르치므로 우리가 대신하는 존재로 살아갈 수 있도록 한다. 잘못을 지적하는 사람이 아니라 잘못을 나누어 가지는 사람 말이다. 이런 사람이 있어야 우리 사회는 평화로울 수 있다. 완벽하지 않은 사람들끼리 서로 지적질만 해대면 우리 사회가 어떻게 되겠는가? 교회는 이렇게 세상에 용서가 어떻게 가능한지를 보여주는 곳이다. 사람을 있는 모습 그대로 전적으로 받아 주는 것 말이다. 교회는 이익집단이 아니라 너무나 다른 사람들이 서로 기다리고 참아 주는 곳이다. 이것이 바로 세상에 필요한 것이다.

교회는 하는 일 이전에 존재 자체로 의의가 있는 곳이다. 교회는 세상에 속하지 않음으로 도리어 세상에 의미를 부여하는 기관이다. 교회는 보편성을 구현하고 하나 됨을 시위하고 용서를 체험함으로 말미암아 세상의 빛이 된다. 교회는 세상에 보편성 획득, 하나 됨 추구, 용서 실천의 영감을 제공하므로 소금과 같은 역할을 한다. 교회가 대단해서가 아니다. 교회에 속한 교인들이 대단해서도 아니다. 이것은 교회의 머리이신 그리스도로 인해 가능하다. 부활하사 하늘에 오르신 그리스도는 온 세상을 다스리신다. 그리스도는 성령님을 보내 주셔서 십자가로 이루신 하나 됨의 역사를 적용시키신다. 교회는 하나님께서 주신 말씀사역을 통해 죄를 씻는 것과 용서가 무엇인지를 선포하고 누리게 한다. 이렇듯 교회는 교인들만의 문제가 아니라 온 세상의 문제이다. 그리스도께서 온 세상의 중심이시기에 그리스도의 몸인 교회는 온 세상의 중심에 우뚝 서 있다.

자신이 몸담고 있는 교회가 아무리 작고, 못났고, 문제가 많다고 하더라도 그 교회가 바로 온 세상의 중심이라는 것을 알아야 하겠다. 독일의 유명한 신학자 본회퍼(Dietrich Bonhoeffer)는 '교회가 세상'이라는 과격한 말까지 했다. 이 말은 교회를 향한 최상의 찬사이다. 교회 안에 세상이 들어왔고 교회가 세상이 되었다는 말이 아니라, 교회가 세상 전체를 대변한다는 의미이다. 교회와 세상은 떼려야 뗄 수 없이 연결되어 있다. 교회가 없이는 세상이 없다. 세상은 교회를 통해서 하나님께 나아갈 수 있다. 이것은 교회에 대한 제국주의적 해석이 아니라 교회에 대한 본질적인 해석이다. 교회는 삼위 하나님, 특히 그리스도 때문에 이 세상에 의미를 부여하고 세상을 살리는 역할을 한다. 이래도 자격지심에 시달리고 교회가 뭘 하겠냐고 말하겠는가.

03

교회는 뭔가 해야 교회다운가?

임경근

ꙮ

오늘날 교회는 교회답지 못하다고 수많은 지탄의 대상이 되고 있다. 교회는 교회답기 위해 뭔가 해야 하는가? 이런 질문에 우리는 뭐라고 대답해야 할까? 이 질문에 답하기 위해 에베소서 1장 23절의 말씀을 살펴보겠다.

교회 = 그리스도의 몸

그리스도께서는 우리의 죄를 위해 죽으셨을 뿐만 아니라 세상 모든 것을 다스리기 위해 자신의 발아래 복종시키시고 만물의 머리가 되셨다. 그리스도께서는 우리의 구원자(Savior)이실 뿐만 아니라, 온 우주의 왕(Lord)이시다. 하나님께서는 우리를 죽음에서 구원하시고 그냥 고아와 같이 내버려 두지 아니하시고 교회로 불러 주셨다. 하나님께서는 우리를 그리스도에게 주시고, 다시 교회인 우리에게 그리스도를 주셨다.

도대체 교회가 무엇이기에 그리스도를 교회에 주셨을까? 교회가 무엇이기에 모든 만물의 머리 되신 그리스도를 선물로 주셨을까? 바울은 에베소서 1장 23절에서 이렇게 말했다.

> "교회는 그리스도의 몸이니, 만물 안에서 만물을 충만하게 하시는 이의
> 충만함이니라."

그리스도, 만물 안에서 만물을 충만하게 하시는 분

바울은 교회를 그리스도의 몸이라고 했는데 다시 다른 표현인 '그리스도의 충만함'이라고 표현한다. 바울이 표현하는 의미를 하나씩 살펴보자. '만물 안에서 만물을 충만하게 하시는 이'에서 '만물'은 세상에 존재하는 모든 것이다.

'충만하게 하시는 이'는 누구인가? '충만하게 하시는 이'는 '그리스도'이다. 22절에서 "만물을 그의 발 아래에 복종하게 하시고 그를 만물 위에 교회의 머리로 삼으셨느니라"라고 했기 때문에 만물을 다스리시는 분은 그리스도임을 쉽게 알 수 있다.

충만?

여기서 '충만하게 하시는 이의 충만함'이라는 표현, 곧 '충만함' 혹은 '충만하게 하는'은 무슨 의미일까? '충만하다'라는 말은 '가득 차다', '가득 차게 하다'라는 말이다. 그러므로 '만물 안에서 만물을 가득 채우시는 이의 가득 참'이라고 번역해야 한다. 그리스도께서 만물을 '가득 채운다'라는 말은 도대체 무엇으로 어떻게 '가득 채운다'는 말일까? 바울이 '모든 만물 안에서 만물을 충만하게 하시는 이'라고 할 때는 무슨 말인지 분명하지 않다. 온 천하 만물에 무엇을 가득 채운다는 말일까? 온 천하 만물은 이미 가득

차 있는데 또 무엇을 채운다는 말일까? 뭔가 빈 곳이 있다는 말인데 그것이 무엇일까? 이 구절에서는 이해하기가 쉽지 않으니 그 의미를 알기 위해서 바울이 이 단어를 사용한 다른 곳을 참고해 보자.

충만 = 완전

에베소서 4장 13절 말씀에 '충만'이라는 단어가 나온다.

> "우리가 다 하나님의 아들을 믿는 것과 아는 일에 하나가 되어 온전한 사람을 이루어 그리스도의 장성한 분량이 충만한 데까지 이르리니······오직 사랑 안에서 참된 것을 하여 범사에 그에게까지 자랄지라"(엡 4:13-15).

바울이 여기서 '충만'이라는 단어를 사용한다. 바울에 의하면 그리스도인으로서 성장해 가야 할 분량이 있는데 그것은 '그리스도'이다. 그리스도처럼 장성한 분량이 충만한 데까지 자라는 것이 우리 그리스도인의 목표이다. 여기서 그리스도인의 충만은 그리스도처럼 되는 것이다. 바울의 말을 다시 한 번 살펴보자. 13절에 "우리가······온전한 사람을 이루어 그리스도의 장성한 분량이 충만한 데까지 이르리니"라고 했는데, '그리스도의 장성한 분량이 충만한 데까지 이르는 것'이 곧 '온전한 사람을 이루는 것'이라고 표현하고 있다. 여기서 '충만'은 '완전'이다. '충만하게 되는 것'은 '완전하게 되는 것'을 의미한다.

"만물 안에서 만물을 충만하게 하시는 이"라는 바울의 표현은 '만물 안에서 만물을 완전하게 하시는 이'라고 해석할 수 있다. 이 해석은 설득력이 있다. 세상의 모든 만물은 인간이 타락한 후 저주를 받았다. 부족하고 결핍이 있다. 완전하지 않다. 인간의 죄로 인해 피조물이 탄식하며 고통을 겪고 있다(롬 8:19-22 참고). 세상의 모든 만물도 그리스도에 의해 충만하고 완전하게 될 것을 바라고 있다. 이것이 바울이 말한 '만물 안에서 만물을 충만하게 하시는 이'의 뜻이다.

그리스도께서는 세상 모든 만물의 부족한 것을 완전하게 하실 것이다. 지구 곳곳에서 재앙과 재난이 일어나는 것을 본다. 쓰나미와 지진과 기근과 가난의 문제를 완전하게 해결해 주실 것이다. 아직은 완전하지는 않다. 그러나 언젠가 주님께서 그 모든 불완전한 것들을 완전하게 하실 것이다. 그리스도께서는 '만물 안에서 만물을 충만하게 하시는 분'이기 때문이다.

교회 = 그리스도의 충만

바울은 교회가 '그리스도의 몸'이지만, 동시에 '그리스도의 충만'이라고 말한다. '교회가 그리스도의 충만'이라는 의미가 무엇인지 살펴보자.

그리스도의 몸 = 그리스도의 충만

'교회가 그리스도의 충만'이라는 말은 '교회가 그리스도로 가득 차다'라는 말이다. 이 말은 '교회가 그리스도의 몸'이라는 의미와 크게 다르지 않다. 교회가 그리스도와 연합되었으니, 그리스도로 가득 찼다는 것과 다르지 않다. 교회가 그리스도의 것이라는 것도 그리스도로 충만한 것이니 동일한 의미이다. 그러나 '교회가 그리스도의 몸'이라는 것과 '교회가 그리스도의 충만'이라는 의미는 약간 다르다. 그 의미를 살펴보자.

그리스도의 충만 = 그리스도로 충분

'충만'이라는 단어의 뜻을 생각해 보자. '기쁨이 충만하다'라고 할 때 그

말에는 슬픔이 조금도 없다는 뜻이다. 마음이 기쁨으로 가득 차 있기 때문에 슬픔이 전혀 없다는 뜻이다. '교회가 그리스도로 충만하다는 것'은 교회가 그리스도 한 분만으로 부족함이 없다는 뜻이다. '그리스도의 충만'을 '그리스도로 충분'으로 이해해도 된다. 교회는 그리스도 한 분만으로 충분하고 부족함이 없다는 뜻이다. 교회를 생각할 때 그리스도로 충분하지 않다고 생각하는 경향이 있다. 교회를 생각할 때 '교회 건물'이 떠오른다. 교회 건물, 중요하다. 건물이 없는 교회는 상상하기 힘들다. 개척교회 가운데 자기 건물이 없고 상가 건물에 들어가 있으면 교회를 방문하는 사람이 거의 없다. 예전에는 상가에 있는 개척교회에 방문하는 사람이 있었지만, 지금은 더 이상 오지 않는다. 건축 헌금에 대한 부담, 과도한 봉사와 헌신에 대한 부담, 익명성이 보장되지 않고 사람들끼리 얽힌 복잡한 인간관계도 싫어한다. 이런 것들이 교회를 생각할 때 중요한 것들이다. '교회의 사회봉사'도 교회의 역할로 인식되기도 한다. '학교'도 세우려 하고 '복지시설'을 만들려고 하고 '병원'도 세운다. 이런 것들이 교회의 역할이라고 생각한다.

그러나 교회가 그리스도의 충만이라고 할 때 그리스도 한 분만으로 부족함이 없고 충분하다. 이 믿음이 중요하다. 이 믿음이 없을 때 교회는 더 이상 교회답지 못하다. 교회는 그리스도 한 분만으로 충만한, 곧 충분한 교회가 되어야 한다.

- 교회다운 교회가 되려면 그리스도로 충만해야 한다.
- 교회다운 교회가 되려면 그리스도로 충분해야 한다.
- 교회다운 교회가 되려면 부족함이 없어야 한다.

그리스도께서 교회를 완전하게 해

또 교회가 '그리스도의 충만'이라고 할 때 '그리스도께서 교회를 충만하게 한다', 곧 '그리스도께서 교회를 완전하게 한다'는 의미다. 그러니 '교회가 그리스도의 충만'이라고 할 때 그리스도께서 교회를 완전하게 하실 것이라는 소망이 선포된다.

현실은 어떤가? 현재 한국 교회의 상황을 보면 '교회가 그리스도의 몸'이며 '그리스도의 충만'이라는 말과는 정반대의 모습을 하고 있다. 교회는 싸우고 찢어지고 서로 시기하고 질투한다. 마치 고린도교회의 모습을 그대로 가지고 있는 것 같다. 사실 우리 자신도 그런 교회를 역겨워하며 싫어한다.

이런 이야기가 있다. 교회의 모습에 실망한 어떤 교인이 소위 건강하고 완전한 교회를 찾아다녔다. 아무리 찾아다녀도 그런 좋은 교회를 발견할 수 없었다. 어느 날 마침내 그런 완전한 교회를 찾았다. 그런데 그 교인이 그 교회에 등록하는 순간 그 교회는 더 이상 완전하지 않은 교회가 되었다고 한다. 이 이야기에서 들려주는 교훈은 무엇인가? 이 세상에는 완전한 교회가 없다. 그러나 바울은 우리에게 교회가 그리스도로 인해 완전해 질 것이라고 말한다.

> "교회는 그의 몸이니, 만물 안에서 만물을 충만하게 하시는 이의 충만함
> 이니라"(엡 1:23).

그리스도께서 교회를 완전하게 하고 계시기 때문이다. 여기에서 우리가 이해해야 할 부분이 있다. 바울이 말하는 이 교회는 우주적, 보편적 공교회를 말하는 것이다. 시간과 장소를 초월하는 주님의 교회는 그리스도

로 충분하고 또 그리스도께서 이 교회를 충만하게 하실 것이다. 그리스도께서 이 교회를 완전하게 하실 것이다.

마치 새로 태어난 어린아이가 보잘것없어 보이고 아무런 힘이 없는 것 같지만, 아이는 그 자체로 완전한 인격체이다. 교회도 마찬가지이다. 그리스도께서 교회를 처음 세우셨을 때 형편없어 보이고 약해 보였지만, 그 교회도 그리스도의 몸이고 그리스도의 충만이다. 이 교회는 어린아이가 자라 가듯 점점 성장해 갈 것이다. 그리스도께서 하늘로 가신 이후에도 교회는 점점 성장해 가고 있다.

이방인의 충만한 수가 교회에 들어오면 이스라엘 백성들의 충만한 수도 교회에 충만하게 될 것이다. 바울은 로마서에서 이렇게 말했다.

"형제들아! 너희가 스스로 지혜 있다 하면서 이 신비를 너희가 모르기를 내가 원하지 아니하노니 이 신비는 이방인의 충만한 수가 들어오기까지 이스라엘의 더러는 우둔하게 된 것이라. 그리하여 온 이스라엘이 구원을 받으리라……깊도다 하나님의 지혜와 지식의 풍성함이여, 그의 판단은 헤아리지 못할 것이며, 그의 길은 찾지 못할 것이로다……이는 만물이 주에게서 나오고 주로 말미암고 주에게로 돌아감이라. 그에게 영광이 세세에 있을지어다. 아멘!"(롬 11:25-36).

이것이 그리스도의 충만이고 그리스도께서 교회를 완전하게 하신다는 의미이다. 만물을 완전하게 하시는 그리스도께서 친히 교회를 완전하게 하실 것이다. 교회는 그리스도께서 온전하게 하시고 충만하게 하시는 일에 부름을 받았다. 이 얼마나 영광스럽고 복된 일인가!

그리스도의 충만함과 지역 교회

그리스도께서 교회를 세우고 유지하고 완전하게 하신다. 이것이 바울이 우리에게 전해 주는 진리의 말씀이다. 우리는 이것을 믿음으로 받아들여야 한다. 그렇다면 우리는 지역 교회의 성도로서 할 것이 아무것도 없는 것일까? 교회에는 두 가지 형태의 잘못된 생각이 있다. 첫째는 그리스도만 바라보고 아무것도 하지 말고 주님이 하시기만 기다리고 있어야 한다는 것이다. 그저 기도만 하고 움직이지 말라고 가르치고 또 정말 그렇게 산다. 이것은 잘못된 것이다. 두 번째 경우는 그리스도께서 일하신다고 믿지 않고 삶에서 모든 일을 스스로 다 해야 한다고 주장하고 열심히 일을 계획하고 실행한다. 이것도 잘못이다.

우리는 교회가 그리스도의 몸이고 그리스도의 충만함이라는 것을 믿는다. 그리스도께서 우리를 위해 착한 일을 시작하셨다는 것을 믿는다. 그리고 그리스도 예수의 날까지 그 착한 일을 완성하실 것이라는 것도 믿는다. 그렇지만 그 말이 우리는 아무것도 하지 않아야 한다는 것을 의미하지 않는다. 바울은 빌립보 교회에 보낸 편지에서 이렇게 말했다.

"그러므로 나의 사랑하는 자들아 너희가 나 있을 때뿐 아니라 더욱 지금
나 없을 때에도 항상 복종하여 두렵고 떨림으로 너희 구원을 이루라"(빌
2:12).

우리 스스로가 두렵고 떨림으로 구원을 이루어야 할 책임이 있다. 그리스도의 몸에 속한 우리는 몸의 각 지체로서 감당해야 할 역할이 있다. 그리스도께서 교회의 몸이시니 모든 것을 하실 것이라고 손이 자신의 근육을

움직이지 않고, 발이 가야 할 곳으로 걸어가지 않고, 눈이 바라보아야 할 것을 보지 않고 잠만 잔다면 온전한 몸의 역할을 감당할 수 없다. 그런 몸의 기관은 필요 없다. 포도나무 비유에 따라 그런 가지는 찍어 잘라 버릴 것이다. 바울은 문제 많은 고린도교회를 향해 이렇게 경고했다.

> "누구든지 하나님의 성전을 더럽히면 하나님이 그 사람을 멸하시리라. 하나님의 성전은 거룩하니 너희도 그러하니라"(고전 3:17).

바울은 에베소서 4장에서 6장까지 교회의 성도들이 어떻게 그 구원을 이루어 가야 할지 구체적으로 권면한다. 강도 높은 그리스도의 삶에 대해 아주 상세하게 명령한다. 그리스도의 몸이 교회이고 그리스도의 충만이 교회이기 때문에 아무런 일도 할 필요 없다는 것은 구원을 잘못 이해한 것이다.

지역 교회는 이 시대에 이 지역에서 그리스도의 보편적 몸과 충만함을 가시적으로 나타내야 한다. 그리스도의 말씀의 선포와 그 말씀에 순종함으로 이루어질 것이다. 동시에 모든 것을 우리가 다 할 수 있다고 생각해서는 안 된다. 만물 안에서 만물을 충만하게 하시는 그리스도의 도움이 없이는 불가능하다. 우리는 그분의 도움을 요청해야 한다. 기대하고 의지하며 기도해야 한다.

바울은 빌립보서 2장 12절에서 "너희 구원을 이루라"라고 명령하고는 곧바로 13절에서 이렇게 말했다.

> "너희 안에서 행하시는 이는 하나님이시니 자기의 기쁘신 뜻을 위하여 너희에게 소원을 두고 행하게 하시나니."

하나님께서 그리스도와 성령님을 통해 우리 가운데 그 구원을 위해 일하신다. 그리스도의 몸과 충만인 교회와 성도를 거룩하게 하시기 위해 일하신다. 삼위일체 하나님의 이런 도우심이 없이는 우리 스스로 할 수 있는 것이 아무것도 없음을 고백하고 인정해야 한다.

결론

사람의 눈에 보잘것없어 보이는 교회라도 하나님의 큰 우주적 교회 속에 속해 있고 그리스도의 몸이며 그리스도의 충만함을 받고 있다. 이것이 얼마나 영광스러운지 모른다. 그 은혜에 감사함으로 하나님께서 우리를 부르신 소망을 알고 "부르심을 받은 일에 합당하게 행하며 모든 겸손과 온유로 하고 오래 참음으로 사랑 가운데서 서로 용납하고 평안의 매는 줄로 성령이 하나 되게 하신 것을 힘써 지켜"(엡 4:1-3)가야 할 것이다.

04

신자가 교회를 완전히 떠나도 되는가?

: 소위 '가나안 신자'에 대해서

손재익

❦

교회를 완전히 떠나는 신자들이 생겨나고 있다

교회 가기 싫은 그리스도인?

어느 날 아들이 어머니에게 말했다. "어머니, 저 오늘 교회 가기 싫어요." 어머니가 놀라서 "너 갑자기 왜 그러니?"라고 되물었다. 아들이 "아침에 일어나기도 힘들고, 요즘 들어 장로님의 대표기도가 너무 길어서 짜증스럽고, 찬양대의 찬양은 왜 그렇게 화음도 안 맞고 준비도 안한 것 같은지, 그리고 교인들끼리 마음도 서로 안 맞고, 회의만 하면 의견 차가 많고, 도무지 교회 가기가 싫어요"라고 대답하자 어머니는 아들을 타이르면서 이렇게 말했다. "얘야―! 그래도 오늘이 주일인데 교회에 가야지. 교회에 가서 성도들과 함께 하나님을 예배하는 것은 성도로서 당연히 해야 할 일 아니냐?" 그리고 잠시 한숨을 쉰 뒤에 한 마디 덧붙였다. "그래도 네가 담임목사인데 교회를 안 가면 되겠니?"

실제 있었던 이야기인지 아니면 웃자고 꾸며낸 이야기인지 모르지만 충분히 우리 주변에서 생길 수 있는 일이다. 교회는 분명 천국공동체이고 성도의 안식처가 되어야 함에도 불구하고 때때로 교회의 연약함으로 인하여 교회에 대한 불만이 생길 수 있다. 그래서 참으로 거듭나고 회심한 그리스도인이라 하더라도 간혹 이런 마음이 들 수 있을지도 모르겠다. 심지어 목사라고 하더라도 말이다.

잠시는 몰라도

거듭난 그리스도인이라면 위와 같은 마음을 잠시 잠깐 품을 수는 있지만 그렇다고 '교회'를 완전히 떠나지는 않는다. 교회를 가기 싫어하는 것과 교회를 떠나는 것은 다르다. 일시적인 영적 침체로 인하여 교회당에 가는 일을 잠시 멈추고 예배드리는 일을 잠시 멈추는 일은 많은 그리스도인들에게 있을 수 있지만, 그렇다고 교회를 완전히 떠나는 일은 없다. 거듭난 그리스도인이라면 말이다.

참된 그리스도인은 교회의 한 부분이다. 교회와 그리스도인은 분리되지 않는다. 참된 그리스도인은 교회 공동체의 한 지체로서 삼위 하나님을 예배하는 자다. 거듭남과 회심을 경험한 진정한 그리스도인은 하나님께서 친히 세우신 교회의 한 지체로 살아간다. 참된 그리스도인은 교회 '밖'이 아니라 교회 '안'에 있다.

가나안 현상의 등장

그런데 요 근래 요상한 일들이 우리 주변에서 벌어지고 있다. 바로 '교회를 떠난 그리스도인들'(?)이 늘고 있다. 다른 교회로 옮긴 것이 아니라 아예 교회를 떠나는 사람들이다. 잠시 잠깐, 몇 주, 몇 개월이 아니라 아예 교회를 떠나는 사람들이 늘고 있다. 늘어나는 정도를 넘어 하나의 현

상이 되고 있다. 목회사회학의 중요한 주제가 되고 있다. 이른바 '가나안
현상'이다.

여기에서 '가나안'이란 출애굽한 이스라엘 백성들이 목적지로 삼았던
젖과 꿀이 흐르는 땅이 아니다. 어떤 지명을 의미하는 것이 아니다. '가나
안'을 뒤집어 '안나가'라는 말에서 나온 표현이다. 바로 교회를 '안 나가'는
사람들의 증가 현상이다.

가나안 신자가 생겨난 이유와 그들의 신앙생활

가나안 현상에 일조하고 있는 이들은 원래부터 교회를 안 다녔던 사람
들이 아니다. 교회를 다녔을 뿐만 아니라, 심지어는 충실한 교회봉사자로
서의 삶을 살았던 사람들도 많다. 그러나 교회의 타락, 예배의 변질, 복음
의 능력을 상실한 교회, 직분자들의 일탈 등으로 인해 교회에 대해 환멸을
느끼고 아예 교회를 떠난 이들이다. 그렇다고 그들이 삼위일체 하나님을
부인하지도 않는다. 예수 그리스도의 십자가 사역을 부인하지도 않는다.
성령님의 거듭나게 하심과 거룩하게 하심을 부인하지도 않는다. 다만, 교
회를 떠날 뿐이다.

이들은 각자 집에서, 또는 카페에서 혼자 또는 가족들과 함께 예배드린
다. 성경을 읽고 찬송을 부르는 등 예배의 기본 요소들을 모두 행한다. 설
교순서는 성경 읽기로 대신하거나 유튜브(youtube)나 교회 홈페이지에 올
라와 있는 설교 동영상을 골라서 듣는다.

이들은 "교회라는 제도가 과연 필요한가?"라고 묻는다. 교회라는 제도
는 신자들이 혼자서 신앙생활하기 어려우니 만들어 낸 것인데, 그 제도가
오히려 신자의 신앙을 해치고 있으니 굳이 그 제도에 얽매일 필요가 없다
고 본다. 혼자서 신앙생활하는 것이 더 유익하다고 본다.

'가나안' 신자의 신앙생활, 과연 옳은가?

이러한 '가나안' 현상을 어떻게 보아야 할까? 가나안 신자로 살아가는 것은 과연 정당한가? 가나안 신자로 살아가는 사람들의 주장대로 교회는 없어도 되는 기관인가? 신앙생활은 교회를 벗어나면 안 되는가?

안타까운 교회 현실

우선 가나안 신자로 살아갈 수밖에 없는 사람들의 현실을 안타깝게 여기고 우리 모두의 아픔으로 여겨야 할 것이다. 왜냐하면 그들이 교회를 완전히 떠난 것은 교회의 책임이요 결국 우리 모두의 책임이기 때문이다.

교회는 하나님 나라의 그림자로서 이 세상에 존재해야 하고 거룩하신 삼위일체 하나님의 본성을 드러내는 공동체여야 하며 삼위일체 하나님의 아름다운 사귐을 반영한 공동체여야 하는데 그렇지 못한 결과로 생겨난 것이 가나안 신자들이기 때문이다. 이 일에 우리 모두의 책임이 있다. 교회를 교회답게 세워 가지 못하는 책임이 교회의 한 부분인 우리 모두에게 있다.

교회를 떠나서는 안 되는 신자

그럼에도 불구하고 그들을 위로만 할 수 없다. 그들의 마음을 동정만 할수도 없다. 왜냐하면 신자는 교회를 완전히 떠나서는 안 되기 때문이다. 그렇게 하는 것은 죄이기 때문이다.

그리스도인은 교회를 떠나서는 안 된다. 교회란 속해도 되고 속하지 않아도 되는 공동체가 아니다. 참된 그리스도인은 교회의 한 부분이다. 교회와 그리스도인은 분리되지 않는다. '교회에 속하지 않은 그리스도인'은 어불성설(語不成說)이다.

예수님만 믿으면 되지?

"예수님을 믿으면 구원받는다"라는 진리가 간혹 오해를 준다. 가나안 신자들은 이 표현을 가지고 자신들의 상황을 정당화한다. 자신들은 교회만 떠났을 뿐 예수님을 믿지 않는 것도 아닌데 뭐 어떻느냐고 주장한다. 예수님을 믿기만 하면 구원 받는 것이니, 교회를 떠나도 상관없는 것 아니냐고 항변한다.

그러나 예수님만 믿으면 나머지는 상관없는 것이 아니다. 구원을 위해서는 삼위일체 하나님을 믿어야 한다. 예수 그리스도께서 행하신 십자가 사역을 알아야 하고 그것을 믿어야 한다. 자신이 죄인이라는 사실을 깨닫고 고백해야 한다. 이 모든 것들을 요약적으로 표현한 말이 "예수님을 믿으면 구원받는다"이다. 만약 어떤 사람이 예수님을 믿는데, 자신이 죄인이라는 사실을 인정하지 않는다면 사실상 예수님을 믿는 것이 아니다. 만약 어떤 사람이 예수님을 믿는데, 삼위일체를 믿지 않는다면 사실상 그가 믿는 예수님은 성경이 말씀하는 예수님이 아니다.

이러한 관점에서 교회에 대한 믿음과 고백도 마찬가지다. 예수님을 믿는다는 것은 예수 그리스도께서 친히 세우시고 다스리시는 교회의 필수성을 믿는다는 것도 포함한다. 이 믿음에 따라 신자가 되는 것과 함께 교회의 한 지체가 된다.

교회: 삼위일체 하나님께서 세우신 기관

가나안 신앙을 정당화하는 사람들은 교회란 단지 구원받은 사람들이 자신들의 신앙 증진을 위해, 혹은 교제를 위해, 혹은 또 다른 유익들을 위해 만들어 낸 공동체라고 주장한다. 과연 그럴까?

성경은 그렇게 가르치지 않는다. 성경이 가르치는 교회는 삼위 하나님께서 친히 세우신 공동체다. 교회는 하나님의 백성이요(벧전 2:9-10 참고) 그리스도의 몸이며(엡 1:22 참고) 성령님의 전(殿)이다(고전 3:16 참고). 부활하신 예수님은 하늘로 올라가신 뒤에 성령님을 보내셨고, 성령님께서는 강림하심과 함께 구원과 교회설립을 하셨다(행 2장 참고).

성령님께서는 부활하신 그리스도의 사역을 이어서 구원의 역사를 이어가셨고 그때마다 교회를 설립하셨다. 성령 강림과 동시에 세워진 예루살렘교회를 비롯하여, 안디옥교회, 빌립보교회(행 16:11-15 참고), 데살로니가교회(행 17:1-9 참고), 고린도교회(행 18:1-17 참고), 에베소교회(행 19:1-20 참고) 등의 설립은 철저히 구원의 결과였다. 성령님은 사람을 구원하시는 역사만 하고 교회 설립은 하지 않으신 것이 아니다. 성령님은 사람을 구원하시고 그들을 통해 교회를 세우셨다.

사람이 교회라는 기관을 조직한 것이 아니다. 삼위일체 하나님께서 교회를 세우시고 자신의 백성을 그곳으로 불러 모아 주신 것이다.

그리스도인과 교회, 교회와 그리스도인

그렇기에 성경은 교회를 그리스도인과 동일시한다. 교회는 그리스도인의 모임이요, 그리스도는 교회의 한 지체다(고전 12:12; 엡 1:23; 롬 12:4-5 참고). 그래서 고린도전서 1장 2절은 "고린도에 있는 하나님의 교회 곧 그리스도 예수 안에서 거룩하여지고 성도라 부르심을 받은 자들"이라고 하는데, 이 말씀은 이 편지를 받는 사람들 모두가 그리스도로 말미암아 부름을 받아 거룩하여진 성도들로서 그들이 곧 교회라는 말씀이다. "그리스도로 말미암아 부름 받아 거룩하여진 성도"와 "하나님의 교회"는 동격이라는 말이다. 뿐만 아니라 바울을 비롯한 사도들은 당시의 교회들에게 편지를 보내면서 신자와 교회를 분리시키지 않는다. 신약의 서신서들을 보면 교회에 속하지 않은 신자라는 것은 없다.

신조들의 가르침

성경의 가르침에 근거하여 역사상 있어 왔던 신조들은 교회를 믿음의 한 부분으로 고백한다. 대표적인 것이 사도신경이다. "거룩한 공교회와 성도의 교제를 믿습니다." 사도신경은 예수님만 믿는다고 고백하지 않는다. 성령님만 믿는다고 고백하지도 않는다. 성령님께서 세우신 교회와 그 교회를 통해 이루어지는 성도의 교제를 믿는다고 고백한다. 이 고백은 성령님을 믿으면 당연히 교회가 따라올 수밖에 없고, 그리스도인은 교회 공동체를 중심으로 교제해야 한다는 사실을 보여 준다.

성경과 사도신경의 가르침에 따라 장로교회의 신앙고백인 웨스트민스터 신앙고백서는 제25장 제2절에서 다음과 같은 내용을 고백한다.

웨스트민스터 신앙고백서

제25장 교회에 관하여

2. 보이는 교회 역시 복음 시대 아래에서는 보편적이고 우주적인 것으로서(이전의 율법 시대와 같이 특별한 한 민족에 국한된 것이 아니다), 전세계에 걸쳐서 참된 종교를 고백하는 모든 사람들과[1] 그들의 자녀들로[2] 구성된다. 그리고 이 교회는 주 예수 그리스도의 나라요,[3] 하나님의 집이며, 권속이다.[4] 이 교회 밖에서는 통상적인 구원의 가능성은 없다(out of which there is no ordinary possibility of salvation).[5]

1) 시 2:8; 롬 15:9-12; 고전 1:2, 12:12-13; 계 7:9 2) 행 2:39; 창 3:15, 17:7; 겔 16:20-

21; 롬 11:16; 고전 7:14 3) 사 9:7; 마 13:47 4) 엡 2:19, 3:15 5) 행 2:47

마지막 문장에 따르면 "교회 밖에서는 통상적인 구원의 가능성이 없다." 이 표현은 특별히 고대 라틴교부인 키프리아누스(Cyprianus)와 아우구스티누스(Augustinus), 그리고 칼빈(Institutes, IV.i.1.)이 말한 "교회 밖에는 구원이 없다"(Salus extra ecclesiam non est)라는 표현에 근거를 두고 있다.

개혁교회의 신조인 벨기에 신앙고백서는 좀 더 자세하고도 구체적으로 고백한다.

벨기에 신앙고백서
제28조 교회에 가입해야 할 모든 사람의 의무

우리는 이 거룩한 모임과 회중은 구속받은 자들의 모임이며, 이 모임 밖에는 구원이 없기 때문에[1] 신분이나 지위를 막론하고 누구도 이 모임에서 물러나 혼자 있는 것에 만족해서는 안 된다고 믿습니다. 오히려 모든 사람은 교회에 가입하고 교회와 연합해야 할 의무가 있으며[2] 교회의 일치를 유지해야 합니다. 그들은 자기 자신을 교회의 가르침과 권징에 복종시켜야 하고[3] 자신의 목을 예수 그리스도의 멍에 아래 숙여야 하며[4] 동일한 몸의 지체로서 하나님께서 그들에게 주신 재능에 따라[5] 형제자매들을 세우기 위해 봉사해야 합니다.[6]

이것이 좀 더 효과적이기 위해 하나님의 말씀을 따라 그 교회에 속하지 않는 자들에게서 분리하여[7] 하나님이 세우신 곳이면 어디서든지 이 모임에 가입하는 것은[8] 모든 신자의 의무입니다. 설령 지배자들과 왕의 칙령이 그 의무에 반대될지라도, 죽음이나 육체적 형벌이 따른다고 할지라도 모든 신자들은 그렇게 해야 합니다.[9]

그러므로 그 교회로부터 떨어져 나오거나 그 교회에 가입하지 않는 자는 모두 하나님의 규례를 거슬러 행하는 것입니다.

1) 마 16:18–19; 행 2:47; 갈 4:26; 엡 5:25–27; 히 2:11–12; 12:23　2) 대하 30:8; 요 17:21; 골 3:15　3) 히 13:17　4) 마 11:28–30　5) 고전 12:7,27; 엡 4:16　6) 엡 4:12　7) 민 16:23–26; 사 52:11–12; 행 2:40; 롬 16:17; 계 18:4　8) 시 122:1; 사 2:3; 히 10:25 9) 행 4:19–20

위에서 다룬 성경과 신조의 가르침에 의하면 구원받은 자들은 반드시 지역 교회의 한 지체가 되어야 한다. 교회로부터 자신을 분리시키면 안 된다. 모든 그리스도인은 반드시 지역 교회의 회원이어야 한다.

교회를 떠나는 것의 의미

교회를 떠나는 것은 단순한 문제가 아니다. 단지 교회라는 제도(?)만 부정하는 것이 아니다. 교회를 떠나는 것은 십자가에 달리신 그리스도의 사역을 헛되게 하는 것이고, 승천하신 예수님께서 약속을 따라 보내신 성령님을 무시하는 일이다. 하나님과 세상 앞에서 "공교회를 믿습니다"라고 입으로 고백했던 것이 거짓말이었음을 드러내는 일이며, 하나님의 구원 경륜에 따라 세워진 보편 교회의 한 부분으로서의 지역 교회를 무시하는 일이다. 엄밀히 말해 가나안 신자란 존재하지 않는다. 교회를 "안 나가!" 하는 순간 신자가 아니다. 신자란 교회에 속하여서 그 교회로부터 말씀을 공급받고 성찬에 참여하며, 교회의 다스림을 받는 자다.

그러면 어떻게 할 것인가?

교회를 떠나는 것이 성경적이 아니라면, 과연 가나안 신자들은 어떻게 해야 하는가? 그리고 '가나안' 하려고 마음을 먹고 있는 사람들은 어떻게 해야 하는가?

자신의 생각과 관점을 점검해야 함

교회를 떠나려고 하기 전, 혹시나 자신의 생각이나 관점이 잘못된 것은 아닌지를 점검해야 한다. 왜냐하면 내가 속한 교회에 문제가 있는 것이 아니라 나의 생각과 관점이 잘못되었을 수 있다.

많은 사람들이 "우리 교회는 문제가 많아"라고 말한다. 그리고 "한국 교회는 문제가 많아"라고도 말한다. 그런데 그렇게 말하는 사람이 문제가 있는 경우가 있다. 자신이 어떤 문제를 갖고 있을 수도 있지만, 자신의 교회 관이나 신앙관이 잘못되었을 수도 있다. 예컨대, "우리 목사님은 너무 성경 중심적으로 설교하셔. 나는 이런 교회를 더 이상 다닐 수 없어"라고 한다면, 그 사람에게 문제가 있다. 그 사람은 교회를 떠나려는 생각을 하기보다는 자신의 설교에 대한 인식을 바꿔야 한다. "우리 교회는 너무 원칙적이야. 교회가 좀 세상의 것도 따라 하고 해야지. 나는 이런 교회를 더 이상 다닐 수 없어"라고 한다면, 그 사람에게 문제가 있다. 그 사람은 교회를 떠나려는 생각을 하기보다는 자신의 교회관을 바꿔야 한다.

교회는 연약할 수 있음을 인정해야 함

교회를 떠나려고 하기 전에 교회도 연약할 수 있음을 인정해야 한다. 이 세상에 완전한 교회는 없다. 교회는 항상 부족할 수밖에 없다. 과거에도 그러했고 현재도 그러하며, 앞으로도 그럴 것이다. 하늘 아래 가장 순결한 교회도 연약하다. 이 세상에 완전한 교회란 존재하지도 존재할 수도 없다. 점도 흠도 없는 완전한 공동체는 예수님의 재림 때에나 찾을 수 있다.

이 사실을 웨스트민스터 신앙고백서 제25장 제5절은 다음과 같이 고백한다.

웨스트민스터 신앙고백서

제25장 교회에 관하여

5. 하늘 아래에 있는 가장 순결한 교회들도 혼합과 오류를 범한다.[1] 어떤 교회는 매우 타락하여 분명히 그리스도의 교회임을 멈추기도 한다.[2] 그럼에도 불구하고 이 땅에는 하나님의 뜻에 따라 그분을 예배하는 교회가 항상 있을 것이다.[3]

1) 마 13:24-30, 47; 고전 13:12; 계2-3장 2) 롬 11:18-22; 계 18:2 3) 시 72:17, 102:28; 마 16:18, 28:19-20

교회를 개혁해야 함

교회를 떠나려고 하기 전, 내가 속한 교회에 대한 애정을 가지고 그 교회를 개혁해야 한다. 교회의 문제점에 대해서 당회에 말하고, 제직회나 공동의회 같은 공적인 회의를 통해 바꿔 나가기 위해 노력해야 한다. 혼자의 힘으로 어려우면 다른 성도들에게 그 문제에 대해 나누고 설득하여서 함께 개혁해야 한다. 아무 노력 없이 교회를 떠나려고 하는 것은 무책임한 일이다. 교회를 향한 사랑을 가지고 최선을 다해 보아야 한다.

마지막 수단으로는 교회를 옮기는 것도 고려해 볼 수 있음

위와 같은 방법을 다 해 보았지만 도무지 안 된다면, 마지막 수단으로 다른 교회로 옮겨 볼 수 있다. 교회를 떠나는 것이 아니라 다른 교회로 자신의 소속을 옮김으로써 원래 섬기던 지역 교회는 떠나지만 보편 교회로부터는 분리되지 않는 방식을 택하는 것이 최선이다. 이때 성경적이고 건전한 교회를 찾아서 이동해야 한다.

이러한 권면에 대해 "아무리 찾아봐도 건전한 교회가 없다"라고 말하는 이들이 있다. 그러나 그런 생각은 바람직하지 않다. 분명히 있다. 없을 수가 없다. 당장 내가 사는 지역에 없어도 조금만 이동하면 찾을 수 있다. 현대와 같이 교통이 발달한 시대에는 자가용이나 대중교통으로 30-40분 이동해서 갈 수 있는 거리 안에 분명 건전한 교회가 있다. 없을 리가 없다. 노력을 다하지 못해서 찾지 못한 것이다.

그렇게 해서 찾았는데 너무 멀다? 그렇다면 이사를 해서라도 그 교회에 속해야 한다. 종교개혁 당시 많은 참 신자들은 로마 가톨릭이 아닌 개혁교회에 속하기 위해서 먼 거리를 이사하였다. 오늘날처럼 이주가 잦은 시대가 아님에도 불구하고 그들은 참 교회를 찾아 먼 거리를 이사하였다.

내가 이사할 만한 거리에도 없다? 그런 생각은 교회의 머리이신 그리스도와 교회를 보존하시는 성령님을 부인하는 것이다. 그리스도와 성령님께서는 분명 이 땅 가운데 참된 교회를 남겨 두셨다.

이렇게 옮길 교회를 찾을 때에도 내가 교회를 선택한다는 생각을 해서는 안 된다. 하나님의 선하신 인도하심을 기다려야 하며, 지역 교회 간의 우열은 없다는 사실을 생각하면서 신중해야 할 것이다.

결론

교회에 대해 실망할 때, 교회를 아예 떠나 버리면 모든 것이 해결될 것처럼 보인다. 교회를 아예 떠나면 더 이상 교회 때문에 힘들지 않을 것이라고 생각한다. 그래서 지금도 많은 사람들이 교회를 떠난다.

그러나 교회를 떠나면 시간이 지나 더욱 힘들게 될 것이다. 선포되는 말씀도, 주께서 베푸시는 성찬도, 성령님으로 말미암는 교제도 없는 신앙생활은 결국 은혜 없는 신앙으로 이어지게 될 것이다.

혹 교회를 떠나려는 마음을 갖고 있다면, 위와 같은 방법들을 사용해 보길 바란다. 이미 교회를 떠났다면, 그래서 자신이 가나안 신자라면, 가장 빠른 시일 내에 성경적이고 건전한 지역 교회를 찾아 신앙생활하길 바란다. 참된 신자의 신앙과 생활의 원리는 "하나님 중심, 성경 중심, 교회 중심"이다. 이 중에 어느 것 하나도 벗어나서는 안 된다.

05

성도가 언제 교회를 떠날 수 있는가?

이성호

∽✿∽

"성도가 교회를 떠날 수 있는가?" 참으로 고통스러운 질문이다. 이 질문과 가장 씨름을 많이 했던 사람은 아마 영국 청교도의 황태자로 불렸던 존 오웬(John Owen)이 아닐까 생각한다. 그는 평생 동안 자신이 영국교회를 떠난 분리주의자가 아니라는 것을 성경적으로 증명하는 데 많은 시간을 쏟았다.

먼저 그 교회가 어떤 교회인가를 규정할 필요가 있다. 그것이 불가시적인 공교회(invisible catholic church), 즉 선택받은 하나님의 백성들을 의미하는가? 만약 그렇다면 이 교회를 떠나는 것은 아예 불가능하다. 왜냐하면 선택받은 백성은 어떤 경우에도 그리스도의 지체에서 분리될 수 없기 때문이다. 따라서 만약 이 교회에서 분리된 사람이 있다면 그것은 처음부터 이 교회의 회원이 아니었다고 보아야 한다. 이 교회의 회원이 아니었기 때문에 이 교회를 떠나는 것도 불가능하다.

이 교회가 가시적 공교회(visible catholic church)를 의미하는가? 이 교회는 참된 신앙을 고백하고 가시적 은혜의 수단인 세례를 받은 사람으로 구성된다. 이 교회는 선택받은 사람으로 구성되는 불가시적 교회와는 구분되어야 한다. 이 가시적 공교회를 떠나는 유일한 방법은 자신이 고백한 신앙고백을 부인하고 그것을 노골적으로 불순종하는 것이다. 이 교회를 떠난 이후에 회개하여 다시 돌아올 수도 있지만, 만약 이 교회를 계속 끝까지 떠나 있다면 그 사람은 구원 받을 수 없다.

이 교회가 개체 교회를 의미하는가? 그렇다면 몇 가지 경우를 생각할 수 있을 것이다. 첫째, 그 교회가 진리에서 떠난 경우이다. 교회가 진리를 떠나면 그 교회는 더 이상 교회가 아니기 때문에 신자는 하루 속히 그 교회를 떠나야 한다. 둘째, 멀리 이사를 하게 되는 경우이다. 이 경우에는 더 이상 교인으로서의 생활이 불가능하기 때문에 당회의 허락을 받고 이명 증서를 받아 합법적으로 떠날 수 있다.

좀 어려운 경우는 교회에 심각한 분란이 생기거나 큰 문제가 생겼을 때이다. 대표적인 예는 당회 안에서 목사와 장로 사이에 일어나는 분쟁이다. 만약 재정과 관련되어 있으면 문제는 계속 악화될 수밖에 없을 것이다. 성도 사이에 패거리가 만들어지고 교회 안에 늘 긴장이 넘치게 되면 꼭 도살장에 끌려가는 심정으로 교회에 가게 된다. 필자는 예전에 후배들에게 이와 관련된 질문을 받으면 무조건 인내하면서 참고 기도하라고 권면하였다. 그러나 요즘에는 생각이 많이 바뀌었다.

교회에서 문제가 생기면 공적으로 처리하는 것이 가장 좋고 그것이 성경적이다. 일반적으로 문제를 감추고 덮으려고 하기 때문에 나중에 문제가 커지는 경우가 더 많다. 인내하고 기도하되 분명하게 드러난 죄에 대해서는 시정하도록 최선의 노력을 다해야 할 것이다. 무기한으로 참고 인내하기보다는 자신의 신앙 수준에 따라 기한을 정하는 것이 좋다고 생각한다. 자신이 최선의 노력을 다했음에도 불구하고 교회 안에 개선의 여지가 없다면 자신의 영혼의 안녕을 위해 양심적인 판단에 따라 교회를 떠날 수 있다고 본다.

가족이 있는 경우에 가장(家長)은 더 많은 신경을 써야 한다. 교회 안에 분란이 생기면 가장 많이 피해를 보는 사람이 어린 자녀들이다. 이들이 받는 상처는 치명적이며 평생 지속될 수도 있고 심지어 신앙을 떠나게 할 수도 있다. 만약 그와 같은 증상들이 보인다면 최대한 좋은 교회를 찾아 빨리 떠날 것을 권한다. 무작정 기다리면서 하나님께 해결해 달라고 기도하는 것이 겉으로는 신앙이 좋아 보이지만 사실은 무책임한 결정이 될 수도 있다. 그렇다고 해서 끝까지 남아서 그 교회를 지키는 사람들을 폄하하는 것은 절대 아니다.

가장 어려운 경우는 교회가 큰 문제가 없음에도 불구하고 소위 "은혜가 안 되는 경우"이다. 대표적인 예는 목사의 설교가 은혜가 되지 않는 경우일 것이다. 또는 교회의 분위기가 자신과 안 맞거나 자녀 교육이 부실한 것도 여기에 포함될 것이다. 이 경우에는 몇 가지 점검해 볼 일이 있다. 정말로 목사의 설교에 문제가 있는가? 아니면 자기 자신에게 문제가 있는가? 아니면 양쪽 모두에 문제가 있는가?

일반화시킬 수 없지만 이런 경우는 보통 다음과 같이 발생한다. 신앙생활을 처음 했을 때에는 목사의 설교도 좋고 교회의 모든 것이 좋아 보인다. 그러나 시간이 지나면 목사와 교회의 안 좋은 점도 눈에 들어온다. 목사의 설교에 진보가 없으면 들을 때마다 속에서 불만이 생긴다. 사실 우리 한국 교회에서 목사가 설교 준비를 제대로 하는 것은 그렇게 쉬운 일이 아니다. 본인은 영적 갈급함을 채우기 위해 신앙서적도 보고 인터넷도 뒤지지만 그럴수록 목사 설교에 대한 불만은 더 쌓여가게 된다. 필자의 경험에서 보았을 때 오늘날 상당수의 '가나안 교인'들이 이런 상태에 있다. 교회 안에는 이런 교인들이 생길 수밖에 없기 때문에 교회는 정기적으로 분립 개척을 하여 자연스럽게 교인들이 교회를 '떠나게(?)' 하는 것이 바람직하다고 생각한다.

필자가 생각하기에 이런 상황에서 신앙생활을 계속하는 것은 자신이나 교회를 위해서도 좋지 않다고 생각한다. 떠나는 것 외에는 답이 없다고 판단하면 교회의 상담과 지도를 받아서 적합한 교회를 찾아 떠날 수 있을 것이다. 당회는 그런 신자를 계속 그 교회에 묶어 두기보다 그 교인에게 맞는 교회를 추천하여 신앙생활을 하도록 하는 것이 좋다. 교회는 오는 교인도 잘 환대를 해야 하겠지만 떠나는 교인도 잘 지도하여 보내야 한다.

이것이 효과적으로 이루어지기 위해서는 교회를 떠날 때 어떻게 해야 하는지를 성도들에게 가르쳐야 한다. 대부분의 교회는 교회의 가입에 대해서는 친절한 안내가 있지만 떠나는 것에 대해서는 아무런 지침이 없는 경우가 많다. 그러다 보니 신자들이 아무런 상의도 없이 교회를 떠나는 경우가 많다. 아무도 교회를 떠나는 법을 가르쳐 주지 않았기 때문이다. 따라서 구체적인 지침을 세워서 성도들이 필요할 때 교회의 지침과 지도대로 편안하게 잘 떠나도록 도와주는 것이 교회가 해야 할 일이다. 그렇게 지도할 때 성도가 교회를 떠나더라도 이단이나 사이비에 빠지지 않게 된다. 당연히 교인은 그와 같은 교회의 지도를 잘 따라서 이명해야 할 것이다.

아주 옛날과 달리 오늘날 현대 사회에서는 개인이 교회 선택권을 가지고 있다. 그러나 이것은 얼마든지 타락한 양심에 따라 남용될 수 있다. 만약 교회를 자주 떠난 적이 있는 사람은 정말 자신에게는 문제가 없는지를 심각하게 질문해야 할 것이다. 만약 그 문제가 해결되지 않았다면 교회를 옮기더라도 그 문제는 얼마든지 다시 발생할 수 있기 때문이다. 또한 이 지상에는 완벽한 교회가 없다는 것도 직시해야 한다. 본인이 판단하기에 좋은 교회라고 생각하더라도 얼마든지 다른 문제가 생길 수도 있다. 교회를 자주 옮기는 것은 본인에게도 큰 상처가 되지만 남아 있는 목사나 교인들에게도 큰 상처가 된다는 것을 잊어서는 안 된다. 적어도 신자가 목사와 아무런 상의 없이 교회를 떠나는 것은 본인뿐만 아니라 자녀들을 위해서도 결코 유익하지 않다.

성도는 언제 교회를 떠날 수 있는가? 교회(장로교회의 경우 당회)의 허락을 받으면 떠날 수 있다. 허락을 하지 않으면 어떻게 할 것인가? 기다려야 한다. 계속 허락하지 않으면 어떻게 할 것인가? 양심에 따라 교회를 떠날 수 있지만 교회의 권징을 감수해야 한다.

06

좋은 교인이 좋은 목사를 만든다

황원하

❦

교회 개혁을 부르짖는 이들 대부분은 "목사들이 바로 서야 교회가 바로 선다"고 주장한다. 이것은 전적으로 옳은 말이다. 오늘날 목사들이 정신을 차리지 않고 방만하며 교회를 자신의 이득의 수단으로 여김으로 교회가 쇠락의 길을 걷고 있는 것은 주지의 사실이다. 필시 목사가 변해야 교회가 변한다.

그런데 목사가 변하려면 우선 교인들이 변해야 한다. 좋은 교인들이 모인 좋은 교회에서 좋은 목사가 배출되고 또한 좋은 목사 때문에 좋은 교회가 만들어지고 좋은 교인들이 생산된다. 이러한 선순환을 다음과 같이 정리할 수 있다.

좋은 교인이 신학대학원에 진학해야 좋은 목사가 만들어질 수 있다

일반적으로 4년제 정규대학을 나오고 3년간 신학대학원(신대원)에서 공부한 후 일정기간 수련기간(강도사)을 보내고 목사고시에 합격하면 목사가 될 수 있다. 그렇다면 신대원 3년의 기간은 좋은 목사가 되기에 충분한 기간인가? 그렇지 않다. 왜냐하면 신대원에 진학하는 나이는 보통 20대 중후반이고 늦으면 30대 이상인데, 이때는 이미 성격이나 성향 등이 결정된 상태이기 때문이다. 즉, 신앙과 인품과 학습능력이 정해진 후에 신대원에 와서 공부하는 것이다.

따라서 신대원생들은 이미 굳어진 세계관의 프레임 안에서 신학 지식을 습득하고 심지어 어떤 이들은 목사가 되기 위한 자격증 취득에만 지대한 관심을 가진다. 그리고 그렇게 신대원 시절을 보내는 이들은 교수들이나 동료들이나 학문 자체로부터 결정적인 영향을 받지 않는다. 즉, 그들은 이미 가정과 교회와 사회에서 모든 것이 형성된 상태로 신대원에 입학하기 때문에 신대원에 들어와서 그들이 변화되기를 바라기란 어렵다.

그러므로 좋은 목사가 되는 데 있어서 가장 결정적인 순간은 신대원 시절이 아니라 그보다 이전인 가정과 교회에서 보낸 기간이다. 어릴 때부터 좋은 성품과 성실한 태도를 갖춘 사람, 가정에서 부모를 공경하고 형제간에 우애 있게 지내온 사람, 그리고 오랫동안 교회에서 신앙훈련을 착실히 잘 받아온 사람이 신대원에 진학했을 때 좋은 수학태도를 보이며 교회봉사도 무난하게 잘한다. 이로 인해 담임목사들은 부교역자를 청빙할 때 그가 자라온 환경을 중요하게 관찰한다.

교인들은 목사의 성장 자극제가 되어야 한다

신대원을 졸업한 후 목사임직을 받으면 그다음부터는 담임목사에게 훈련을 잘 받아야 한다. 부목사 시절에 좋은 담임목사를 만나는 것만큼 큰 복이 없다. 그런데 좋은 담임목사가 목회하는 교회는 좋은 교회이기에 결국 좋은 교인들이 좋은 목사를 만든다고 할 수 있다. 분명히 좋은 교회에서 좋은 청년을 신학대학원에 보내어 공부시켜서 지성과 경건을 가다듬게 하고 다시 좋은 교인들 가운데서 목사가 목회하는 것이 이상적이다. 물론 이런 이상을 기대하기란 쉽지 않지만 말이다.

냉정한 말이긴 하지만, 교인들은 목사가 교인들을 만만히 보지 못하게 만들어야 한다. 목사가 설교를 대충 할 수 없도록 교인들은 스스로의 기량을 향상시켜야 한다. 그러면 목사가 긴장하게 된다. 목사가 설교 준비를 제대로 하지 않아도 눈치 채지 못하는 교회, 그리고 목사가 행정과 목양을 부실하게 해도 아무런 문제가 생기지 않는 교회의 교인들을 어떻게 보아야 할까? 그들을 마냥 좋은 교인들이라고 할 수 있을까? 쉽지는 않겠지만 목사도 연약한 존재이기에 목사의 연약함을 채찍질해 줄 자극제가 있어야 한다. 그들이 바로 교인들이다. 물론 이 말은 목사를 괴롭히거나 설교를 비판하라는 뜻이 아니다. 오히려 목사가 교인들의 상태를 높이 평가하고 더욱 공부할 수 있도록 교인들이 스스로를 채찍질하라는 뜻이다.

오늘날 안타깝게도 목사의 타락과 범죄 소식을 자주 듣는다. 그런데 목사의 타락 배후에는 반드시 교회의 허술한 체계와 교인들의 방만한 의식이 있다. 그리고 틀림없이 불성실한 장로들이 있다. 목사의 가장 중요한 파트너는 장로들이다. 장로들은 목사가 목회를 제대로 하도록 협력해야 한다. 그들은 목사가 하려는 일에 적극 동참해야 하고 아낌없이 지원해야 한다. 그렇지만 이와 동시에 그들은 목사가 바르게 혹은 제대로 일하도록 환경을 조성해 주어야 한다. 그리하여 목사가 다른 마음을 품지 못하고 두렵고 떨림으로 일하게 만들어 주어야 한다. 그리고 그것이 목사에게도 유익하다.

좋은 목사가 다시 좋은 교인들을 만든다

하나님께서는 교회를 다스리실 때 직분자를 통해서 다스리시는데, 직분자 중에서 목사가 가장 중요한 역할을 한다. 교회의 수준과 정도는 그 교회의 목사에게 달려 있다고 해도 과언이 아니다. 교회는 목사의 성향과 능력대로 흘러간다. 즉, 한 교회의 성격은 그 교회를 목회하는 목사의 성격과 거의 같이 된다. 이것은 사실이다. 그런 면에서 좋은 목사가 좋은 교인들을 만들어 낸다고 말할 수 있다. 필시 목사가 바른 신학을 가지고 제대로 목회하면 신실하고 견실한 교인들이 나오게 되어 있다.

반대로 말하자면, 목사가 시원찮고 말씀을 제대로 전하지 못하면 좋은 교인들이 나오지 않는다. 그런 목사가 있는 교회의 특징은 연약함과 부실함, 그리고 다툼과 분쟁으로 얼룩져서 사탄이 넘어뜨리기에 아주 쉽다. 실제로 목사의 설교가 좋지 않으면 교인들이 영적인 영양결핍 상태에 있게 되는데 그런 교회의 교인들은 교회 안에서 왠지 모를 스트레스를 가지고 있으며, 세상에 나가서도 힘없이 살면서 죄악과 싸우는 데 버거워한다. 그러므로 목사의 기량 향상은 교회의 건강함에 직결된다고 하겠다.

그렇다면 목사들은 기도를 많이 해야 하고 신학공부를 열심히 해야 하며, 경건한 인격과 본을 보이는 삶을 살아야 한다. 목사의 철두철미한 생활은 아무리 강조해도 지나치지 않다. 다시 말하지만, 목사의 실력이 교회의 흥망을 좌우한다는 사실을 명심해야 한다. 목사 한 사람으로 인해서 자신이 목회하는 교인들의 수준이 결정된다는 점을 알고 무거운 책임감을 가져야 한다. 오늘날 우리는 목사의 타락이 목사 자신에게 국한되지 않고 교회의 문제, 나아가서 기독교 전체의 이미지에 연결되고, 다음 세대 부흥에 큰 지장을 초래하는 일이 됨을 목격한다.

교인들은 좋은 목사를 청빙해야 한다

마지막으로 교인이 목사를 청빙하는 문제를 언급하겠다. 좋은 교인이 좋은 목사를 만든다고 했는데, 좋은 목사를 청빙하는 일이야말로 좋은 목사를 만드는 중요한 계기가 된다. 부목사 청빙은 담임목사와 당회가 결정하는데 부목사는 소위 '임시직'이고 담임목사의 지도를 받는 위치에 있으며, 문제가 발생했을 때 교회를 사임하는 절차가 간단하기 때문에 부목사 때문에 교회가 큰 어려움을 겪지는 않는다(물론 이런 현실을 바람직하다고 생각하는 것은 아니다). 그러나 담임목사, 특히 위임목사의 청빙과 사면은 대단히 신중하고 복잡하며, 자칫하면 교회가 큰 어려움을 겪는다. 따라서 교회는 담임목사 청빙을 매우 잘해야 한다.

웬만한 교회는 담임목사를 청빙할 때 무수한 후보들을 놓고 수많은 검증절차를 통해서 거르고 걸러서 결정한다. 그런데 기껏 고생해서 담임목사를 청빙했는데 어려움을 겪는 교회가 적지 않다. 이것은 교인들의 잘못이다. 교인들이 목사를 보는 안목이 부족해서 생긴 일이다. 교회는 자기 교회에 적합한 인물을 담임목사로 청빙해야 한다. 예를 들어, 작은 교회에서 담임목사를 청빙할 때 대형교회 부목사를 모셔 오는 경우가 있는데, 그렇게 하면 어려움이 생기기 쉽다. 왜냐하면 대형교회의 구조나 형태와 작은 교회의 그것들 사이에는 큰 간격이 있기 때문이다. 그리고 무엇보다도 큰 교회 부목사라고 해서 탁월한 사람은 아니다!

그래서 담임목사를 청빙할 때 신문광고를 내고 이력서를 받아서 심사할 것이 아니라 교단의 어른들이나 지도자들에게서 좋은 후보를 추천받는 방법을 권유하는 바다. 교단의 지도자들에게 부탁하면 그들이 오랫동안 지켜봐 온 검증된 제자나 후배를 추천할 것이며, 결코 자신의 명예를 손상시킬 만한 사람을 추천하지 않을 것이다. 어쨌든 교인이 좋은 목사를 알아보고 공정한 절차를 거쳐서 청빙한다면 많은 목사들이 좋은 목사가 되기 위해서 노력할 것이다. 그러나 현실이 그렇지 않다 보니 목사들이 편법을 쓰고 세속적인 스펙 쌓기에 열중하는 것이다.

결론

글을 정리하겠다. 좋은 교인들은 좋은 청년을 신대원에 보내야 하며, 그곳에서 훈련받은 청년은 좋은 목사가 되어서 다시 좋은 교인들을 생산해 내어야 한다. 신대원은 모두에게 동등한 곳이다. 신대원 교수들은 학생들을 차별해서 가르치지 않고 모두에게 동등한 가르침을 펼친다. 따라서 우리는 부실한 목사를 보면서 신대원을 나무랄 것이 아니라 교회의 허약한 토양을 반성해야 한다. 신대원에 보냈을 때는 이미 늦었다. 좋은 교인들이 좋은 목사를 만들어 내며, 좋지 않은 목사들을 만든 책임은 좋지 않은 교회에 있다.

실제로 필자는 신대원에서 좋은 교회 출신이 성품도 좋고 실력도 뛰어난 것을 많이 보았다. 반면에 싸우고 분쟁하는 교회 출신들과 부실한 말씀을 전하는 목사에게서 양육 받은 학생들 중에서 괜찮은 이들이 별로 없는 것을 보았다. 반면에 좋은 교회에서 자란 사람이 아닌데 신대원에서 극적으로 변화되어 좋은 목사가 되는 경우는 그리 많지 않았다. 그러므로 좋은 교회를 만드는 것이 급선무이며, 아무나 신대원에 보내지 않아야 하고, 신대원에 보낸 후에는 적극적으로 지원함과 더불어 세밀하게 보살펴야 한다. 좋은 교인이 좋은 목사를 만든다.

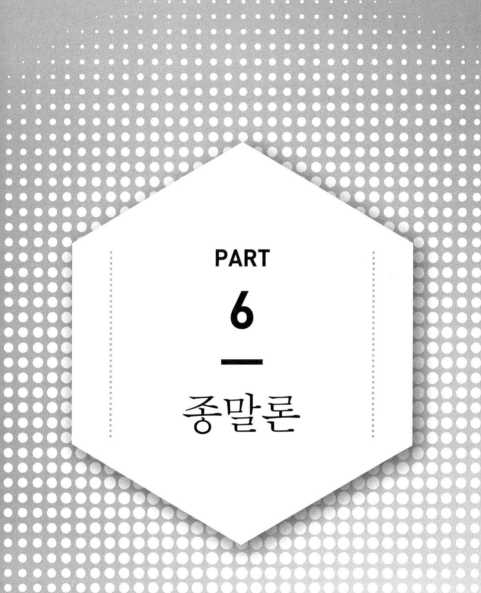

PART

6

—

종말론

01

거짓 종말론 구분법

이성호

⁓❦⁓

    오늘날 한국 개신교는 이단들로 몸살을 앓고 있다. 그 이단들을 조금만 살펴보면 그들의 교리가 대부분 거짓된 종말론에 근거하고 있음을 알게 된다. 많은 성도들이 이들의 거짓된 가르침에 속아 넘어가는 가장 중요한 이유는 교회가 참된 종말론을 가르치지 않기 때문이다. 적어도 성도들에게 참된 종말론과 거짓된 종말론을 구별하는 최소한의 확실한 기준을 알려 주어서 성도들이 미혹을 받지 않도록 해야 할 책임이 교회에 있다.

    그러나 이단들의 종말론을 반박하기가 쉽지 않다. 그 이유는 그들이 자신들의 가르침이야말로 성경에 가장 충실하다고 가르치기 때문이다. 따라서 그들의 오류를 일일이 지적하는 것이 그렇게 효과적인 방법은 아니다. 성도들에게 필요한 것은 그런 세세한 반박문이 아니라 거짓된 종말론을 쉽게 분별할 수 있는 몇 가지 중요한 원리들이다.

거짓된 종말론은 공포심을 조장한다

    종말론은 소망에 관한 교리이다. 따라서 참된 종말론은 성도들에게 소망을 갖게 하고, 그와 정반대로 거짓된 종말론은 성도들에게 공포심을 조장하여 두려움의 상태에 빠뜨린다. 성경은 어느 곳에서도 신자들에게 공포심을 주기 위해서 종말에 대해서 말하지 않는다. 물론 악인에 대한 무시무시한 심판을 말하는 곳이 있지만 그것을 말하는 궁극적 목적은 신자들에게 참된 평안을 주기 위해서다. 이 소망이야말로 거짓된 종말론을 분별하는 가장 확실한 기준이라고 할 수 있다. 아무리 종말에 대해서 자세하고 그럴듯하게 가르친다고 하더라도 그것이 공포심을 일으킨다면 그것은 거짓된 종말론이다.

거짓된 종말론은 세상에 대해서 무관심하게 만든다

모든 교리에도 적용되지만 사도신경이야말로 종말론에 대한 가장 기초적인 가르침을 제공한다. 이 보편적 신경은 주님께서 재림하는 목적을 분명하게 밝힌다. 성부 하나님의 오른편에 앉아 계신 예수 그리스도는 마지막 날에 살아 있는 자들과 죽은 자들을 심판하러 오실 것이다. 즉, 심판이 재림의 최종 목적이다. 그렇다면 누가 재림을 간절히 사모하겠는가? 재판을 사모하는 자들이다. 왜 그리스도의 재판을 사모하는가? 그 재판은 가장 의로운 재판이기 때문이다. 누가 의로운 재판을 사모하겠는가? 바로 이 세상에서 하나님의 나라와 의를 위해서 핍박받는 자들이라고 할 수 있다. 거짓 종말론은 신자들로 하여금 현실에서 도피하라고 가르치지만, 참 종말론은 그와 반대로 이 세상에서 그의 나라와 하나님의 의를 구하라고 가르친다.

거짓된 종말론은 종말에 대해서 다 아는 것처럼 선전한다

종말에 대한 성경의 가르침은 많은 상징으로 묘사되어 있다. 따라서 그런 부분들은 오늘날 현대인들이 쉽게 이해할 수 없다. 하나님은 종말에 대해서 다소 모호하게 계시하셨다. 그렇게 하신 것은 그 방법이 신자들에게 유익하다고 하나님께서 판단하셨기 때문이다. 사실 성경의 모든 부분이 명확한 것이 아니다. 예를 들어, 성경에 기록된 과거의 역사 중에서 우리가 모르는 것이 상당히 많다. 마찬가지로 성경에 기록되었지만 앞으로 미래에 일어날 일에 대해서도 우리가 모를 수 있다. 성경은 우리가 모든 세세한 일을 다 이해하도록 하기 위해서 기록된 것이 아니라는 것을 인식해야 한다. 그러나 거짓된 종말론은 그런 것들을 정확하고 세세하게 다 안다고 자랑하면서 그것들을 모르는 신자들을 무시한다. 종말론에 대해서 완벽하게 가르쳐 준다고 선전한다면 그것은 거짓 종말론일 가능성이 매우 높다.

거짓된 종말론은 성경이 과거의 성도들을 위해서도 기록되었다는 사실을 무시한다

모든 성경은 아주 오래전에 기록되었다. 종말에 관한 성경의 가르침들도 마찬가지이다. 기록된 지가 2,000년 가까이 된다. 성경은 일차적으로 성경이 쓰인 당시의 성도들을 위해서 기록되었다. 따라서 가장 기본적으로 이 성경을 처음으로 읽었던 독자들의 입장에서 성경을 보아야 바른 해석을 할 수 있다. 베리칩(Verichip)이나 144,000명과 같은 숫자들이 초대 교회 성도들에게 어떤 의미를 가졌는지를 깊이 있게 생각해 보아야 한다. 그런데 오늘날 상당수의 종말론적 이단들은 이런 역사적 상황들을 완전히 무시하고 오늘날 일어나고 있는 구체적인 사건들을 2,000년 전에 기록된 성경 내용과 자꾸 연결시키려고 한다.

거짓된 종말론은 몸의 중요성을 간과한다

기독교와 다른 종교의 중요한 차이점은 몸을 대단히 중요하게 생각한 다는 것이다. 이것은 종말론도 마찬가지이다. 거짓된 종말론은 이 점을 대 수롭지 않게 생각하는 경향이 있다. 사도신경에서 우리는 '몸'의 부활을 믿 는다. 우리는 또한 예수 그리스도의 '육체적' 재림을 믿는다. 그러나 거짓 된 종말론은 이런 이해들을 하나의 신화로 치부해 버린다. 그들은 몸의 부 활이 그렇게 큰 의미가 없다고 본다. 부활 신앙에 있어서도 중요한 것은 실 제 몸이 부활하는 것이 아니라 그리스도의 사랑의 가르침을 오늘날 되살 려 이웃들에게 실천하는 것이다. 특별히 자유주의 신학에 물든 이들이 이 런 식으로 종말을 해석하는 경향을 강하게 보이고 있다.

거짓된 종말론은 종말의 때를 알 수 있다고 주장한다

성경은 분명히 종말의 때를 오직 하나님 아버지만 알고 계시다고 가르 침에도 불구하고 교회 역사 속에는 끊임없이 그 때를 알 수 있다고 가르치 는 이단들이 있었다. 결국 성경을 어떻게 보는가의 문제이다. 모든 이단들 이 그렇듯이 거짓 종말론자들은 성경의 충분성을 믿지 않는다. 비록 예수 님과 사도들은 그 당시에 어떤 이유 때문에 몰랐다고 하더라도 성령께서 오늘날에는 계시를 통해서 특별한 사람들에게 그날을 알려 줄 수 있다고 그들은 주장한다. 겉으로 보기에 그들은 성령의 능력을 대단히 높이는 것처럼 보이지만 실제로는 자신들만이 성령을 소유하고 있다고 주장함으로써 자신들을 높이는 것이다. 주의 날이 도둑같이 오지 않는다(살전 5:4 참고)는 말은 성령께서 그날을 알려 주셨기 때문이 아니라 참된 신자는 날마다 깨어 있으면서 믿음으로 그 날을 준비하기 때문이다.

이 여섯 가지의 기준만 가지고 있어도 신자들이 거짓 종말론을 쉽게 구분할 수 있으리라 생각한다.

02

신앙고백서, 종말을 말한다

안재경

 ❧

    끝 날에 대한 이야기는 늘 호기심 어린 주제였고, 신(信) 불신(不信)간에 누구나 한마디씩 거들고 나서는 주제이다. 사실, 미래에 대한 예측과 지구 종말에 관한 예측은 믿지 않는 자들이 더 자주 들먹거리던 것이기도 하다. 기독교계 내에서 종말에 대해 가장 큰 관심을 보이는 이들은 이단들과 주님의 재림 날짜를 알아서 준비하려는 시한부 종말론자들이다. 이들은 종말에 모든 것을 걸고 있지만 정작 시간을 주관하시는 주님을 경외하는 것 같지는 않다. 그들은 성경에 기록되어 있다고 믿는 특정한 날과 시간을 고집하고 있으니(물론 그 날과 시에 주님이 오시지 않으면 그 날과 시를 바꾸어야 하겠지만) 로또 당첨을 바라는 이들에 비유할 수 있겠다. 종말은 우리의 호기심을 충족시켜 주기 위한 것이 아니라 만사에 대한 하나님의 주권을 인정하면서 겸손하게 다루어야 한다. 종말론은 아직 실현되지 않았기에 온갖 억척을 늘어놓을 수 있지만 창조로부터 시작된 하나님의 구원계획의 종지부를 찍는다는 점에서 확실하게 고백해야 할 부분이다. 그러면 웨스트민스터 표준문서들에서 종말을 어떻게 다루고 있는지 살펴보자.

죽음은 죄의 삯이요, 신자의 죽음은 해방이다

대요리문답은 소위 말하는 개인적인 종말, 즉 사람의 죽음에 대해 먼저 다룬다. 죽음은 죄의 삯이요, 모든 사람에게 정해진 것이라고 고백한다(84문답). 그런데 죽음이 죄의 삯이라면 그리스도를 통해 자신들의 모든 죄를 '용서받은 의인들'이 왜 불신자들과 같이 죽어야 하는지 묻는다(85문). 이에 대해 의인들의 죽음은 겉으로 보면 불신자들의 죽음과 하나도 다르지 않지만 근본적으로 다르다고 답한다. 신자들은 죽을 때에도 죽음의 쏘는 것과 저주에서 구출된다. 신자의 죽음은 하나님의 사랑에서 비롯된 것이다. 신자의 죽음은 해방이며, 영광 중에 들어가는 것이다. 신자는 죽어도 사는 자들이다. 아니, 신자는 죽으면서 동시에 사는 자들이다.

신자는 죽음 후에 어떻게 되는가?(86문) 신자의 영혼은 완전히 거룩해지고, 가장 높은 하늘 안으로 받아들여진다. 그들은 하나님의 얼굴을 보면서 자신들의 몸이 완전히 구속될 날을 기다린다. 여기서 우리는 영혼과 몸의 분리에 관해 말하고 있는 것을 볼 수 있다. 그럼에도 대요리문답은 신자의 몸이 죽음 가운데서도 그리스도와 계속해서 연합되어 있다고 고백한다(살전 4:14 참고). 신 불신간에 사람의 몸은 죽어서 썩기 시작한다. 그러나 신자의 몸과 불신자의 몸은 죽음 이후에도 다르다. "신자의 몸은 침상에 누워 있는 것처럼 무덤 속에서 쉬고, 악인의 몸은 부활과 심판의 날까지 감옥에 갇힌 것처럼 갇혀 있다."

모든 사람이 다시 살아나고, 몸과 영혼이 결합한다

대요리문답(87문)은 부활에 관해 우리가 믿어야 할 것이 무엇이냐고 묻고는 '일반적 부활' 즉, 죽은 의인과 악인 모두가 부활한다는 것을 믿어야 한다고 말한다. 마지막 날을 부활의 날이라고 말하면서 그 부활의 날에는 의인과 악인이 같이 부활한다고 말한다. 부활은 신자에게만 적용해야 할 것 같은데 언어의 한계상 신자나 불신자가 다 같이 부활한다고 말할 수밖에 없다. 그러면 그 마지막 날에 살아 있는 이들은 어떻게 되는가? 그들은 그날에 죽고, 죽는 순간 즉시로 부활하는가? 이 세상을 사는 모든 사람은 죄의 삯으로 인해 죽어야 하기 때문에 마지막 날에 살아 있는 사람은 어쨌든 죽어야 한다고 주장하는 이들이 있는데 대요리문답은 그런 사변적인 답을 하지 않는다. 그때 살아 남아 있는 자들은 순식간에 변화된다고 말한다.

부활의 날에는 나뉘어졌던 몸과 영혼이 합쳐진다. 죽어서 흔적도 없이 사라졌던 몸과 천국 아니면 지옥에 가 있던 영혼이 합쳐진다. 이것은 그리스도의 능력으로 이루어지는 일이다. 여기서도 재차 뚜렷한 구분이 생기는데 그것은 의인의 몸과 악인의 몸의 차이다. "의인의 몸은 그리스도의 영에 의해, 그리고 그들의 머리이신 그리스도의 부활의 덕택으로 능력 중에 신령하고 썩지 않는 몸으로 일어나서 그리스도의 영광의 몸과 같이 될 것이다." 그리스도와 합일한다는 의미는 아니다. 그리스도께서 가지신 영광에 동참한다는 뜻이다. 악인의 몸은 다른 대접을 받는다. "악인의 몸은 진노하시는 심판주이신 그리스도에 의하여 치욕 중에 일으킴을 받게 될 것이다." 영광스러운 부활과 치욕적인 부활로 나뉘는 것이다.

사람들뿐만 아니라 천사들도 최후의 심판의 대상이며, 악인과 의인이 구분된다

대요리문답 88문은 부활 직후에 있을 최후의 심판을 언급한다. 이 심판은 '일반적인 최후의 심판'이라고 불린다. 사람들뿐만 아니라 천사들도 이 최후의 심판의 대상이기 때문이다. 이 심판에서 벗어날 수 있는 존재가 없기 때문이다. 대요리문답은 예수님의 재림에 대해서 직접적으로 언급하지는 않고 마지막 날을 부활의 날, 최후 심판의 날로 규정한다. 이 날과 때는 아무도 알지 못한다. 사람은 개인적인 종말, 즉 자기 죽음의 때를 알지 못하는 것과 동시에 우주의 종말, 즉 부활과 심판의 때를 알지 못한다. 하나님께서 그것을 숨겨 놓으셨다. 우리는 항상 깨어서 그날, 주님이 오시는 날을 준비해야 한다.

대요리문답은 심판날에 있게 될 일을 악인과 의인으로 나누어서 설명한다(89문, 90문). 심판날에 악인은 그리스도의 왼편에 세워질 것이다. 그들은 자기들이 죄지은 대로 공평하게 정죄를 받게 될 것이다. '확실한 증거'가 제출될 것이고, '그들 자신의 양심'도 충분한 확증이 된다(롬 2:15-16; 마 22:12; 눅 19:22 참고). 심판날에 의인들은 전혀 다른 대접을 받는다. 그들은 구름 속으로 그리스도에게로 끌어올려져(휴거를 말하는 것이 아니다) 주님의 오른편에 세워질 것이다. 의인들은 거기서 '공개적으로 인정'을 받고 무죄 선언을 받는다. 더 놀라운 사실은 그들이 '버림받는 천사들과 사람들을 그리스도와 함께 심판할 것'이라는 사실이다(고전 6:2-3 참고).

신앙고백서(33장)는 외부를 향한 변증의 목적을 가지고 있음에도 마지막 심판에 관해 분명하게 고백한다. 하나님께서 예수 그리스도께 의로 세상을 심판할 날을 정하시고, 아비지로부터 모든 권세와 심판권을 받으셨다고 고백한다. 천사들뿐만 아니라 땅에 생존했던 모든 사람들이 자신의 생각과 말과 행동을 직고해야 한다고 말한다. 자신이 행한 대로 보응받는다는 것이다. 여기서 오해하지 말아야 할 것은 신자들도 행한 대로 보응받아야 하지만 그리스도께서 그들을 위해 변호해 주신다는 사실이다. 심판장이 변호인이 되는 참으로 이상한 재판이 진행된다.

최후 심판 후 악인과 의인이 나누어져 영원히 살게 되며, 이 모든 일로 인해 하나님이 영광을 받으신다

신앙고백서(32장)는 사람의 사후상태를 다루면서 죽은 자들의 영혼이 죽거나 자는 것이 아니라 불멸의 존재라고 말한다. 헬라인들이 가지고 있었던 영혼불멸설을 연상시킬 수 있는 말을 사용하고 있는데 이것은 조심해야 할 표현이다. 영혼은 처음부터 불멸하도록 지어졌다는 생각은 성경적이지 않다. 어쨌든 신앙고백서는 사람이 죽는 순간부터 그 영혼이 천국과 지옥에 간다고 말한다. "이 두 장소 외에는 성경이 몸으로부터 분리된 영혼을 위해 인정하는 장소가 없다." 신앙고백서는 구원받은 영혼은 낙원으로 가고 구원받지 못한 영혼은 음부로 간다는 생각과 이 장소는 영원히 거할 천국과 지옥과는 다른 장소라는 생각을 거부한다.

부활 이후와 심판 이후에는 어떻게 될 것인가? 신앙고백서와 대요리문답은 영원한 상태를 따로 다루지 않지만 이미 언급한 천국과 지옥을 통해 그 답을 했다. 악인들은 "은혜로우신 하나님의 임재와 그리스도와 그분의 성도들과 그분의 거룩한 천사들과의 영광스러운 교제로부터 쫓겨나 지옥으로 던져질 것이다." 그 지옥에서 언제 해방될 것인가? 해방은 없다. "거기서 몸과 영혼이 모두 마귀와 그 사자들과 함께 영원히 이루 말할 수 없는 고통의 형벌을 받을 것이다." 그 고통이 어떤 것인지는 관련 성경 구절을 언급할 뿐이다(마 25:46; 눅 16:26; 막 9:43, 14:21; 살후 1:8–9 참고). 악인들도 영원히 산다는 의미에서 영생한다고 말할 수 있지만 의인들에게만 영생이 적용된다. "의인들은 하늘로 영접되어 거기서 모든 죄와 비참에서부터 완전히 그리고 영원히 해방된다. 그리고 셀 수 없이 많은 성도들과 천사들의 무리 가운데서, 특히 성부 하나님과 우리 주 예수 그리스도와 성령을 영원토록 대면하고 즐기면서 상상할 수 없는 기쁨으로 충만하게 될 것이며, 몸과 영혼이 모두 완전히 거룩하고 행복하게 될 것이다."

신앙고백서(33장)는 하나님께서 심판의 날을 정해 놓으신 이유를 말한다. 그것은 하나님의 영광을 드러내시기 위함이다. 심판을 통해서 하나님의 영광이 드러난다는 사실이다. 하나님께서 심판의 날을 정하신 목적은 이중적이다. 택함받은 자들의 영원한 구원을 통해 하나님께서는 '자비의 영광'을 나타내신다. 악하고 불순종한 버림받은 자들의 심판을 통해 하나님께서는 '공의의 영광'을 드러내신다. 그리스도께서, 성경에서 이 심판날이 있다는 것을 알리신 이유도 이중적이다. 하나는 만인을 죄에서 떠나게 하시기 위함이고, 다른 하나는 역경에 처한 신자를 위로하시기 위함이다. 심판날이 있다는 사실을 확실하게 납득하는 것이야말로 신자에게 불안이 아니라 도리어 큰 위로가 된다는 사실이다. 그럼에도 불구하고 그 날을 감추어 두심으로 안심하는 마음을 떨쳐버리고 항상 깨어 있어 주님이 속히 오시기를 외치게 하신다.

정리해 보자. 신앙고백서를 보면 성경에서 말하는 종말이 분명하게 보이고, 끝과 시작이 선명하게 꿰어지는 것을 알 수 있다. 웨스트민스터 표준문서들에 나타난 종말에 관한 고백을 보면 말세 중의 말세를 사는 신자들의 바른 분별력이 돋보인다. 위에서 살펴보았듯이 개혁주의 신앙고백서들은 끝 날이 확실하다는 것을 단순하고 조촐하게 고백한다. 네덜란드 캄 펀신학교에서 교의학을 가르쳤던 캄파이스(J. Kamphuis) 교수는 칼빈의 종 말론에 동의하면서 이런 개혁주의 종말론을 두 단어로 요약한 적이 있다. 하나는 '조촐함'(Sobrietas)이고, 다른 하나는 '확실성'이다. 이 두 가지는 다 사변과 거리가 멀다. 조촐하기에 확실하고, 확실하기에 조촐하다. 개혁주 의 종말론은 성경에서 언급하는 부분만 말하기에 너무나 조촐하다. 군더 더기가 없는 것처럼 보이지만 너무나 싱거워 보이기도 한다. 여느 종말론 처럼 끝 날의 시간표를 작정하기에 여념이 없는 것과는 확연하게 다르다. 그렇다고 개혁주의 종말론이 끝 날에 대해 흐릿하게 말하는 것이 아니다. 어느 종말론보다 확실하게 끝 날에 대해 말한다. 조금이라도 다르게 해석 할 여지를 남겨 두지 않는다. 개혁신자는 종말의 시간표를 작성하기에 여 념이 없는 것이 아니라 마지막 때를 사는 지혜를 담대하게 구한다. 끝 날의 시간표를 알아내려고 하지 않기 때문에 도리어 종말에 대해 더 확실하게 고백하며 살 수 있다. 하나님의 말씀이 단순하고 확실한 것처럼 끝 날에 대 한 고백은 조촐하고 분명할 수밖에 없다. 요즘 유행하는 말로 개혁신자는 종말이 없는 듯 종말을 기대하며 살아간다.

03

천년 왕국은 존재하는가?

황대우

＠やかの

세례 요한과 예수님 그리고 제자들에게 이어지는 천국 도래, 즉 하나님 나라의 도래에 대한 가르침은 기독교 신앙의 핵심이다. 부활 승천하신 예수님께서 다시 오셔서 세상을 심판하실 것이라는 재림에 대한 희망은 흔히 종말론이라 불린다. 이 종말론은 다른 종교와 구분되는 기독교의 가장 독특한 교리 가운데 하나이다.

기독교 종말론에서도 요한계시록 20장을 근거로 천년 왕국에 대한 교리는 학자들마다 의견이 달라 수많은 기독교인들에게 혼란을 야기하고 있다. 요한계시록 20장에는 사탄이 잡혀 결박되는 기간 '천 년'(millennium = mille[천] + annus[년])에 대한 설명과 함께 성도들이 '그리스도와 더불어 천년 동안 왕 노릇'(4절) 한다는 말씀이 기록되어 있는데, 이것이 바로 천년 왕국의 근거다.

천년 왕국에 대한 설명은 역사적으로 크게, '천 년'이라는 숫자를 문자적으로 수용하는 '천년주의'(Chiliasm; Millennarianism, Millennialism)와 그것을 상징적으로 수용하는 '반-천년주의'(anti-Chiliasm, anti-Millenniarism)로 구분할 수 있다. 문자적 혹은 문자주의적 천년주의는 전천년설(Premillennialism; Premillennarianism)과 후천년설(Postmillennialism, Postmillennarianism)로 세분되고, 상징적 혹은 상징주의적 반–천년주의는 무천년설(Amillennialism, Amillennarianism)로 더 잘 알려져 있다.

계시록의 천년 왕국을 상반되게 이해하는 천년주의와 반–천년주의는 초대 교회 이후 지금까지 상존하는 대표적인 기독교 종말론이지만, 전천년설, 후천년설, 무천년설로 구분되기 시작한 것은 아마도 19세기 이후로 볼 수 있다. 오늘날 계시록에 대한 수많은 해설서와 주석들은 저자가 이 세 가지 관점 가운데 어떤 것을 지지하느냐에 따라 천차만별로 나타난다. 또한 오늘날 수많은 기독교 이단들은 대동소이하게 자신들만의 독특한 계시록 해석을 기반으로 포교활동을 하는데, 대부분 문자주의와 상징주의를 자기들 입맛대로 활용한다.

전천년설은 '천년전재림설'이라고도 정의할 수 있는데, 역사적 전천년설과 세대주의적 전천년설로 구분된다. 역사적 전천년설은 재림의 시기가 가까울수록 세상의 교회와 성도들이 박해를 받는 대환란을 겪게 되는데, 재림을 통해 대환란이 종식되고 동시에 지상의 천년 왕국이 시작되어 천년 동안 성도들이 그리스도와 함께 통치한 후에 마지막 심판을 통해 영원한 하나님 나라가 시작된다고 가르친다.

역사적 전천년설과 달리, 세대주의자들은 예수님의 재림을 1차 공중 재림과 2차 지상 재림으로 구분한다. 세대주의자들에 따르면 지상에서 고난을 당하던 성도들과 교회는 예수님의 1차 공중 재림을 통해 하늘로 들려올라가고, 이후 대환란, 즉 지상 심판이 시작되는데 이 대환란은 예수님의 2차 지상 재림을 통해 종식되면서 천년 왕국이 시작된다는 것이다.

후천년설은 '천년후재림설'이라고 정의할 수 있는데, 즉 천년 왕국 후에 그리스도의 재림과 동시에 최후 심판이 이루어지고, 이후 영원한 왕국이 시작된다는 것이다. 후천년설의 가장 큰 특징은 비관적 역사관을 가진 전천년주의자들과 달리 낙관적 역사관을 가지고 있다는 점이다. 즉, 재림과 종말이 다가올수록 세상은 성도들과 지상 교회에게 이전보다 훨씬 살기 좋은 곳이 된다는 것이다. 왜냐하면 지상낙원인 천년 왕국이 역사 속에서 언제 시작되는지 정확히 알 수는 없지만 천년 왕국이 끝날 때 예수님께서 재림하시고 최후 심판이 이루진다고 보기 때문이다.

무천년설은 계시록의 '천 년'을 문자적으로 해석하는 '천년주의'를 반대한다는 점에서 '반-천년주의'로 정의된다. 그 '천 년'을 계시록의 수많은 상징적인 숫자들 가운데 하나로 보기 때문에, 예수님의 초림과 재림 사이의 전체 기간으로 해석하는 것이다. 이런 점에서 무천년주의자들은 천년주의자들과 달리 천년 왕국을 지상낙원으로 보지 않는데, 이것이 무천년설의 가장 큰 특징이다. 무천년설은 재림과 종말이 가까울수록 세상이 혼란스럽고 교회가 세상으로부터 고난을 당한다고 가르치는 점에서는 전천년설과 상통하고, 재림과 최후 심판이 동시에 일어난다고 가르치는 점에서는 후천년설과 상통한다.

천년 왕국에 대한 이 세 가지 종말론은 계시록과 다른 종말론 본문에 대한 해석을 통해 지지를 받고 있기 때문에 우열을 가리기 어렵다. 그리고 시간이 지날수록 이 세 가지 천년 왕국론은 이 중 하나를 지지하는 각각의 학자들에 의해 그 내용이 이전보다 훨씬 복잡하게 설명되고 있다. 가령 칼빈의 종말론은 칼빈 자신의 정의에 의하면 '반-천년주의'이지만, 성경 본문에 대한 칼빈의 해석으로 판단할 경우 때론 후천년설을 지지하기도 하고, 때로는 전천년설을 지지하기도 한다. 이것은 종교개혁 이전의 신학자들의 종말론을 이 세 가지 천년 왕국설로 분류하는 문제가 있다는 반증이다.

계시록에서 '천 년'이라는 숫자는 문자적으로 받아들여야 하는 것일까, 아니면 상징적인 숫자로 해석할 수 있는 것일까? 천년주의자들이 주장하는 것처럼 천년 왕국은 과연 역사의 종말에 존재하는 지상낙원일까? 이러한 천년 왕국은 과연 영원한 하나님 나라와 얼마나 다른 것일까? 아니면 무천년주의자들의 주장대로 지상낙원과 같은 천년 왕국은 역사 속에 존재하지 않는 것일까? 이미 세 가지 천년 왕국설이 존재하는 한 이 질문에 대한 통일된 답변을 듣기는 쉽지 않을 것이다. 세 가지 가운데 성경의 지지를 받을 수 있는 범위 내에서 각자 자신의 취향에 따라 하나를 선택하는 수밖에 달리 방법이 없을 듯하다.

　그러나 그리스도인이라면 아무도 부인할 수 없는 분명한 사실 하나는 지금 우리가 그리스도의 재림과 종말을 향해 쉼 없이 달려가는 세상과 역사 속에 살고 있다는 것이다. 즉, 우리의 삶은 종말론적이라는 점이다. 그러므로 지상에서 신자의 진정한 신앙적 삶은 그리스도의 재림과 세상의 종말에 대한 인식과 대망 없이는 불가능하다. 종말에 대한 인식과 대망이 부족할 경우 그리스도인은 무사안일주의에 빠지기 쉬운 반면, 그 대망이 너무 지나치게 되면 현실을 도피하게 되고 이단적 종말론에 경도되기 쉽다. 이 양 극단에 치우치지 않도록 항상 깨어서 주의하고 경계해야 한다.

04

2세기의 몬타누스를 통해 본
종말론의 교훈

임경근

❧

에베소에서 그렇게 멀지 않은 페푸자(Pepuza)에 한 교회가 있었다. 교회는 평안했다. 주일이면 온 교인이 함께 모여 예배했다. 함께 찬송을 부르고 설교도 듣고 헌금을 했다. 매 주일 똑같은 일이 반복되었다. 특별히 나쁠 것도 없고 특별히 좋을 것도 없었다. 늘 보던 사람이고 늘 듣는 같은 말씀이었다. 성령의 역사는 눈에 보이지도 않는 것 같고 교회는 열정이 없어 보였다. 성령의 열매도 보이지 않았다. 어떤 사람은 뭔가 특별한 것을 바라기도 했다.

바로 그때 몬타누스(Montanus, A.D. 135-177)라는 사람이 나타났다. 그는 본래 이방종교의 제사장이었지만 나중에 그리스도인이 되었다. 성경을 읽었다. 몬타누스는 요한복음을 특히 좋아했다. 요한복음에는 예수님이 '보혜사'에 대해 자주 얘기한다. 예수님이 보내실 성령에 대한 것이다. 몬타누스는 이렇게 생각했다. '지금 우리 교회에는 성령의 일하심이 있는가?' '성령님의 표적이 없어!' '방언에 대해 들어 본 적 있는가?' '성령으로 충만한가?' 몬타누스는 이런 생각을 다른 사람에게도 말하기 시작했다. 꽤 많은 사람들이 그의 생각에 동의하고 그를 따랐다.

어느 주일날 몬타누스는 두 여자를 데리고 와 교회에 소개했다. 한 여자는 프리스킬라(Priscilla)였고 다른 여자는 막시밀라(Maximilla) 였다. 이 두 여자는 남편을 버리고 몬타누스를 따라다녔다. 그 여자들은 예언자라고 하면서 교회에서 이상한 말로 기도했다. "ㄹㄹㄹ ㄹ*$%#@!(+)_^%%44%67*87" 오순절 날 있었던 방언이라고 말했다. 바닥에 넘어지기도 하고 몸을 구르기도 하고 깔깔대며 웃기도 했다. 예언을 하면 그대로 이루어지기도 했다. 교회는 이런 이상한 것들을 보고 깜짝 놀랐다. "와! 성령이 오셨어! 이것이 바로 보혜사 성령이 오신 증거야!" 몬타누스는 이것이 보혜사 성령의 역사라고 설명했다. 많은 사람들이 그들을 추종했다. 그런데 가끔씩 그 보혜사가 자기 자신이라고 말하기도 했다. 좀 이상했지만 대단한 기적과 능력을 행하는 그의 말을 믿지 못할 이유는 없었다. 어느 날은 몬타누스가 교인들에게 이렇게 말했다. "여러분은 페푸자의 진정한 성도입니다. 세상의 쇠사슬로부터 해방되었습니다. 깨어 있으십시오. 신랑 되신 예수님이 곧 오실 것입니다."

교인들은 이 일이 있은 후 교회 목사를 몰아내고 몬타누스를 목사로 세웠다. 성도들은 몬타누스에게 완전히 빠져 버렸다. 몬타누스는 아주 엄격한 생활을 요구했다. 금식을 자주 하고 재혼을 금지했다. 가장 멋진 삶은 순교하는 것이라고 했다. 자기 몸을 괴롭게 해야 예수님이 빨리 오실 것이라고 가르쳤다. 예수님이 오시면 고생한 사람들은 태양보다 백 배나 더 빛날 것이라고 가르쳤다. 페푸자 교회에서 가장 작은 자도 달빛보다 백 배나 더 빛날 것이라고 외쳤다. 그것을 생각하면 고행을 견딜 수 있었다. 페푸자 교회는 부흥하기 시작했다. 페푸자 교회 주변 사람들도 몬타누스에게 모여들었다. 몬타누스의 영향은 정말 대단했다. 새로운 시대, 새로운 교회, 새로운 나라가 임한 것 같았다.

그런데 몬타누스는 점점 이상하게 변해가기 시작했다. 어느 날 세례를 베푸는데 "아버지와 아들과 성령의 이름으로"라고 하지 않고 '성령의 이름' 대신에 '몬타누스와 프리스길라의 이름'으로 라고 세례를 주었다. 또 몬타누스는 설교를 하다가 성경을 덮고는 이렇게 말했다. "성경은 종이일 뿐입니다. 이제부터 나는 하나님으로부터 직접 듣고 여러분에게 얘기합니다." 몬타누스는 성경보다 더 따끈따끈한 하나님의 말씀을 전한다고 하면서 새로운 계시를 말하기 시작했다. 그러더니 곧 새 예루살렘이 올 것이라고 예언했다. 몬타누스는 며칠 후 천년 왕국이 페푸자 근처 큰 들판에 세워질 것이라고 예언했다. 수많은 신자들이 그곳에 모였다. 그러나 그런 일은 일어나지 않았다. 그를 믿고 따르던 사람들이 실망했다. 그때에야 예수님의 말씀이 생각났다.

> "그 날과 그 때는 아무도 모르나니 하늘의 천사들도, 아들도 모르고 오직 아버지만 아시느니라"(마 24:36).

몬타누스는 나중에 미쳐버리고 말았다. 스스로 목을 매 자살했다. 그를 따르던 사람들은 허탈해 집으로 돌아갔다. 그렇지만 그의 영향력은 쉽게 사라지지 않았다. 왜냐하면 그를 따르던 많은 사람들의 율법적 삶을 추종하는 사람들이 있었기 때문이다. 나중에 터툴리아누스(Tertullianus)도 이 그룹에 합세한 것은 믿어지지 않는 부분이다.

몬타누스가 예수님을 열심히 기다린 것은 잘못이 아니다. 좋은 의도로 신앙생활을 열심히 한 것은 권할 일이다. 오히려 교인의 신앙생활이 미지근하고 세속적인 것이 문제이다. 당연히 성도는 성령의 인도에 민감하고 순종함으로 성령의 열매를 맺어야 한다. 맞는 말이다. 그렇지만 '그리스도와 성령의 이름으로' 거짓 교훈이나 잘못된 방법으로 믿으면 잘못이다. 몬타누스는 성경의 교훈과 다르게 가르쳤다. 몬타누스는 자신이 성령을 조종할 수 있다고 생각했다. 성령이 몬타누스를 통해서만 말씀하신다고 여겼다. 나중에는 몬타누스 자신이 성령이라고 주장했다. 몬타누스의 말은 곧 하나님의 말이었다. 몬타누스 자신이 예언을 할 것인지 말 것인지를 결정할 수 있게 되었다. 몬타누스 스스로 예수님이 언제 어디로 재림하실지를 예측할 수 있게 된 것이다. 그의 생각이 성경보다 더 정확하다고 확신했다. 자기 생각에 떠오르는 것이 곧 진리라고 착각한 것이다. 사람은 스스로 하나님의 뜻을 알 수 없는데 몬타누스는 교만하고 어리석었다.

이단은 완전히 근절되지 않는다. 지금도 몬타누스와 같은 생각을 하는 사람들이 교회 안에 있다. 기적과 이적과 신기한 생각을 좋아하는 사람들이 있다. 성령님은 우리가 느낄 수 없게 일하신다. 성령님은 우리 마음속에 들어오셔서 거듭나게 하시고, 믿음을 주시고, 말씀을 깨닫게 하시고, 순종하게 하시고, 기쁨으로 예배하고, 말씀대로 살도록 하신다(웨스트민스터 소요리문답 29-38문). 이런 성령님의 엄청난 일을 하찮게 여기고 무시한다면 큰 실수를 하는 것이다. 예수님의 참 교회는 단순히 감정이나 인간의 지혜나 의지에 끌려가서는 안 된다. 교회는 성령님이 주시는 평화와 질서로 이끌고 성령의 검인 말씀으로 잘 교육해야 한다. 말씀을 잘 가르칠 때 성령 하나님께서 성도의 마음속에 일하신다. 성령님은 지금도 우리의 생활 가운데 살아 계신다.

몬타누스 종파의 경우를 통해 우리는 어떤 종말론적 관점을 배울 수 있을까? 몇 가지를 정리해 보자.

1. 20세기 말에 대한민국에서 있었던 예수님의 재림에 관한 해프닝은 1992년 10월 28일에 있었던 다미선교회이다. 몬타누스가 일으켰던 종말론적 종파와 크게 다르지 않았다. 재림의 날짜와 장소, 그리고 성경보다는 신비적 예언을 따랐다는 점이다. 물론 기적과 방언과 방서(方書, 방언을 글로 옮겨 적은 것)를 믿고 따랐다. 지금도 이런 일들이 일어나고 있다. 앞으로도 얼마든지 그런 일들이 일어날 가능성이 있다.

2. 성경을 벗어나는 기적과 예언, 계시를 주장하는 은사주의파(오순절파 포함)는 대체로 역사적 교훈에 관심이 없다. 역사를 통해 배울 수 있는 마음과 귀가 없다. 성경은 과거 역사에서 많은 것을 배우라고 지속적으로 얘기하고 있다.

3. 종말론적 이단이 종종 빠지는 함정은 기록된 계시의 경계를 무너뜨리고 넘어가는 것이다. "내가 이 두루마리의 예언의 말씀을 듣는 모든 사람에게 증언하노니, 만일 누구든지 이것들 외에 더하면 하나님이 이 두루마리에 기록된 재앙들을 그에게 더하실 것이요, 만일 누구든지 이 두루마리의 예언의 말씀에서 제하여 버리면 하나님이 이 두루마리에 기록된 생명나무와 및 거룩한 성에 참여함을 제하여 버리시리라"(계 22:18-19). 그들은 이 말씀을 쉽게 간과한다.

4. 종말론적 이단들은 대체로 강하고 특별한 우월의식으로 사로잡히는 것이 특징이다. 교회의 교리를 초월한 새로운 메시지를 가진 종파는 일반적 설교로 살아가는 일반 성도들을 넘어서는 영적 엘리트 의식으로 충만하다. 이런 엘리트 의식은 신기한 기적과 이적으로 쉽게 형성된다. 조심해야 한다.

5. 종말론적 종파는 정치, 경제, 사회, 문화적으로 혼란스럽고 교회의 영향력이 약해졌을 때 더 큰 힘을 얻는다. 종말론적 종파는 일종의 도피처

가 된다. 조심해야 한다.

6. 종말론적 종파는 극단적 금욕주의로 엘리트 의식을 자랑하도록 한다. 삶에서 율법적 엄격성과 열광적 헌신은 그들 스스로 만족감을 얻도록 한다. 조심해야 한다.

7. 예수 그리스도와 그의 복음보다는 눈에 보이지 않는 주관적 성령님의 역사를 더 많이 얘기한다. 조심해야 한다.

8. 이단들은 언제나 교회 가운데 생겨났다. 특히 하나님 아버지와 아들 예수님, 그리고 성령님에 대한 잘못된 이단사상이 교회에 들어왔다. 교회는 진리의 말씀을 잘 보존하고 전해야 한다. 지금도 교활한 이단들의 생각과 영향이 교회에 깊숙이 침투하고 있다. 정신을 차려야 한다. 바울 사도는 에베소교회 장로들에게 그런 교회 가운데 일어날 사나운 이리들을 조심해야 한다고 경고했다(행 20:28-32 참고).

PART

7

—

제자도

01

마태복음에 나타난 '제자'

성희찬

❧

마태복음은 교회에 관한 책이다. 다른 세 복음서에 비해서 교회에 대한 사상이 돋보인다. 사복음서를 통틀어 '교회'라는 용어는 오직 마태복음에 두 군데 나온다(16:18, 18:17 참고). 예수님은 "내가 이 반석 위에 내 교회를 세우리니"(마 16:18)고 하시며 교회를 세우는 이가 바로 자신이라고 말씀하셨다.

그런데 교회를 친히 세우시는 예수님은 도대체 어떤 교회를 세우기를 바라신 것일까? 마태복음 28장 16–20절에 나타난 지상 대명령을 보면 예수께서 어떤 교회를 세우시는지, 그 교회상이 잘 나타나 있다. 여기에 교회의 표지인 말씀과 성례가 언급되고 있는 것은 놀라운 일이다. 특히 '모든 민족을 제자 삼으라'(19절)는 명령에서 보듯이 교회는 제자들로 이루어진다는 것과 또 교회의 기본 구조가 제자도임이 강조되고 있다. 그렇다면 제자는 어떤 자이며 제자도는 어떤 것일까? 제자라는 말이 남발되고 있는 이때에 마태복음을 통해 예수님께서 의도하시는 제자가 어떤 자인지를 보자. 예수님은 자신이 세우시어 말씀과 성례의 표지를 가지는 교회가 제자들로 이루어지는 교회임을 말씀하셨다.

제자는 예수님을 따르는 자다

'따르다'는 말은 마태복음에서 제자와 관련해서 자주 나오는 표현이다 (4:20,22, 8:19).

> " 예수께서 그곳을 떠나 지나가시다가 마태라 하는 사람이 세관에 앉아
>
>   있는 것을 보시고 이르시되 나를 따르라 하시니 일어나 따르니라"(9:9).

그런데 제자는 어떤 위험과 시련이 닥치더라도 예수님을 따르는 자다. 부활하신 예수님이 곁에 계셨지만 여전히 의심하는 제자들이 있었다. 그러나 참 제자는 예수님을 항상 따르는 자로서 예수님과 운명을 같이 하는 자이다. 머리 둘 곳이 없었던 예수님처럼 그런 각오를 가져야 한다(마 8:20 참고). 따라서 예수님을 따른다는 것은 자기를 부인하고 예수님의 고난에 동참하는 것을 말한다(마 10:38, 16:24 참고). 그런데 제자들이 예수님을 따르기 이전에 사실은 예수님이 먼저 이들을 제자로 부르셨다!

예수님이 주도권을 갖고 특정한 사람을 제자로 부르신 것이다. 사람에게 주도권이 있지 않다. 예수님은 자기 사역의 결과로서 자기 백성을 모으는 일을 하신다. 그리고 자기 백성을 모으시므로 친히 자기 교회를 세워 가신다(사 27:12, 하이델베르크교리문답 54문답 참고). 따라서 어떤 사람이 예수님의 제자가 된 것은 예수님의 주권적인 은혜의 부름에 응답하는 것이라고 할 수 있다.

한편 제자도를 향한 이 부름은 한 번에 그치지 않고 계속된다. 제자가 된 이후에도 이 부름은 계속된다. 다음을 보라. 이미 제자가 되었으나 예수님은 다시 '나를 따르라'고 부르시고 있다.

"제자 중에 또 한 사람이 이르되 주여 내가 먼저 가서 내 아버지를 장사하게 허락하옵소서. 예수께서 이르시되 죽은 자들이 그들의 죽은 자들을 장사하게 하고 너는 나를 따르라 하시니라. 배에 오르시매 제자들이 따랐더니"(마 8:21-23).

따라서 예수님의 제자는 한 번 부름을 받은 것으로 머물지 않고 날마다 새롭게 자기의 제자도를 갱신해 가야 한다.

제자는 예수님께 항상 배우는 자세를 가진 자다. "내가 너희에게 분부한 모든 것을 가르쳐..."(마 28:20)

제자에게 유일하고도 영원한 선생은 예수님 밖에 없다.

"그러나 너희는 랍비라 칭함을 받지 말라. 너희 선생은 하나요 너희는 다 형제니라"(마 23:8).

제자는 예수님의 영원한 학생이다. 따라서 제자는 무엇보다도 항상 예수님께 배우는 자가 되어 예수님의 말씀을 깨닫는 일에 힘써야 한다.

"너희가 아직도 깨닫지 못하느냐. 떡 다섯 개로 오천 명을 먹이고 주운 것이 몇 바구니며 떡 일곱 개로 사천 명을 먹이고 주운 것이 몇 광주리였는지를 기억하지 못하느냐 어찌 내 말한 것이 떡에 관함이 아닌 줄을 깨닫지 못하느냐"(마 16:12).

제자라 하면서 항상 예수님과 예수님의 말씀을 배우려는 자세를 가지고 여기에 주력하지 않는다면 이는 실로 모순이 아닐 수 없다.

제자는 순종하는 자다. "내가 너희에게 분부한 모든 것을 가르쳐...지키게 하라"(마 28:20)

제자도는 그리스도요 교사이신 예수께서 '분부하신 모든 것'을 지키고 순종하므로 이루어진다. 제자도는 단순히 말에 그치지 않고 교훈과 생활로 나타나야 한다. 예수님은 율법과 선지자를 완성하셨을 뿐 아니라 '행위'로 '순종'하는 것을 또한 말씀하셨다(마 5:20 참고).

이와 관련하여 마태는 마가보다 '외식하는 자'를 더 많이 언급하고 있다 (마 6:2,5,16, 7:5, 15:7, 22:18, 23:13,15,23,25 등). 예를 들어 다음을 보라.

"화 있을진저 외식하는 서기관들과 바리새인들이여 회칠한 무덤 같으니 겉으로는 아름답게 보이나 그 안에는 죽은 사람의 뼈와 모든 더러운 것이 가득하도다. 이와 같이 너희도 겉으로는 사람에게 옳게 보이되 안으로는 외식과 불법이 가득하도다. 화 있을진저 외식하는 서기관들과 바리새인들이여 너희는 선지자들의 무덤을 만들고 의인들의 비석을 꾸미며 이르되"(마 23:27-29).

"엄히 때리고 외식하는 자가 받는 벌에 처하리니 거기서 슬피 울며 이를 갈리라"(마 24:51).

예수를 입으로 주(主)라 고백하는 것과 선지자의 가르침이나 주의 이름으로 행하는 구원 자체로 '참 제자'가 될 수 없다(마 7:21~22 참고). 오직 예수님의 말씀을 듣고 행하는 자라야 제자이다(마 7:21,24 참고).

따라서 지상에 있는 교회는 의인과 악인이 섞여 있는 곳이어서 마지막 심판까지 열려 있다. 즉, 그 때가 되어서야 비로소 하나님 나라에 참으로 선택된 자가 분명히 드러날 것이다. 이와 관련하여 의인과 악인의 분리에 대한 성경의 말씀은 오직 마태복음에서 나타난다(25장 참고). 그럼에도 불구하고 지금 여기 지상 교회는 부단히 회개와 개혁을 이루어 가야 한다.

예수님은 재림 때에 참 제자를 구분하실 것이다. 그 기준은 다름 아니라 열매를 맺는 것이다(7:16~20 참고). 이런 관점에서 재림에 관한 네 비유를 이해해야 한다. 밤중에 집을 뚫는 도적의 비유(24:42~44 참고), 악한 종과 충성된 종의 비유(24:45~51 참고),. 열 처녀 비유(25:1~13 참고), 달란트 비유(25:14~30 참고). 즉, 지금 교회 시대는 교회가 열매를 맺도록 주님께서 기다리시는 은혜의 때라고 할 수 있다.

이 '순종'의 요소는 "하나님의 나라를 너희는 빼앗기고 그 나라의 열매 맺는 백성이 받으리라"(마 21:43)는 말씀에도 나와 있다. 순종은 하나님의 나라와도 관련이 있다. 누가 진정 하나님 나라의 백성인가? 외식하는 자가 아니라 지금 여기서 계명에 순종하는 자다.

율법에 대한 순종 뿐 아니라 율법을 재해석하는 것 또한 중요하다. 즉, 하나님의 구원 계획과 율법의 완성이라는 맥락에서 율법을 재해석해야 한다. 이로써 옛 이스라엘과 분리된다.

예수님은 "내가 율법이나 선지자를 폐하러 온 줄로 생각하지 말라 폐하러 온 것이 아니요 완전하게 하려 함이라"(마 5:17)라고 하셨다. 또 마태복음에서만 이웃 사랑 계명이 전 율법의 요약으로 제시되고 있다(19:19, 22:39 참고). 15장 1~10절에서도(장로의 유전, 손 씻는 규정) 마태는 예수님의 제자들이 율법 자체를 거부하는 것이 아니라 재해석하고 있음을 보여 주고 있다. 여기서 대적하는 자가 '외식하는 자'로 나오는 것에 유의하라(마 15:7 참고). 또 살인하지 말라는 제6계명에 대한 재해석(마 5:21-26 참고)과 간음하지 말라는 제7계명에 대한 재해석(마 5:27-32 참고) 등을 보라.

제자는 예수님과 항상 있는 자다. "내가 세상 끝 날까지 너희와 항상 함께 있으리라"(마 28:20)

예수님은 우리와 항상 함께 있기를 약속하셨다. 그래서 제자로 살아가는 생활은 이 약속을 믿고 예수님과 항상 함께 있으므로 가능하다. 하나님은 예수님을 통해 자기 백성 곧 우리와 함께하신다는 것을 보이셨다(마 1:23-임마누엘). 그런데 그 예수님은 누구신가? "하늘과 땅의 모든 권세를 내게 주셨으니"(마 28:19)라고 말씀하신 것처럼 세상을 다스리는 주권자이시다. 복음서에서 제자들이 이미 경험한 것이었다.

> "인자가 세상에서 죄를 사하는 권능이 있는 줄을 너희로 알게 하려 하노라(마 9:6).

> "내 아버지께서 모든 것을 내게 주셨으니"(마11:27).

마태복음 8장 23-27절에 보면 풍랑 사건이 나온다. 8장 18-20절에서 예수님이 나를 따르라는 제자도에 관한 말씀을 하시고 나서 이 사건이 나온다.

"배에 오르시매 제자들이 따랐더니 바다에 큰 놀이 일어나 배가 물결에 덮이게 되었으되 예수께서는 주무시는지라. 그 제자들이 나아와 깨우며 이르되 주여 구원하소서 우리가 죽겠나이다. 예수께서 이르시되 어찌하여 무서워하느냐 믿음이 작은 자들아 하시고 곧 일어나사 바람과 바다를 꾸짖으시니 아주 잔잔하게 되거늘."

이 사건에서 보듯이 제자들은 예수님이 함께 계셨음에도 불구하고 예수님을 굳게 믿지 못하였다. 따라서 여기서 주는 교훈은 예수님을 따르는 제자는 온갖 어려움을 항상 염두에 두어야 한다는 것이며, 예수님이 함께 계신다는 믿음과 확신과 신뢰를 가져야 한다는 점이다. 따라서 제자는 예수 그리스도와 끊임없는 교제를 가지며 그분을 신뢰하는 자이다.

제자는 이방인의 구원을 위해 세상에 보냄을 받은 자다. "너희는 가서 모든 민족으로"(마 28:19)

예수님은 제자들을 '모든 민족' 즉, 이방인들에게 보내신다. 즉 하나님께서 일하시는 영역은 온 세상이다. 이방인까지 구원하고자 하시는 일을 위해 제자를 세상으로 보내신다.

02

세례와 제자

안재경

❦

제자훈련이 한때 열풍이었을 때가 있었다. '평신도 제자훈련'이란 것이 한국 교회에 대단한 열풍을 불러일으킨 것이다. 양적인 교회성장에 매몰되어 있는 시대에 교인 한 사람, 한 사람을 그리스도의 제자로 만들어야 한다는 것은 신선하다 못해 대단한 인기(?)를 끌었다.

어느 순간에 제자훈련이란 것이 과연 그리스도의 제자로 제대로 훈련시킨 것인가 하는 것을 의구심이 일어났다. 제자훈련이란 것이 그리스도의 제자로 훈련시키는 것이 아니라 목사의 제자로 훈련시킨 것이 아닌가 하는 의구심도 일어나고 있다. 제자훈련으로 교인들을 구분하는 문제도 심각하다. 제자훈련의 강도가 심하면 심할수록 이런 생각은 더 심해져 갔다.

지금은 그때만 못하지만 제자훈련의 열풍이 완전히 시든 것은 아니다. 수많은 교회성장 프로그램이 명멸하였지만 제자훈련은 여전히 그 명맥을 유지하고 있다. 성경에 제자라는 단어가 있기 때문에 우리는 여전히 제자훈련이란 것에 주목하고 있다.

제자라는 것은 도대체 어떻게 만들어지는 것일까? 훈련으로 되는 것일까? 훈련이 필요하다. 성경에서도 경건에 이르도록 연단하라고 하였다(딤전 4:6-8 참고). 제자는 타고나는 것이 아니다. 그런데 제자는 세례 받은 사람이 어떤 특정한 훈련을 받아서 제자가 되는 것이라고 생각할 필요가 없다. 신자의 신앙은 단계적으로 성숙해 갈 수 있지만 세례가 제자 됨의 핵심이라는 것을 알 필요가 있다.

고대 교회 최초의 예전문서인 『사도전승』을 통해 세례야말로 신자 됨의 기본일 뿐만 아니라 그의 삶 전체를 포괄하는 예식이라는 것을 확인하고, 고대 교회에서 세례를 받는 과정을 통해 제자의 의미를 유추해 보자.

등록: 동기, 현재 상태와 떠나야 할 직업

『사도전승』에 의하면 기독교인이 되겠다고 찾아오는 이들은 먼저 그 '동기'에 대해 답을 해야 한다. 왜 기독교인이 되고 싶은지 솔직하게 답을 해야 하는 것이다. 그 사람을 인도한 사람은 그가 말씀을 알아들을 수 있는 능력이 있는지 증언해야 한다. 인도자가 보증을 해야 하는 것이다. 이 보증은 단지 지적 능력만이 아니라 기독교인이 될 수 있는 능력을 가지고 있는지 자신이 살핀 바를 말해야 한다. 그다음에 그 사람의 생활 상태를 점검한다. 종이라면 주인에게 가서 종에 대해 묻는다. 그 종이 기독교인이 될 만한지 묻는다. 평상시에 주인을 잘 섬겼는지를 확인하는 것이다. 그 사람이 결혼을 했다면 남편이나 아내에게 만족을 주는지를 확인한다. 부정한 결혼생활을 하고 있다면 그것을 정리해야 한다.

다음으로 그 사람의 직업에 대해 묻는다. 기독교인이 될 수 없는 직업이 있었기 때문이다. 수많은 직업들을 예로 드는데, 창녀들을 조종하는 포주,

조각가나 화가, 배우이거나 극장에서 연출을 맡고 있는 사람, 어린이들을 가르치는 사람, 경기에 출전하거나 참여하는 기사, 검투사나 그들에게 싸우는 방법을 가르치는 사람, 사냥하는 투사나 칼싸움 경기에 종사하는 직원, 우상숭배의 제관들이나 우상들을 경비하는 사람, 칼의 권세를 갖고 있는 사람이나 자줏빛 옷을 입을 정도의 지역 통치자, 군인이 되기를 원하는 사람, 매춘부나 호색가나 자해하는 사람, 마술사나 점성가나 점쟁이나 해몽가나 협잡꾼이나 화폐 위조꾼이나 부적을 만드는 사람, 정부(情婦)를 갖고 있는 남자 등이다. 이 모든 물음과 생활과 직업에 대한 점검이 끝나면 그 사람은 '예비자'(Catecumens)로 등록된다.

예비자로 등록하는데 믿으려고 하는 동기, 신분, 생활상태, 직업에 대해 확인한다는 것이 너무 과도한 것이 아닌가 생각할 수도 있다. 고대 교회에서는 그만큼 예비자로 등록하는 것부터가 쉽지 않았다. 함부로 세례를 주지 않는 것 정도가 아니라 예비자로 등록하는 과정 자체가 그만큼 힘들었다. 기독교인이 되기 위해 세상을 떠나라고 한 것이 아니라 세상 속에서 살되 세상과 구별된 삶을 살아야 한다는 것을 보여 준다. 이것을 결심하고, 정리할 것을 정리하지 않으면 세례예비자로 등록도 안 해 주었다. 여기서 우리는 세례 예비자가 요즘 말하는 제자보다 훨씬 나았다는 것을 알수 있다. 주님은 친히 제자들에게 열매를 많이 맺으면 하늘 아버지께서 영광을 받으실 것이요, 너희가 나의 제자가 될 것이라고 하셨다(요 15:8 참고).

교육기간: 그리스도인의 삶과 교리에 대한 배움

예비자로 등록을 하면 3년 동안 말씀을 배워야 한다. 어떤 교부는 이 기간이 2년이라고 말하기도 한다. 3년, 최소한 2년이라니 너무 길지 않은가?

사도행전을 보면 예수님을 믿는다고 하면 지체하지 않고 즉시로 세례를 베풀었다는 것을 알 수 있는데, 2년 이상을 세례교육의 기간으로 가지는 것이 이상하지 않은가? 이것은 시대적인 상황의 반영이라고 보이는데, 이방인 개종자의 숫자가 늘어나면서 체계적인 세례교육이 필요하다고 느꼈기 때문이다. 한편 당시에 핍박으로 인해 신앙을 배반하는 이들이 종종 있었기 때문에 교회는 더더욱 세례교육에 대한 필요를 절감했을 것이다.

3년, 혹은 2년 동안 어떤 교육을 했을까? 고대 교회에는 『디다케』(Didache)라는 문서가 세례교육교재로 사용되었다. 이 문서는 기독교인이 되는 것을 바른길을 가는 것에 비유하고, 삶에서 주님을 선택하고 따라야 하는 것을 강조한다. 주일예배며 각종 성례에 대해 해설한 것을 배운다. 특이한 것은 이들 세례예비자들은 따로 특별한 교육을 받았다기보다는 다른 교인들과 함께 주일예배에 참석하고 교리공부에 참여하는 것이었다. 기존의 신자들과 유리되지 않고 그들과 함께 모든 것을 함께한 것이다. 물론 성찬에는 참여하지 못하였다. 성도의 온전한 교제를 누리지는 못했다는 말이다. 전문 교리교사가 이들 세례자에게 적극적으로 말씀을 가르치기도 했다. 그 내용은 신조와 성경이었다. 이들 신조와 성경을 통해 가르친 것은 한 가지로 집약된다. 그것은 곧 그리스도를 확신하게 하는 것이었다. 그리스도께서 하신 일이 자신들의 구원이 되었고, 이제는 그리스도께서 하신 것이 자신들이 한 것이라고 보는 믿음을 가르친 것이었다.

세례자로 등록할 때 인도자의 역할이 중요했던 것처럼 세례교육 중에 그 인도자는 모든 필요한 도움을 주고, 그를 잘 인도했다. 그 인도자가 영적 부모 역할을 한 것이다. 그 인도자는 교회 앞에서 세례 예비자의 삶에 대해 증언했을 뿐만 아니라 세례교육을 받는 기간 동안 그 삶에 대해서 더 세밀하게 돌보았다. 이처럼 세례교육 기간에서 중요한 것은 교리적인 지식만이 아니라 세례 예비자들의 삶이 향상되도록 도우는 것이었다. 세례 교육기간에 무엇보다 중요하게 생각한 것은 굳건한 믿음의 사람으로 서는 것이었다. 이것이 바로 현대의 제자훈련이 간과하고 있는 부분이라고 해야 할 것이다. 현대의 제자훈련은 성경을 읽거나 기도하고, 과제를 하는 것에 치중해 있다. 삶의 변화와 전도에 대한 강조도 많다. 그러나 그 신자의 삶에 대해서는 아무런 간섭이나 지원이 없는 경우가 대부분이다. 제자훈련을 하기 위해 모이는 시간에 간단하게 자신들의 삶에 대해서 나누는 것 외에 서로의 삶에 대해 책임지는 모습이 없기 때문이다.

심사: 변화된 삶에 대한 증거

세례교육이 끝나면 이제 세례 받을 사람을 심사한다. 세례교육 기간이 끝났다고 자동적으로 세례를 받는 것이 아니라 세례 받을 자를 선발한다. 선발이 되면 그 사람은 예비자가 아니라 '선발자'(electi)로 불린다. 세례 받을 사람 선발에서 제일 중요한 것은 그들의 생활이다. 세례 예비자로 있는 동안 '성실하게 살았는지, 과부들을 공경했는지, 병자들을 방문했는지, 온갖 종류의 선행을 했는지' 물어본다. 본인이 대답하는 것으로 그치지 않고 그들을 인도했던 후견인이 세례 예비자에 대해 증언한다. 그 후견인은 예비자로 등록하는 과정, 세례교육을 받는 전 기간, 그리고 최종적으로 세례심사에까지 필요한 도움을 줄 뿐만 아니라 실질적으로 그 예비자를 교육하는 역할까지 맡는다. 물론, 세례 받고 난 다음에도 평생 그 세례자를 위해 필요한 도움을 아끼지 않는다. 로마 교회에서는 세례자를 위해 대부, 대모를 세우는 것이 바로 이렇게 고대 교회로부터 내려오는 세례교육 방식이 남아 있는 것이라고 볼 수 있다.

선발자는 집중교육을 받는다. 세례를 부활절 전야에 베풀기 때문에 사순절 기간이 집중교육 기간이다. 이 집중교육 때는 성경을 요약한, 비밀스러웠던 '사도신경'을 받아서 암송한다. 기독교가 삼위일체 하나님신앙이라는 것을 아주 분명하게 배우는 것이다. 여기서 우리는 사도신경 공부만 제대로 해도 우리의 믿음에 대한 분명한 기초를 놓을 수 있다는 것을 알 수 있다.

『사도전승』에서는 세례식에 대해서 아주 상세하게 묘사하고 있다. 부활절 전야에 세례를 베푸는데, 잘 준비했다가 수탉이 울 시간에 세례를 베푼다. 이날은 온 교회의 잔칫날이다. 세례 받을 사람은 목욕으로 준비하고 있어야 한다. 목사가 마귀를 쫓아내는 구마식(驅魔式)도 행하고, 기름도 바른다. 세례식 자체가 의미심장하다. 흐르는 물에 들어가서 세례를 받는다. 삼위의 각 위를 믿는지 묻고 답한다. 세례 받은 사람은 비로소 성찬에 참여한다. 이렇게 세례식은 그리스도의 부활을 누리는 예식이요, 동시에 그 사람은 부활한 백성으로 이 세상의 어둠의 일을 버리고 빛의 자녀로 살아간다.

이상에서 우리는 고대 교회 세례자의 조건이 삼위 하나님에 대한 지식만이 아니라 변화된 삶이었다는 것을 확인해 보았다. 이교(異敎)가 성행하는 상황에서 참된 믿음을 고백하는 것만이 아니라 하나님을 믿는 삶이 분명하게 드러나야 했다. 세례자의 조건이 교리적인 사실을 몇 가지 암송하는 것 정도가 아니라 참된 회개와 변화된 삶이 있어야 했다는 것을 알 수 있다. 이 알맹이가 현대 교회의 제자훈련에서 빠진 것이 아닐까? 이 알맹이가 없으니 제자훈련은 하나의 프로그램이 되어 가고 있지 않을까? 우리는 흔히 교인이 세례자가 되고, 세례자가 제자가 된다고 생각하지만 이것은 큰 오해이다. 신약 시대의 신자들을 바로 제자라고 불렀다는 것을 보면 우리는 세례 받은 사람이 바로 제자가 되었다는 것을 알 수 있다. 즉, 성경은 교인이 곧 세례자요, 세례자가 곧 제자라고 말씀한다. 신자는 처음부터 제자로 태어난다고 말씀하고 있다. 제자의 삶은 세례를 늘 새롭게 하는 삶이다. 세례 안에 제자의 모습이 다 담겨 있다. 주님은 이렇게 세례 받은 신자를 강건하게 하기 위해 성찬을 허락하셨다.

제자훈련이 필요 없다는 말이 아니다. 세상에서도 전문 직종에 종사하는 이들이 그 업무를 제대로 수행하기 위해 끊임없이 보수교육을 받고 있다면, 제자는 더더욱 하나님의 말씀으로 끊임없이 훈련을 받아야 한다. 교회에서 직분의 역할이 바로 이렇게 교인들을 세상에서 봉사의 일을 하기에 부족함이 없도록 훈련시키는 것이다(엡 4:11-12 참고). 모든 교인들이 다 제자이며, 그 제자를 훈련시키는 것이 직분자라는 것을 알아야 하겠다. 신자는 특별한 프로그램이 아니라 예배를 통해, 그리고 은혜의 방편을 통해 제자의 모습을 갖추어 간다. 직분자가 먼저 하나님의 형상의 회복된 첫 주자가 되어서 신자들을 하나님의 형상으로, 제자로 만들어야 하겠다.

03

재세례파와 제자도

이성호

❧

    종교개혁 당시 재세례파만큼 제자도에 대해 관심을 가진 이들도 많지 않을 것이다. 오직 특별하게 소명을 받은 사제나 수도사만이 진정한 의미에서 주님의 제자가 될 수 있다는 로마 교회의 가르침에 대항하여 재세례파는 모든 신자가 제자가 되어야 한다고 강력하게 주장하였다. 대표적인 예로 산상수훈의 가르침(예를 들어, 원수를 사랑하라는 주님의 명령)은 문자 그대로 지켜져야 하며 모든 신자에게 주어진 명령으로 그들은 생각하였다.

    재세례파는 그 당시 로마 교회는 더 이상 교회가 아니라고 판단하였다. 가장 큰 이유는 교리적 부패도 있었지만 그 교회가 더 이상 신자라고 볼 수 없는 명목상의 신자들로 가득 차 있었기 때문이다. 그들은 교회의 거룩성을 교회의 가장 중요한 표지로 인식하고 있었으며, 교회의 거룩성은 무엇보다 교회를 구성하고 있는 신자들의 거룩성으로 이해하였다. 그들에 따르면 이 거룩성은 교회와 국가의 혼합 때문에 파괴되었다. 실제로 국가와 종교가 일치된 중세 유럽 사회 속에서는 시민과 신자가 구분될 수 없었다.

이와 같은 이유 때문에 재세례파는 유아세례를 교회의 거룩성을 파괴시키는 주요 원인으로 생각하였다. 유아세례는 국교회 체제 속에서는 사실상 모든 시민들을 태어나면서부터 교인으로 만들었다. 재세례파는 이와 같은 유아세례가 성경적 근거가 없다고 주장하였다. 성경 어느 곳에도 유아들에게 세례를 주라는 명령이 없다는 점, 세례는 고백에 근거해서 시행되어야 하는데 유아들은 고백을 할 수 없다는 점, 예수님은 할례를 받았을 뿐 성인으로 세례를 받았다는 점 등은 재세례파들이 유아세례를 반대하는 중요한 성경적 근거들이었다.

그들은 거룩한 교회를 세우기 위해서는 교회가 신앙을 진실로 고백할 뿐 아니라 그리스도의 법을 철저하게 따르기로 서약한 성도들로 구성되어야 한다고 생각하였다. 이와 같은 이유 때문에 그들은 교회의 회원권을 매우 강화시켰다. 실제로 그들은 로마 교회와 개신교 정부 모두로부터 극심한 박해를 받았기 때문에 철저하게 회원을 관리하지 않을 수 없었다. 그렇게 하지 않으면 언제든지 공동체는 심각한 위기에 처할 수 있었기 때문이다.

그들은 새로운 회원을 받을 때뿐만 아니라 회원으로 받고 나서도 엄격하게 회원들을 관리하였다. 이를 위해 그들은 교회의 권징을 대단히 강조하였다. 이들은 이 권징을 교회의 순결을 보존하는 가장 중요한 수단으로 보았다. 심지어 이들은 권징이야말로 참 교회와 거짓 교회를 구분하는 가장 중요한 지표로 간주하기도 하였다. 그들에 따르면 참 교회는, 루터나 칼빈이 가르쳤듯이 단순히 순수한 복음이 선포되고 성례가 집행되는 곳이 아니라 그리스도가 왕으로 다스리는 곳, 즉 그리스도의 명령에 복종하는 곳이었다.

재세례파들은 또한 제자의 가장 중요한 표지가 고난과 박해라고 생각하였다. 이들은 예수님이 가르치셨듯이 진정으로 예수님을 따른다면 세상으로부터 박해를 받을 수밖에 없다고 생각하였다. 따라서 그리스도의 명령 때문에 박해당하는 자신들이야말로 참된 교회라고 생각하였으며, 그리스도의 이름 때문에 당하는 박해를 두려워하지 않고 오히려 박해를 통하여 자신들의 참된 교회됨을 확인하였다. 반대로 자신들을 박해하는 로마교회나 개신교회야말로 거짓 교회임을 스스로 증명하다고 그들은 생각하였다.

이들이 얼마나 그리스도의 명령을 순종하려고 노력하였는지 한 가지 예를 들고자 한다. 오늘날 재세례파 후예 중에 '아미쉬'라는 공동체가 있다. 이들은 어떤 현대의 문명도 거부하고 제자들의 공동체를 이루려고 노력하고 있다. 미국에서 전기나 전화도 없을 뿐만 아니라 말을 타고 다닌다는 것을 상상이나 할 수 있겠는가? 2006년 어느 날 니켈 마인스라는 조그만 마을에 한 외부인이 들어와서 여러 어린이들을 총으로 살해하는 끔찍한 일이 벌어졌다. 방송국에서 피해자들의 부모들을 인터뷰했는데 하나같이 그 신자들은 살인자를 용서한다고 하면서 그의 가족들이 평안하기를 빈다고 말했다. 이 인터뷰 장면들은 보복적 정의에 물들어 있는 미국 사회 전체에 큰 충격을 주기에 충분하였다(여기에 대해서는 뉴스앤조이에서 출판한 『아미쉬 그레이스』라는 책을 참조하라).

한국 교회에서도 한 때 제자훈련이라는 프로그램이 인기를 끌었던 적이 있다. 그 훈련을 주도했던 교회는 지금 어떻게 되어 있는가? 그 프로그램 자체가 틀렸다는 말이 아니다. 이제는 제자훈련에 대해서 좀 더 깊은 성찰이 필요하다고 생각한다. 성경뿐만 아니라 교회사적인 분석도 필요하다. 아미쉬 공동체의 신자들이 그런 제자훈련 교재를 보면 어떤 생각이 들까? 과연 제자는 훈련으로 만들어지는가? 재세례파가 옳은 것도 아니고 우리가 그들을 따라가야 하는 것도 아니지만 적어도 그들이 제자에 대해서 치열하게 고민했던 것들은 우리가 선별적으로 참조하여 정형화된 제자 훈련을 반성할 필요가 있다.

04
제자도의 함정

임경근

༼ᕙᕗ༽

제자도의 오용!

"진정한 제자는 또 다른 제자를 낳는다."
"생명은 생명을 낳고 제자는 제자를 낳는다."
"구원의 목적은 제자를 낳는 것이다!"
"알을 낳지 못하는 닭은 폐닭이다!"

이런 말은 선교 단체에서 주로 사용한다. 이 제자도의 관점을 교회에 적용한 것이 소위 '제자훈련 운동'이다. 뿐만 아니라, 근래에 유행하고 있는 최영기 목사가 미국 휴스턴에서 개발한 '가정교회 운동'에서 주장하는 키워드다.

과연 진정한 제자는 또 다른 제자를 낳는 자일까? '알을 낳지 못하는 닭은 폐닭이다'라는 구호는 마치 전도를 하지 못하는 교인은 진정한 제자로 보기 어렵다고 말하는 듯하다. '폐닭'이 불필요한 것처럼 전도하지 않는 그리스도인은 교회에 불필요하다는 것을 연상시킨다. 교인들은 참 제자가 되기 위해 전도 현장으로 나아간다. 이 구호는 교인들로 하여금 전도하게 하는 좋은 도구로 활용된다. 전도를 많이 하는 선교 단체와 성장을 추구하는 교회에서 자주 사용하는 구호다. '영혼구원'과 '교회성장'이라는 대의명분을 이루기 위한 좋은 도구로 사용되는 구호지만, 과연 성경적일까? 이런 구호가 과연 성경의 지지를 얻을까?

이 글에서는 '낳는다'는 의미를 살펴보고 성경이 말하는 '제자'의 의미를 추적해 보겠다. 결론부터 말하면, 제자가 제자를 낳는 것처럼 보이지만 생명을 낳으시는 분은 하나님이시며, 제자는 새로운 생명을 얻은 자로서 서로 사랑하며 하나님의 말씀을 배워 실천하는 자다. 그러므로 제자의 정의를 제자를 재생산하는 것으로 규정하는 것은 성경적인 지지를 얻기 어렵다.

누가 제자를 낳나?

성경에 보면 바울이 고린도교회 성도들을 '복음으로써 낳았음이라'(고전 4:15)라고 말하며 오네시모는 '바울이 낳은 아들'이라고 표현한다(몬 1:10). 성도가 복음을 전함으로 그리스도를 믿는 자가 생겨날 때 그를 '영적으로 낳는다'고 말할 수 있다. 이것은 은유다. 그러나 엄밀한 의미에서 신자를 낳는 것은 전도자가 아니라 성령 하나님이시다.

> "영접하는 자, 곧 그 이름을 믿는 자들에게는 하나님의 자녀가 되는 권세
> 를 주셨으니, 이는 혈통으로나 육정으로나 사람의 뜻으로 나지 아니하고
> 오직 하나님께로부터 난 자들이니라"(요 1:12-13).

신자는 하나님께서 낳으심으로 태어난다. "사람이 물과 성령으로 나지 아니하면 하나님의 나라에 들어갈 수 없느니라"(요 3:5)는 말씀과 "성령으로 난 사람도 다 그러하니라"(요 3:8)는 말씀에서도 분명하다.

생명을 낳는 것은 하나님이시지만, 복음을 전함으로 구원을 얻게 했다면 '제자를 낳았다'라고 말할 수 있을까? 말할 수 있다. 전도해 성도가 된 사람을 '영적인 자녀'라고 표현할 수 있고 바울의 표현처럼 '영적으로 낳았다'라고 말할 수 있다. 이 표현은 성경적으로 가능하다.

제자를 낳지 못하는 사람은 어떻게 되는가? 구호에 따르면 '제자를 낳지 못하면 폐닭'에 불과하다. 전도하지 못하는 성도는 교회에 필요 없다. 폐닭처럼 폐기처분되어야 할 대상일까? 생명을 재생산하지 못하는 성도는 진정한 제자가 아닌가? 이 부분에 대해 성경은 뭐라고 말할까? 결론부터 말하면 성경은 그 어디에서도 제자를 낳지 못하는 제자를 폐닭과 같다고 말하지 않는다.

종교개혁 신앙을 따르는 교회는 성경이 말하면 가고 말하지 않으면 멈춘다. 성경보다 더 나가는 것은 인간의 열심일 뿐이고 자칫 거짓 복음이 될 수 있다. 그리스도께서 제자에게 지우시는 짐보다 더 가혹한 짐을 성도에게 지울 수 있다.

마태복음 29장 19-20절에 나타난 제자도

성경에 나타난 대표적인 제자도는 마태복음 28장 19-20절에 나온다.

"그러므로 너희는 가서 모든 민족을 제자로 삼아 아버지와 아들과 성령의 이름으로 세례를 베풀고 내가 너희에게 분부한 모든 것을 가르쳐 지

키게 하라. 볼지어다. 내가 세상 끝날까지 너희와 항상 함께 있으리라 하

시니라."

이 문장에서 명령어는 하나밖에 없다. 그것은 '제자 삼으라'(make disciples)이다. 나머지 명령어(가라/세례 주라/가르쳐 지키게 하라)는 모두 분사 구문으로 제자를 만드는 방법에 관한 것이다. '가서 세례 주고 가르쳐 지키게 함으로 제자를 만들라'는 명령이다. 이 명령을 보면 제자는 '복음을 듣고 세례를 받아 배우고 지키는 자'이다. 그리스도의 말씀을 읽고 듣고 배워 실천하는 자가 참 제자라는 말이다.

더구나 이 명령은 한 개인에게 준 것이라기 보다는 예수님의 제자들에게 주셨다. 제자들은 교회를 세울 자들이다. 그들은 교회의 기둥들이다. 제자들은 가서 모든 민족에게 복음을 전하고 교회를 세워 아버지와 아들과 성령의 이름으로 세례를 베풀어야 한다. '가서 복음을 전하고 세례를 받게 하는 것'은 단순한 개인 전도를 넘어 교회적 사역을 의미한다. 성령님은 교회 목사들의 설교(선포 〈= '전도')라는 미련한 방법을 통해(고전 1:21 참고) 제자를 만드신다. 교회에서 세례를 통해 제자가 된 자들은 제자로서 태어나 비로소 삶을 시작한다. 제자는 앞으로 제자로 성장 해간다. 제자로서의 삶이 어떠해야 하는지 "내가 너희에게 분부한 모든 것을 가르쳐 지키게 하라"(마 28:20)에 포함되어 있다. 여기서 '가르침'은 교회의 설교와 요리문답을 의미한다.

성경이 가르치는 제자도는 그 범위가 훨씬 광범위하며 배우고 실천하는 삶 전체를 향한다. 단순히 전도 잘하는 자나 혹은 제자훈련을 1-2년 받은 자가 제자가 아니라, 세례 받고 성도가 되어 말씀을 배우고 실천하는 자가 바로 제자임을 알 수 있다.

'제자'라는 단어

제자라는 영어 단어는 '디사이플'(Disciple)이다. 이 단어는 '배우다'라는 뜻의 라틴어 '디스커러'(*Discere*)에서 왔다. 제자는 우선 배우는 자라는 의미가 있다. 제자가 되기 위해서는 그리스도의 모든 말씀을 배워야 한다. 이 배움은 단순히 이론적인 것에 머물지 않고 삶으로 이어진다. '훈련' 혹은 '훈계' 또는 '권징'에 해당하는 '디스플린'(Discipline)이라는 단어도 '디스커러'(*Discere*)에서 유래했다. 그러므로 '제자'는 배우는 자이며, 배움은 훈련과 실천의 단계에서 완성된다고 연결시킬 수 있다. 이 '제자'와 '훈련'이라는 영어와 라틴어 의미를 봐도 마태복음 28장 19-20절에 나오는 제자도의 '배워 지키는 것'과 밀접한 연관이 있음을 알 수 있다.

그러므로 '제자란 또 다른 제자를 재생산하는 자'라는 주장은 성경이 가르치는 것 제자도와 많이 차이가 날뿐 아니라 맞지 않다.

전도는 복음 설교

그러면 전도를 강조하지 말라는 말인가? 그렇지 않다. 전도는 중요하다. 전도는 명령이다. 성도는 복음을 전해야 한다. 그러나 성도 개인이 복음을 온전하게 전하기는 쉽지 않다. 성도는 불신자를 교회에 데리고 와 복음을 듣도록 하는 역할을 해야 한다. 참 '전도'는 말씀의 선포인 설교를 통해 일어나기 때문이다. '전도'에 대한 대표적인 오해가 있다면 고린도전서 1장 21절이다.

"하나님께서 전도의 미련한 것으로 믿는 자들을 구원하시기를 기뻐하셨도다."

이 구절 때문에 전도는 미련하고 무식하게 해도 된다고 생각하는 사람들이 의외로 많다. 그러나 그렇지 않다. 여기에서 '전도'라고 번역된 단어는 '선포'라고 번역해야 옳다. 하나님께서는 철학적이고 합리적인 설득이나 토론을 통해 구원하시지 않고 '말씀의 선포'라는 방법으로 믿는 자들을 구원하신다는 뜻이다. 그리스 사람들은 설교를 미련하게 보며 싫어하지만 하나님께서는 '말씀의 선포', 곧 '설교'라는 방법으로 구원하신다는 뜻이다.

제자는 그리스도 안에서 성령으로 태어나 성장하는 자

교회를 성장시키기 위해 과도한 구호를 만들어 전도를 부추기고 성도를 동원하는 것은 옳지 않다. 재생산하는 신자가 참 제자라는 말은 복음의 자유와 평안을 빼앗을 수 있다. 생명을 거듭나게 하는 분은 하나님이시다. 복음이 전해지지만 듣지 않고 거부하는 것은 인간의 악함 때문이며, 동시에 하나님의 작정과 섭리 때문이다. 전도자의 잘못이 아니다. 이와 동시에 전도해 새 생명을 얻은 것도 복음 전도자의 열심과 지혜 때문이 아니다. 생명의 탄생은 하나님의 손에 달려 있다. 이렇게 중생한 자는 그리스도의 제자이다. 제자는 태어난다. 태어난 제자는 광야에 내버려지지 않았다. 하나님의 정원에 심겨진 식물과 같다(고전 3:7 참고). 교회는 직분적 섬김을 통해 태어난 제자들이 무럭무럭 자라도록 물을 준다. 그러나 자라게 하시는 이는 하나님이시다. 낳으시는 분도 하나님이시고 기르시는 분도 하나님이시다. 전도사와 설교자는 아무것도 아니다.

제자는 사랑으로 교회를 통해 전도해야

예수님은 제자들에게 '사랑의 제자도'를 가르치셨다.

> "새 계명을 너희에게 주노니 서로 사랑하라. 내가 너희를 사랑한 것 같이
> 너희도 서로 사랑하라. 너희가 서로 사랑하면 이로써 모든 사람이 너희
> 가 내 제자인 줄 알리라"(요 14:34-35).

이 제자도의 자격은 교인 가운데 특별한 부류를 향하지 않는다. 전도 잘
하는 사람이거나 혹은 소위 '제자훈련'을 받은 사람을 뜻하지 않는다는 말
이다. '서로 사랑하라'는 이 제자의 조건은 모든 세례 받은 그리스도인에게
요구되는 기본이며 전부이다. '사랑은 율법의 완성'(롬 13:10)이라는 관점에
서 보면, 사랑은 복음전도를 위한 기본이다. 교회는 사랑으로 복음을 선포
하며 전해야 한다. 이것이 제자로서의 모습이 아닐까?

결론

이 글에서 밝히고자 한 것은 전도를 강조하기 위해 과도한 제자도('재생
산하지 않는 제자는 제자가 아니다')를 요구하는 것이 문제라는 점이다. 전도는
교회에서 직분적 사역을 통해 이루어진다. 특히 설교를 통해 복음이 선포
됨으로 제자가 되고 제자로 자라간다. 소위 개인적 전도가 유일한 기준이
되는 제자도는 성경적 지지를 받지 못한다.

05

제자훈련, 누구의 제자인가?

황대우

〜✦〜

한때 제자훈련은 한국 교회 전체의 폭발적인 관심과 주목을 받았는데, 이런 제자훈련의 중심에는 고(故) 옥한흠 목사와 사랑의 교회가 있었다. 당시 사랑의 교회는 제자훈련을 한국 교회에 확대 재생산하기 위해 전국의 지역교회와 모든 기독교 단체의 지도자들을 대상으로 정기적인 훈련 프로그램을 운영했다. 제자훈련이 전국 교회를 강타할 만큼 선풍적인 인기를 끌었던 이유는 그 훈련의 내용 자체에 있었다기보다는 오히려 체제를 유지하고 확장할 수 있는 훌륭한 수단으로 인식되었기 때문이다.

지금은 제자훈련이 예전처럼 전국적으로 주목을 받지는 못하지만, 아직도 대부분의 선교단체나 중대형교회는 충성도 높은 소속 회원을 확보하기 위해 단계별 새신자 훈련과 같은 변형된 제자훈련을 시행하고 있다. 이런 형태의 제자훈련은 아마도 예수님이 오실 때까지 사라지지 않을 것이다. 왜냐하면 교회는 구원의 복음을 위해 하나님과 인간, 그리고 세상에 대해 바르게 가르쳐야 하는 일종의 교육기관이기 때문이다.

그러므로 교인에게 배움은 끝이 없다. 배움은 그리스도인이 살아 있는 동안 끊임없이 지속되어야 한다. 신앙은 아는 만큼 성장한다. 즉, 하나님을 믿는 것은 그분을 인격적으로 아는 것과 결코 분리될 수 없다. 왜냐하면 우리 그리스도인은 모두 예외 없이 "하나님의 아들을 믿는 것과 아는 일에 하나가 되어 온전한 사람을 이루어 그리스도의 장성한 분량이 충만한 데까지"(엡 4:13) 성장해 가야 할 존재들이기 때문이다. 여기서 '믿는 것과 아는 일'로 번역된 원문의 단어는 동사가 아니라, '믿음'과 '지식'을 의미하는 명사다. 그리스도인에게 믿음과 지식은 동전의 양면처럼 불가분리의 관계다. 하나 없이는 다른 하나도 없다. 그러므로 그리스도인은 아는 만큼 믿는 것이요, 믿는 만큼 아는 것이다. 지식이 곧 믿음이다.

그리스도인의 지식과 믿음은 인격적이요, 살아 있는 것을 의미한다. 따라서 그것은 죽은 것, 즉 역사적인 지식이나 맹목적인 믿음이 아니다. 이런 점에서 가르치고 배우는 교육은 전도 및 교제와 더불어 지상 교회의 본질적 사명이다. 그런데 지금 한국 교회에서는 이 세 가지 요소가 모두 왜곡되어 있다. 한국의 모든 교회가 앞 다투어 하나님의 나라를 건설한다는 명목으로 자기 교회를 최고라고 선전하는 일이 정당한 것인 양 가르치고 있기 때문이다.

대부분의 한국 교회는 전도와 교제와 교육을 아무런 반성 없이 '자기 교회'를 자랑하는 수단으로 삼는다. 이런 점에서 규모가 큰 교회든 작은 교회든 모두 교회의 본질과 사명을 왜곡하고 변질시키는 공범이다. 제자훈련도 이런 왜곡과 변질의 수단으로 오용되어 왔고 지금도 오용되고 있다. 교회는 제자훈련, 특히 새신자 교육 프로그램을 통해 자기 교회에 대한 소속감을 높일 뿐만 아니라, 자기 교회를 위해 헌신할 수 있는 충성도를 높이고 싶어 한다. 중대형교회치고 이런 프로그램을 활용하지 않는 곳은 거의 없을 것이다. 물론 요즘 교회론적 이단들로 골머리를 앓는 상황이라 이단 방지 차원에서도 명분이 있어 보인다.

전도할 때 종종 값싼 복음으로 불신자들을 교회로 초청하는 경우가 있다. "하나님께서는 당신을 사랑하십니다" "그리스도께서는 당신의 모든 인생 고민을 해결해주실 분이십니다" "그리스도를 믿으면 마음의 평강을 얻게 될 것입니다" 등등의 구호는 분명 내용적으로 아무런 문제가 없지만, 만일 단순히 자기 교회로 오도록 하기 위한 것이라면 값없는 십자가의 은혜와 복음을 값싸게 내다파는 것이라 하지 않을 수 없다.

이런 점에서 오늘날 교회의 제자훈련 역시 어떤 목적으로 시행되고 있는지 생각해 볼 문제다. 만일 제자훈련이 명목상으로는 그리스도의 제자로 삼는 것이라 말하면서도, 실제로는 어느 목사의 제자, 어느 교회의 제자, 어느 집단의 제자로 삼는 것이라면 그것은 분명 잘못된 것이다. 제자훈련이란 복음을 가르치는 누군가에게, 혹은 어느 단체에 절대적으로 순종할 것을 가르치고 요구하는 것이 아니다. 그리스도의 제자가 되게 하는 것만이 진정한 제자훈련이다. 제자훈련의 목표는 오직 그리스도 한 분뿐이다. 그리스도를 따르는 것이 제자훈련의 유일한 목표다.

"누구든지 나를 따라오려거든 자기를 부인하고 자기 십자가를 지고 나를 따를 것이니라. 누구든지 제 목숨을 구원하고자 하면 잃을 것이요, 누구든지 나를 위하여 제 목숨을 잃으면 찾으리라. 사람이 만일 온 천하를 얻고도 제 목숨을 잃으면 무엇이 유익하리요, 사람이 무엇을 주고 제 목숨과 바꾸겠느냐?"(마 16:24-26).

그리스도의 제자가 되는 길은 결코 쉽지 않다. 속성으로 그리스도의 제자가 되는 방법은 없다. 자기를 부인하고 자기 십자가를 지는 길 외에 다른 방법이 없다. 자기 부인과 자기 십자가를 지는 것은 그리스도를 따를 자가 갖추어야 할 최소한의 자격이다. 왜냐하면 그리스도를 따른다는 것은 죽음을 각오하는 정도가 아니라, 그리스도를 위해 목숨을 잃는 것을 의미하기 때문이다. 필생즉사 정도가 아니라 살기 위해서는 반드시 먼저 죽어야 한다. 우리 주님께서 제자들에게 가르치신 생명의 원리는 '죽어야 산다!'는 것이다. 이것은 곧 부활의 생명을 의미한다. 죽지 않고 부활할 수 있는 자는 없으니까 말이다.

그리스도를 따르는 제자의 삶에 대한 사도 바울의 가르침은 이것이다.

> "내가 그리스도와 함께 십자가에 못 박혔나니, 그런즉 이제는 내가 사는 것이 아니요 오직 내 안에 그리스도께서 사시는 것이라. 이제 내가 육체 가운데 사는 것은 나를 사랑하사 나를 위하여 자기 자신을 버리신 하나님의 아들을 믿는 믿음 안에서 사는 것이라!"(갈 2:20).

우리를 위해 목숨을 버리신 그리스도 함께 십자가에 못 박힌 자만이 그리스도 안에서 진정한 생명, 즉 그리스도 자신을 발견할 수 있다.

그리스도의 제자가 된다는 것은, 나는 죽고 내 안에 그리스도께서 사시는 것을 의미한다. 진정한 제자훈련은 그리스도께 속한 사람이 되게 하는 것이다. 그래서 그리스도인이란 '그리스도께 속한 사람'을 뜻한다. 모든 제자훈련의 최종 목표와 목적은 그리스도 한 분이어야 한다. 만일 그렇지 않은 제자훈련이라면 그것은 가짜일 뿐만 아니라, 이단적이다. 그리스도께서 인생의 새로운 주인이라는 의식 대신에 자기 교회의 주인의식을 갖도록 하는 모든 제자훈련은 사이비이며, 적그리스도적이다. 이런 제자훈련은 교회에서 하루 빨리 사라져야 한다. 그렇지 않으면 언젠가 교회의 주인이 그리스도가 아닌 적그리스도가 될 것이다.

제자훈련을 하다 보면 자신의 제자, 어떤 목적을 위한 제자로 삼고 싶은 인간적인 욕망이나 유혹이 왜 없겠는가? 그러나 참된 교회의 지도자라면 이런 욕망과 유혹을 깨뜨리기 위해 먼저 자신을 쳐서 십자가에 못 박는 훈련을 마다하지 않고, 기꺼이 말씀에 복종시키는 훈련을 감당할 수 있어야 한다. 지금은 교회 안에서 진정한 제자도가 절실하게 요구되는 시대다. 인간은 죽고 그리스도께서 사시는 교회야말로 하나님께서 이 시대에 찾으시는 참 교회가 아닐까? 이런 교회야말로 비록 죄인들이 모인 연약한 죄인공동체이지만, 성령 하나님께서 자신의 능력으로 날마다 새롭게 하시는 강력한 생명공동체일 것이다.